金融交易稳定盈利指导全书

——比特交易法

张文起·著

中国财经出版传媒集团
中国财政经济出版社
·北京·

图书在版编目（CIP）数据

金融交易稳定盈利指导全书：比特交易法 / 张文起著. -- 北京：中国财政经济出版社，2025. 3. -- ISBN 978-7-5223-3690-9

Ⅰ. F830.9

中国国家版本馆CIP数据核字第2025TW2069号

责任编辑：郁东敏　　责任校对：胡永立
封面设计：中通世奥　　责任印制：党　辉

金融交易稳定盈利指导全书——比特交易法
JINRONG JIAOYI WENDING YINGLI
ZHIDAO QUANSHU——BITE JIAOYIFA

中国财政经济出版社 出版
URL：http：//www. cfeph. cn
E-mail：cfeph@ cfemg. cn

社址：北京市海淀区阜成路甲28号　邮政编码：100142
营销中心电话：010-88191522
天猫网店：中国财政经济出版社旗舰店
网址：https：//zgczjjcbs. tmall. com
涿州汇美亿浓印刷有限公司印刷　各地新华书店经销
成品尺寸：170mm × 240mm　16开　22印张　282 000字
2025年3月第1版　2025年3月河北第1次印刷
定价：78.00元
ISBN 978-7-5223-3690-9
（图书出现印装问题，本社负责调换，电话：010-88190548）
本社图书质量投诉电话：010-88190744
打击盗版举报热线：010-88191661　QQ：2242791300

前言

金融交易有点像赛车比赛，需要敏锐、迅速、稳定、耐性和胆识，但最终只有一个评价标准，即在一定的赛场规则下，谁第一个到达终点谁就是王者。金融交易就是这么现实，就是这么残酷。在从金融交易的前期准备到后期的实际操作过程中，无论你经历过什么挫折，付出过多少心血，测试过多少系统，最终成功与否只有一个评价标准，就是你是否在每天动辄几千亿的市场份额中分得了一杯羹？如果你决心从事金融交易事业，必须不折不扣地接受这一冷酷无情的现实，就是金融交易只看收益曲线，其他都是浮云。

我将自己对金融交易行业的理解和研究成果整理成书，主要有以下三个目的。

一是让绝大多数的金融交易者少走弯路，提高效率。

相信大多数的交易者一定经历过这样让人抓狂的操作——买入就跌，卖出就涨；没买的涨了，买的跌了；经过频繁的进出，身上的资金被市场盘剥得所剩无几，眼睁睁看着自己期盼已久的趋势大幅拉起，自己却没钱进场等等，该书适合于目前身处困境中的交易者。

当你怀着忐忑的心情查看股票走势的时候，可以看看本书；

当你从事金融交易多年，却从来不敢给老婆看交易绩效和收益记录时，可以看看本书；

当你历经千辛万苦，最终收益寥寥时，可以看看本书；

当你抱怨实体经济难做，人事应酬复杂的时候，可以看看本书；

当你仔细算算才发现自己已经陆续赔了几十万的时候，可以看看本书；

当你不愿意看老板脸色，觉得客户之间应酬太累的时候，可以看看本书；

当你自尊心和乐观的预期备受打击时，可以看看本书；

当你诚惶诚恐、草木皆兵时，可以看看本书；

当你有缜密的逻辑思维和过人的分析能力，但迟迟遇不到伯乐和怀才不遇时，可以看看本书；

当你手头没有多少钱，但又想小试牛刀的时候，可以看看本书。

这是一个成功交易者不断磨炼成长的必经之路。绝大多数的交易者曾经经历或者正在经历着这样的窘境，我将在此书中全面介绍交易者应如何抓住成功金融交易的重点来修炼自己，让读者朋友们避开认知误区，少走弯路，提高在交易事业中成长的效率。

二是重新整理和优化自己打磨已久的交易系统，将最精炼最根本的精华提取出来，奉献给大家。

交易方法、分析工具与交易策略有千万种，我只提炼其中经过自己实践验证过的最有效的指标与技术方法来讲述。交易方法是个人性格与风险偏好的体现，你可以结合本书的要点，在不背离本书中所讲的主体策略的前提下，调整和制订更加符合自己性格和风险偏好的方法并实践。交易软件中大约包含了230多种技术指标，它们都是金融交易的前辈们呕心沥血的研究成果。我们充分地利用好这些已经被发现的技术指标就可以大大提高成功率。

三是提高金融交易者的整体素养和操作水平，为我国金融交易事业的高质量发展贡献力量。

不可否认，金融交易是众多行业中要求能力最全面、从业条件最严苛、心理素质要求最高的。大多数的金融交易者跌跌撞撞十几年，最终伤痕累累，一无所获。最初从事金融交易的我也不是无往不利，同样犯了大多数金融交易者可能犯下的大部分错误。自我裸辞从事金融交易事业到成书之前的八年间，我已设计和亲自测试过至少200套交易系统。这本书正是我多年来从业的积累，它从交易心态、成功素养、知识体系、分析方法等诸多层面不断地完善和提升交易者自身认知，从而使交易者不断臻于完美。

希望本书能够为您提供借鉴及参考，祝大家行程万里，初心不变。

张文起

2025年春

目 录

第一章
爱恨交加的行业

一、金融交易的行业优势

（一）给你绝对的自主掌控权

金融交易行业与其他行业相比，可以为金融交易者提供最大的买卖自由，还可以在任何你觉得能够确保自己安全的点位上设置止损。在期权、期货等金融衍生品中，你甚至可以决定在任何点位、任何时机上进行多空双向进出。你也可以在一段时间持仓之后，在任何你觉得满意的点位上收割自己的持仓，将自己已有的盈利收入囊中。在金融交易的准备阶段，你可以借鉴和使用各种优秀的技术指标和经纪公司先进的软件平台。你甚至可以设计属于自己的交易系统，编写符合自己交易思路的应用程序。这一切都取决于你对市场的把握和自己对于走势整体架构的设想。正是由于金融交易行业的这一巨大便利和为金融交易者提供的充分的自由，才使众多交易者迫不及待地投入其中。

（二）买卖自由

在金融交易过程中，完全由你决定自己的进出持仓，完全不用担心为你的多单去寻找卖家，也完全不用担心你的空单不会有买主。每天在金融市场中动辄几千亿的市场容量，总能够找到与你看法相反的下家。除非你的仓位数量和入市资金无比巨大。市场多数情况下都可以在极短的时间内消化你的仓位，从而使你的持仓几乎没有任何无法成交的可能。在现实中的实体经济，你需要绞尽脑汁地去开发市场，赢得客户，常常还要违心地去参加各种浮于表面的应酬。这些也恰恰是众多交易者规避现实，参与市场交易的最初目的。

（三）资本效力放大

金融交易行业对于资金的高效使用以及资金使用效力的放大，是其他任何行业都无法比拟的。尤其在期货、股指、外汇等金融产品中，对于资金的使用效率的放大体现得淋漓尽致。一方面，这些金融产品根据其可以进行双向交易的交易规则，我们可以做多，也可以做空；另一方面，在期货交易中，金融交易所会规定缴纳所建立合约金额一定比例的保证金，金融交易者只需要交纳很少一部分保证金就可以参与到多数金融产品的交易中。这个金融杠杆的使用会使资金的使用效率不断放大，你甚至可以仅使用1/20的入市成本来建立仓位。如果你将这些资金投入实体经济中，你要购买设备、雇佣员工、交水电费、做市场宣传等。经过这一繁杂的准备过程之后，最终可灵活运用的资金已经所剩无几。如果将这些资金投入房产等固定资产，则这些资产的变现能力将远不如金融产品。如果你将这一部分资金用于古董、字画等收藏品的投资，你会担心自己所收纳的宝贝是赝品而辗转反侧睡不着。另外，要想从这些收藏品中获利，你必须要等待一个漫长的增值过程。总之，金融交易行业对于资金的使用效率是最高的，而且它的交易制度决定了金融交易行业对于资金的增值效率具有极大的放大作用。

（四）时间自由度高

具体到技术操作层面，各个金融交易平台所开发的金融交易软件，都将交易的周期划分为从分时图到年线图不等的多个周期级别。我们可以根据自己的交易习惯和所交易品种走势的阶段特征，将这些不同的时间级别划分为短线、中线和长线。然后根据自己从事金融交易的实际情况来选择任意级别上的操作周期。不同时间周期的选择可以给你几乎任意跨度的时间自由。例如，如果你具备行业内尖端的硬件设备，具有高频交易的处理能力，你可以参与分钟级别以下的高频交易。如果你的交易水平较高，能够在不利的时候尽快止损离场，并且具有相对充足的看盘时间，你完全可以选择30分钟或小时级别的短线交易。如果你每天忙于自己的工作，没有太多的时间看盘，或者只能在工作之余抽空扫一眼走势处于什么阶段，选择4小时或者日线图及周线图比较适合你。如果你比较注重长期持有的波段交易或者价值投资，不喜欢频繁的进出操作，则周线图、月线图甚至年线图更符合你的交易性格。总之，金融交易软件中所提供的不同级别的交易周期，可以为你的交易提供更加多样性的周期选择。如前文所述，我们可以利用不同级别周期之间的相互配合和组合搭配，在高级别周期上判断总体的趋势走向，然后使用低级别周期来判断具体的进出场点位。

（五）可模拟，可锁仓，适时冻结风险

据我所知，金融交易行业是目前唯一一个可以进行真实充分模拟的行业。在实体经济中，你无论投入或多或少，任何行业都不会给你充分模拟的机会，甚至可能都不会给你卷土重来的机会。金融交易由于其所独具的高风险性催生出了给最初进入市场的交易者进行锻炼的模拟交易软件，这无疑给金融交易参与者熟悉市场、检验自己的交易成

果、评估交易系统提供了巨大的便利。优秀的金融交易模拟软件，可以接入实时的市场数据，如同同步的数据平台，甚至包括手续费、印花税都算入其中，从而为进入市场的交易者提供了近乎真实的操作环境。

另外，当交易者实际进入实操阶段之后，金融交易软件中的许多重要功能都能够为交易者减少风险、放大收益提供重要的帮助。例如，我们可以在任何一个自己觉得可以离场的点位上设置止损。可以在任何一个自己觉得满意的收益水平上设置止盈，将眼前的盈利收入囊中。甚至我们可以使用软件中所提供的锁仓功能，对已经产生的亏损进行冻结，从而避免已经出现的亏损持续扩大并演变为一场灾难（锁仓的操作原理是在原有持仓的基础上，建立一个同等规模大小的与原持仓方向相反的仓位，从而锁定当前的既得收益或者亏损。当我们对走势进行重新的评估与研判之后，待所持仓位的预期走势相对明朗之时，我们就可以平掉反方向上的仓位，按照走势突破的正确方向再次进场）。

（六）躲避生活琐事，摆脱繁杂人际关系，享受高度的独立

金融交易行业之所以具有如此巨大的吸引力，一个重要的原因是金融交易从其决定因素、参考数据、分析工具、技术指标以及交易系统等各个方面都是客观可量化的。换句话说，一个优秀的交易者，在整个交易过程中，很少甚至几乎不会受到其他任何不确定因素或者主观因素的影响，你只要专心钻研自己的交易事业就可以了。在我从事金融交易的这些年中，确实发现有好多金融交易参与者进入这个行业是为了逃避，他们多数具有十分严谨的理性思维和科学态度，并且能够全身心地投入其中。他们每天细致客观地处理他们的交易数据，一丝不苟，这些也正是成功交易者所必须具备的优良品质。

（七）硬件要求相对较低，环境可选余地大

金融交易所需要的硬件配置相对较低。一般情况下，不是处理较为复杂的图形和运算较为庞大的数据，大多数的办公电脑完全可以胜任。你只要不从事分钟甚至更小级别的高频交易，通过网络来从事金融交易对于电脑和其他办公设备并没有过高的要求。在电脑中我们可以安装与金融交易相匹配的Microsoft Office、WPS等办公软件，安装经过自己实际探访过的金融交易经纪公司的交易软件或者是经过自己评估所选择的适合自己的其他金融交易软件，系统自带的作图软件等常用软件。这些都是在金融交易中经常用到的分析和数据处理工具。这些软件，对于各个年龄段的交易者而言都相对容易掌握，使用门槛也相对较低。

金融交易的另一个显著优势是金融交易所需要的环境要求相对较低。只要有一根网线或者有网络信号，你可以带着电脑在任何一个允许的空间里完成最基本的交易。甚至可以说金融交易只存在于银行柜台、交易电脑和我们自己的大脑当中。最初进入交易市场的交易者，可以在自己的家中进行操作，可以在出租房里进行操作，甚至可以在上下班的地铁上使用笔记本电脑进行操作。交易业绩的好坏，在木质上是由交易者的水平和交易者的心态所决定的，而不是周围的环境。建议最初进入金融交易行业的初学者，不要心急去置办自己的办公用品，寻找和布置自己的办公室。因为我们前期更应该夯实自己的基础知识，通过不断的模拟和实操来积累自己的操作经验，从而在真刀真枪的浴血奋战中，培养自己的盘感。当你对于自己的交易具有一定的信心，自己所精心设计的交易系统已经初具规模之后，再考虑改善自己的交易环境。此时你可以满怀希望地升级你的电脑配置、改善你的交易环境、精心布置你的办公室。切不可心高气傲，操之过急。

二、对金融交易的偏见与误解

（一）不务正业

相信任何将金融交易当做自己唯一的工作、全身心投入其中的交易者一定深有体会：当你单独封闭在自己狭小的办公室里，每天蹲守在电脑跟前，面对的都是冷冰冰的数据列表和客观抽象的K线图形，周围的亲戚朋友们必然会投来异样的眼光，当然也会有善意的劝告。在这些看似“衷心”的劝告背后，可能会有各种各样添油加醋的流言蜚语，更有甚者会给你扣上洗钱和非法集资的帽子。总之，对于大多数对金融交易行业不甚了解的人们来说，金融交易的从业者属于他们传统认知中的行业“异类”。

我个人对于这一现象的理解是：他们对于金融行业的工作性质和工作内容没有深入的了解，才会对于这一行业存在一定的偏见和误解，这一点无可厚非。它并不影响我们使用客观的交易系统，对客观的市场走势做出客观的分析。一方面，长期从事金融交易的从业者之中有名牌大学的高材生，有律师，有银行家，有主治医生，有大学教授等等，这个行业的从业者大部分属于高智商人群。作为一个以交易事业为毕生追求的金融交易从业者，我们应该有这个自信；另一方面，纵观活跃在实体经济和虚拟市场上形形色色的各行各业，任何行业的投入与产出都是对等的。这是所有靠本事持仓的行业的共性，作为直接考验人性底线的金融交易行业更是如此。做好这一行业，需要你投入巨大的耐心，具备深邃的市场洞察力和严谨的市场预判能力等诸多远远超出常人或者别人所不具备的能力。与此同时，我们应该树立这样一个信心：市场是一个巨大的财富分配器，它将对所有不严格遵守市场规矩，漫不经心，每天幻想一夜暴富的投机分子以巨大的打击，并给勇于拼搏，勇于坚持，极具耐心和严守纪律的交易者以巨大的奖赏。如果你仅把这一行业当做你百无聊赖时随便翻来看看的“饭后甜点”，那么相信用不了多长时间，市场就会让你尝到苦头。反之，如果你以正确的态度，端正的心态将金融交易当做毕生的事业，市场将对你的投入和你的专注给予丰厚的奖励。

（二）所谓“赌”

金融交易要求其从业者要有极大的抗挫能力和心理承受能力。每一个行业，都有它内在的规律和法则，遵从这些法则，你就是在经营事业。

生活中司空见惯的琐事，或许能给你更多启示。比如，上班路上你站在凛冽的寒风中换乘公交车，不料公交车塞满了人，你感觉后面那辆肯定人少，于是再等下一辆，后来才知道后面那辆已经挤得打不开车门。你去加油站加油，油价又涨了，你觉得旁边的加油站一定会有优惠，到了才知道每升多花一块多钱。响晴的天，你出门没带雨伞，结果突如其来的大雨把你浇透了，于是你决定每次出门都带上伞，结果偏偏两三个星期都是晴天。帅小伙谈恋爱，对恋人贴心付出百般呵护，最后女孩选择了别人等等诸如此类，总是存在很多不确定性。

关于这个问题，巴菲特有一条重要的投资原则，就是首先要清楚自己的能力边界。他说：“无论什么时候，都要知道自己在做什么，这样才能做好投资。必须把生意看懂了，有的生意是我们能看懂的，但不是所有生意我们都能看懂。”

无独有偶，罗伯特·清崎在《富爸爸，穷爸爸》一书中提到，如果你清楚自己在做什么，就不是在赌博；如果你把钱投进一笔交易然后只是祈祷，那才是在赌博。在任何一项投资中，成功的办法都是运用你的技术知识、智慧以及对于这个游戏的热爱来减少意外、降低风险。

可见，如果你把金融交易当做毕生事业并投入你全部的智慧和热情，它将给你带来无比丰厚的回报。如果你觉得仅凭一知半解就可以日进斗金，那我劝你还是不要参与这个游戏，它会给你以最无情的打击。

三、金融交易的难点

（一）频繁波动

金融市场的波动性主要是指市场走势在一定时期内所出现的剧烈变化的程度。金融市场的波动性一方面体现了参与市场风险性的大小，另一方面也是在市场上投机能够取得盈利的根本，正所谓盈亏同源。一般情况下，通过市场波动来统计金融市场震荡幅度的大小使用的数学工具是方差或者标准差。若震荡幅度较大，则参与市场的风险较高，反之，如果震荡幅度较小，在此时进入市场就相对安全。金融市场的波动性同时还受国际局势、国家政治经济政策和市场参与者的市场情绪等因素的影响。随着我国金融市场的不断开放和国际化不断推进，国际经济走势的变动也在很大程度上影响着中国的金融市场。例如，世界经济总体所处的衰退、发展、繁荣、萧条的阶段性特征或者受到战争以及不可抗的自然灾害等因素的影响而引起的国际金融局势的动荡，都会在很大程度上影响金融市场的总体走势。

一方面，我国的金融产品更容易受到国家经济政策与政治政策的影响。例如，国家为促进经济发展实施宽松的财政政策，增发货币，降低利率，会使流通中的资金增加，从而使人们有更多资金参与到金融交易活动中，在一定程度上刺激了金融走势的顺畅发展。此时则入市风险相对较低，反之，如果政府紧缩财政，提高利率，在市场中流通的资金量相对减少，银根不稳，则此时入市则风险相对较大；另一方面，如果交易所根据国家的相关财政政策提高金融交易的税收比例或者提高保证金比例，则此时入市的资金相对较少，总体表现为经济的不确定性增加，稳定性降低，此时就会增加市场的波动性，从而增加了入市的风险。当然，这也是国家通过金融交易所来控制资金流量，避免盲目投资的一种调控措施，在一定程度上也降低了总体经济走势的潜在风险性。

所谓市场情绪，就是众多投资者在面对市场走势时所表现出的偏见、冲动、情绪和从众心理在市场走势中的体现。当投资者对于市场走势的前景普遍感到乐观时，则愿意使用更多的资金投入市场，从而刺激交易量的增加，进而引起金融产品的持续稳定上涨。反之，如果参与者普遍对于市场前景看淡，则会一定程度上引起市场走势的低迷，多空双方迟疑纠结，此时入市的风险相对较大。应该特别注意的是，对于新手交易者而言，由于市场的频繁波动所造成的频繁止损触发或者是频繁进出是造成交易者连续亏损的重要原因。因此，无论是从投入的资金总量还是参与的走势阶段而言，新手参与者应该慎重选择，建议先从所需资金量较少的金融产品开始切入市场。等经过一段时间的模拟或者实际操作之后，能够熟悉市场特征和自己的操作风格之后再逐渐扩大操作的品种范围。这是一个循序渐进的过程，切不可心急冒进。就所选择金融产品的进场阶段而言，应该选择与总体走势相符的品种进场，顺势而为，尽量避免处在交易密集区或者横盘震荡区间的品种，从而降低入市风险，逐渐培养盘感和持仓信心。

（二）风险放大

金融交易行业之所以吸引众多投资大众如飞蛾扑火般奋不顾身地参与其中，主要是因为其对收益的放大作用，但我们应该清晰地认识到，金融交易行业在对市场潜在收益放大的同时，也在很大程度上放大了入市风险。

金融交易行业对于风险的放大主要表现在以下几个方面：一方面是技术因素所导致的。随着网络技术的不断发展，人们可以轻松便捷地在网上进行开户资金注入、买卖平仓、交换金融产品甚至跨市场操作。这也在一定程度上降低了金融交易市场的入市门槛。甚至简单一点讲，只要你有一台电脑和一条网线就可以随时在网络平台上买入或者卖出自己喜欢的金融产品。金融交易的这一特征为资金持有者参与金融交易提供了极大的便利；另一方面也使金融交易者在交易中的操作具有极大的随意性和盲目性，极易导致频繁操作和频繁进出。这些盲目的操作，增大了市场波动的风险，同时也极易造成频繁的止损离场造成资金账户的损失。

此外，由于金融交易行业的发展速度较快，新的金融产品、新的交易方式层出不穷，这使市场监管部门的监管压力较大，与之相关的法律法规的制定往往滞后于市场所出现的新变化，从而使相关法律法规的潜在风险相对变大，也间接地导致了金融交易风险的增大。因此，无论市场监管部门还是金融市场政策的制定和研发部门，都应该对市场参与者的资金数额、负债比例和风险等级进行严格的把控，确保金融交易者有较高的信用参与市场。作为风控部门，应该加强对市场风险的识别与预警，能够及时发现风险，及时防控风险。互联网金融交易的监管部门应该加强对市场风险的披露与宣传，确保金融交易者在入市前对市场潜在的风险具有充分切实的了解，避免交易者入市的盲目性。

最后，作为金融交易的经纪人公司，应该加强行业管理和行业自律，建立科学完善的管理机制，避免行业风险的扩大。对于在金融交易经纪公司开户的投资人，应该做好对入市投资者的安全教育和风险提示，提高其风险防范意识，避免交易者盲目投资。

（三）人性的贪婪与恐惧

在市场中拿着真金白银进行拼杀，历经几番生死轮回的中高段交易者都应该明白一个道理，金融交易中的核心风险真的不是来源于金融交易本身，而是来源于交易者的内心。

英国著名物理学家、数学家、天文学家，被称为近代物理学之父的艾萨克·牛顿（Isaac Newton）曾经说过一段耐人寻味的话："我可以计算出天体运行的轨迹，但无法计算出人性的贪婪。"有过痛苦经历的交易者都不会否认这个观点，交易中最难克服的是人性的贪婪与恐惧。或者更直白一点讲，就是想赢怕输的心态。不可否认，绝大多数的初级交易者最初入市的目的就是期许在短时间内获得大量财富，甚至抱着一夜暴富的梦想一头扎进金融交易行业，尤其是随着网络科技的不断繁荣发展，使金融交易更加高效便捷，冲动进场的散户交易者所造成的频繁操作更是雪上加霜。当投资者透支自己多年全部的积蓄杀入市场时，市场只要稍微出现一点预期的端倪，冲动的投资者就极易陷入忘我的境界，觉得自己不可一世，可以如战神一样横行于金融交易市场。此时人性的贪婪暴露无遗。交易者恨不得将自己全部身家都压在这些仓位上，此时的乐观往往来自交易者内心的空虚与虚荣，是交易者急于想证明自己的判断是对的一种急切心理。令人惋惜的是，这并不能代表交易者的判断如何准确或者对于走势的预期有多么客观。反之，当市场走势与自己预期的判断产生背离时，此时的交易者多陷入深深的忧虑之中。由于贪婪和虚荣的心理作怪，仍然不肯承认自己判断错误，迟迟不尽快止损离场，而是选择继续艰难地留在场上，并且依然在持仓过程中幻想自己的判断是正确的。事实上，眼前的涨升走势只不过是持续下跌过程中的一个阶段反弹而已。此时人性贪婪的破坏力可谓惊人，因为亏损的仓位如果不在最初市场走势对自己不利时进行及时止损平仓，后期的亏损将会演变为一场不可挽回的灾难。直到交易者再也无法承受由于走势转向而造成的大幅亏损和巨大的心理压力时，交易者开始悔恨自己当初做出的选择，认为自己根本就不该留在市场中。此时持仓的恐惧占据了上风，交易者在惊慌之中手忙脚乱地平掉亏损的仓位，抱着账户巨大的损失离开市场。在投资者出现巨大的心理落差和心情低落之时，多数正是总体走势触底反弹转而向好之时，但可悲的是，此时的交易者已经伤痕累累，身无分文地站在场外，眼睁睁地看着走势大幅拉起而无能为力。

即使交易者在已经具有一定盈利的仓位中，人性的贪婪与恐惧依然会对交易者的账户造成沉重的打击。例如，当交易者所持仓位具有一定盈利之后，走势进入阶段性的调整过程中。此时经过千辛万苦终于有一定盈利的交易者抱着珍贵的收益死死不放，始终想着尽快止盈离场落袋为安，生怕一点点小的回撤吞噬掉自己来之不易的收益。于是盈利仓位的持仓者仓皇离场，错失了后期可能拉起的大幅走势，与期盼已久的大幅趋势失之交臂。

可怕的是，在这一过程中，市场走势并不知道你是做多还是做空，也不知道你是用什么样的交易策略来应对市场的震荡与趋势，整个过程都是由你自己来左右仓位规模和进出。无论是在震荡过程中不断出现的紧抱亏损仓位不放，还是在大幅趋势拉起时，由于担心既得收益被小幅回撤吞噬掉而过早离场，整个过程都是人性的缺陷在作怪。归根到底，交易者在持仓中所表现出来的贪婪与恐惧，来源于对市场走势的无知和对自己的交易系统缺乏科学性和全面的认识。比特交易系统所要做的就是在全面把握市场走势的总体阶段划分的基础上，针对市场走势的不同阶段特点，采取对应的持仓策略，并将走势的处理进行固定化，模型化，从而尽可能地规避人性中贪婪与恐惧对于操作业绩的影响。

（四）分析指标的选择与使用

主流金融交易平台在其操作系统中植入的金融技术指标基本上在180~200个，这么庞大的技术指标数量无疑为市场交易者对技术指标的选择与使用造成了很大的困惑（见图1-1）。

BAR	美国线	BBI	多空指数	SAR	抛物转向(Stop and Reverse)
CLOSE	收盘价线	DDI	方向标准离差指数	SARPB	抛物转向(澎博)
HIGH	最高价线	DMA	平均线差	TRIX	三重指数平滑平均线
K	K线	DMI	趋向指标(标准)	UDL	引力线
LHCBX	龙虎成本线	DMI-QL	趋向指标(钱龙)	VMA	变异平均线
LOW	最低价线	EXPMA	指数平滑移动平均线	B3612	三减六日乖离
TWR	宝塔线	HMA	高价平均线	BIAS	乖离率
YJJT	赢家阶梯	JLHB	绝路航标	CCI	顺势指标
ADVOL	钱龙离散量	JS	加速线	DBCD	异同离差乖离率
AMOUNT	持仓量（成交额）	LMA	低价平均线	DPO	Detrended Price Oscillator
LHCCX	龙虎持仓线	MA	均价	KD	随机指标
OI	线性持仓	MACD	指数平滑异同平均线	KDJ	随机指标
VOL	成交量	MARSI	相对强弱平均线	LWR	LWR威廉指标
AMV	成本价均线	MASS	梅斯线	ROC	变动速率
ASI	振动升降指标	MFI	资金流量指标	RSI	相对强弱指标(Relative Strenth Index)
OBV	能量潮	PBX	瀑布线	SI	Swing Index
PVT	Price/Volume Trend	PRICEOSC	Price Oscillator	SLOWKD	慢速KD
SOBV	能量潮	QACD	快速异同平均	SRDM	动向速度比率用法同KD指标
SSLO	压力支撑（叠加）	QLCX	龙系长线	VROC	量变动速率
VPT	量价曲线	QLDX	龙系短线	VRSI	量相对强弱

图1-1　金融交易平台中植入的部分技术指标

我们所最常用的技术指标有移动平均线指标MA、异同移动平均线指标MACD、布林带BOLL、相对强弱指标RSI、随机指标KDJ、动向指标DMI、平均趋向指标ADX、乖离率指标BISA、能量潮指标OBV、威廉指标W%R等。总体上看，这些形形色色的技术指标都是基于对于价格和波动的把握而研发和设计的，但这些著名的技术指标又分别有自己的切入点和侧重点。有的使用技术曲线的金叉或死叉来表示对市场的预期；有的是通过考察走势对于正常趋势的偏离程度进行设计的；有的则是侧重于多空双方力量的对比；有的则侧重于市场上出现的极端情况的评估（例如对于超买和超卖现象和市场偏好的评估）；有的则侧重于从成交量的角度来考察价格走势的变动。这些纷繁复杂的交易指标为初中段市场参与者带来了一定的困扰。此时交易者首先要做出的选择应该是明确自己应该从哪个切入点入手来考察和评估市场，然后选择适合自己交易风格的技术指标来设计和构建自己的交易系统。

（五）技术面进出时机的选择

所谓技术面是指能够反映价格变化的各种技术指标以及使用他们之间的相互组合来对市场走势进行的研判。总体而言，技术面分析是以价格分析为核心，运用数学模型及统计学知识对市场做出的评估。从其论证特点上来看，它具有以数学结果为参考数据，采用样本不受政治经济等各种外部因素影响的客观性的特点。使技术分析更适合于短期内的短线分析。表现在实际金融交易中，技术分析多运用于进出场点位的评估。由于技术分析更侧重于以前期统计结果为参照数据，且根据技术分析的方法特性，其更侧重于短期内的点位判断，使技术分析在时机的选择上运用于长周期交易系统则多数准确率较低。例如，在a图中，利用技术手段所分析的看多点位，在b图或者4h周期中则很有可能正处于总体趋势的跌势之中，从而使技术分析在对于时机的选择上会出现片面的弊端。

如图1-2所示，同一品种在同一时间点中所处的走势对应的阶段并不一致，甚至完全相反。在a走势图中该产品所处的阶段是主升阶段，但当我们切换到b图或者更高级别的周期视图时，明显地能够看出该品种正处在b图中的主跌阶段。因此，在技术分析过程中，应该充分地结合高级别周期或者多周期组合进行参考，将当前时间点上的走势放在多个周期的大视角下进行观察，从而增加走势方向预判的准确率。

a

b

图1-2　低级别周期中进出点判断的片面性

（六）品种及个股的选择

对于股票的选择，我们需要了解行业的发展前景，要关注上市公司的经营业绩以及历史走势相对平稳的个股。另外，还要从其换手率、市盈率、负债率、资金流动性等方面参考相关上市公司的财务报表。从期货品种的选择上来说，我们还要对热门品种的行业布局、产业结构、品种分布、历史走势、价格差异等信息进行分析和处理。我们需要熟悉自己关心的交易品种的基本面、政策面影响因素、市场环境、供求关系以及交割时间、保证金率、强平机制等游戏规则。这些繁芜丛杂的分析要点，往往使刚刚入市的交易者无从下手。深入研究你会发现，对于个股或者交易品种的选择是一个十分庞大的分析体系，你可以将各种分析因素组建成一个逐步筛选的分析架构。根据多年的实操和分析经验，我还是建议交易者根据自己的交易性格、系统特性和风险偏好来选择具有针对性的分析方法，从而避免自己的筛选过程陷入迷茫的窘境中。

（七）基本面信息的处理

基本面分析主要包括国际经济局势，国家经济政策，行业的成长状况以及上市公司的发展情况等几个层面。从基本面所涵盖的范围可以看出，它更侧重于宏观分析而不拘于小节。因此，消息面的分析对于长期投资的布局具有一定的指导作用。基本面最大的缺陷就在于，当我们能够获得相关的市场信息时，有可能市场的走势已经消化吸收了这些我们所认为是重磅新闻的消息和政策，从而产生盲目跟风或者主观臆断的风险。另外，由于基本面所包含的内容纷繁复杂，因此极易造成金融交易者在分析过程中失去侧重点或者过于纠结于分析因素中的几个方面，造成基本面分析的片面性。我更建议刚刚入市的交易者更多地使用技术手段进行分析，当我们能够进行资金规模更大、交易周期更长的大宗产品或持有较大的持仓仓位时，再结合基本面的因素进行分析，从而充分利用基本面分析的指向性。

（八）消息面与技术面的融合

通过消息面进行预判金融产品的走势，首先对于没有相关可靠信息来源的绝大多数散户交易者而言，他们所获得的消息面的信息是否真实准确尚无法明确，根据消息面进行判断的样本素材也就失去了可靠性。因为根据缺乏真实性的小道消息所做出的判断一定是偏离市场总体方向的。即使交易者能够获得相对较为准确的金融市场消息，这一消息先后经历了上市公司内部机构的针对性调整和处理，然后经过媒体或者金融交易的资讯平台有偏好地报道，引起交易大众的强烈反应之后再传入散户交易者的耳朵。其所带来的影响在此过程中已经被市场消化殆尽。此时你所知道的所谓的内幕消息或者准确消息已经严重滞后于消息本身。因此，根据消息面进行选择，信息失真或者滞后于市场实际走势的可能性较大。此外，根据消息面单独进行判断本身就具有一定难度，加之还需要结合技术面，交易者选择适合自己交易风格和系统特性的技术指标进行综合运用与搭配，从而使散户交易者更难形成适用于自己的高效可靠的交易架构。关于交易体系的设计、测试和研发过程，我们可以使用金融交易平台上所发布的相关权威资讯来判断总体的趋势方向，然后使用重点侧重于震荡走势或者侧重于长线波段趋势走势进行操作的同类技术指标，来判断与消息面所指向的总体方向一致的最有利的进出点。依照这个总体思路所设计出来的交易系统更为准确客观。

（九）随时可能产生的巨大心理落差

当交易者克服了以上困难，信心满怀地加入市场，本以为会通过以上充分的准备赚得盆满钵满，但金融市场极易产生大幅的震荡或突发的转向走势，从而使得本来准备充分的交易困难重重。对于绝大多数中高段交易者而言，最头疼的就是经常出现的大幅跳空走势。例如，开市跳空、隔夜跳空和节假日跳空等突发转向。这些大幅的跳空走势和突发的转向走势，有的是由于重要经济政策或者财政政策的新鲜出炉，有的是由于影响更大的突发事件的发生，有的则仅仅因为绝大多数交易者冲动盲目入市、跟风操作所造成的非理性的市场情绪。这些重大的反向跳空走势都有一个共同特征，就是会对账户和持仓信心造成严重的打击。尤其对于没有紧急情况处理经验的多数新手和散户交易者而言，甚至会对其本来资金量就不大的交易账户产生毁灭性的打击。

如图1–3所示，该品种在10天左右的时间内呈现出上下起伏的宽幅震荡，并且多数震荡都是由单独一根或是少量几根K线独立完成的，从而使交易者在持仓过程中产生巨大的心理落差。该产品在8月9日—13日呈现出一个稳定平滑顺畅的上涨走势，8月12日休市前做头，并在8月13日之后大幅转向形成长阴线。同样的连续阴跌也出现在8月14日—16日短短两天的时间内，并且8月16日开市时所出现的单根长阴线占据了整个下跌幅度的50%以上。正当人们被频繁出现的宽幅震荡折磨得体无完肤，拖着疲惫的心情看空市场转而由多做空时，市场则在16日午盘前后顺畅拉起并在17日休市前再次出现剧烈的震荡，从而形成一根长长的上影线做头，再次形成短期的突发转向走势。相信经过这一段布满荆棘的频繁震荡洗盘之后，市场参与者一定会有一种“草木皆兵”的感觉。除非你有极强的定力或者极好的心理素质，随时准备着接受这种可能频繁出现的心理落差，否则这一段走势必然会对你的交易热情产生深重的摧残。

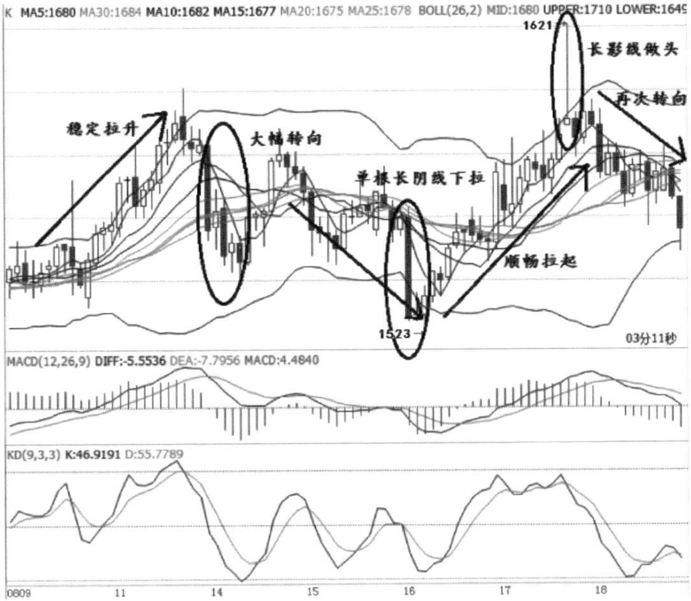

图1-3　频繁出现的震荡与大幅转向

经历过这些大幅跳空或者突发转向走势的交易者，都有这样一种感觉：这种走势犹如自然界中发生的地震，破坏力巨大且不可预测。既然不可预测，那么我们就应该由被动的防御转向主动的预防。即在持仓过程中尽量避免建立仓量过大的仓位，或者在节假日以及具有纪念意义的时间节点上做好相应的止损防护工作。我的做法是在大的节假日来临之前，下午休市前无论盈利与否，全部清仓。一般而言，只要你入市的仓位不是太大，并且及时地做好清仓准备，可以在一定程度上避免这类走势所产生的突如其来的打击。

第二章
了解你自己

一、金融交易从业者的性格特征

当金融交易者从事金融交易5年以上后，如果你有悟性和足够的情商，能够深刻地体会到，我们所从事的金融交易不仅是每天在与市场打交道，更多的是在与自己打交道。因此，在金融交易中，我认为了解自己比了解市场更重要。这也是为什么我把金融交易者的性格特征单独进行论述的原因。经过对几类金融交易市场中的交易者的访谈与交往，我归纳出金融交易者往往具有以下几类性格特征，这些性格特征也直接或间接地影响他们在金融交易中的绩效，因此读者朋友们应该引起足够的重视。

（一）孤僻

或许性格孤僻是金融交易者最明显的性格特征，或者说这一类从业者属于正常人类中的“异类”。与绝大多数其他行业的从业者遇到问题或者困难时集思广益并广泛地涉猎与问题相关的信息和知识不同，金融交易的从业者更倾向于独立思考，他们多数情况下不相信小道消息和道听途说，对自己的判断具有足够的信心。这一点主要是源于他们相信金融交易中的样本数据和技术指标足以使他们做出最准确、最客观的判断。

（二）追求完美

相比于其他行业的从业者，金融交易的从业者更倾向于追求完美。无论是在从事交易的过程中对数据的分析与处理，还是休市后的复盘操作，甚至生活中的细节，他们都尽可能地做到最好，他们往往对于细节的要求会过于苛刻。

（三）追求极致

追求极致的性格特征或许源自他们对交易事业的深深热爱和对市场不可预测性的发自内心的崇拜。他们在市场分析中，时时处处要求自己做到最好，他们始终相信自己为市场分析所做出的努力会一步步地接近真相。

（四）无法容忍时间的紧迫性

市场中每天变化多端的走势可以将其抽象的理解为时间与价格轴之间的互动关系。从盘面的走势图我们可以看出，横轴代表无限延伸的时间单位，纵轴则代表不断反复的价格波动。也就是说，我们从事金融交易的全部过程，无非就是无时无刻不在与时间和价格打交道。市场中的价格在每一分每一秒钟都会产生瞬息万变的变化，因此交易者多数无法容忍时间上带来的紧迫性。他们视时间为自己的生命，将处于关键期的市场走势看得比什么都重要，因为他们深深地理解在市场的关键点位或者在重仓进入市场时，每一分每一秒的变化都可能会对账户产生重大的打击。因此，建议金融交易者在刚刚进入市场时，除非自己的交易系统和相关的技术指标明确地显示市场已经进入了一个大的多头或空头市场，或者上升或下跌趋势的通道已经明确形成，否则不要持有过大的仓位。过大的仓位无形中增加了我们持仓的压力，同时也放大了单位时间内价格波动对于我们账户金额的影响程度。适可而止、量力而行是我们从事金融交易的从业者必须牢记于心的操作准则。

（五）脾气大

这或许是金融交易者区别于其他行业的一个十分具有个性的性格特点，与其他行业必须需要耐心细致相反，绝大多数的金融交易从业者往往心焦气躁、肝火旺盛。表现在生活中，他们给人的印象就是脾气焦躁，容易上火。在与别人的沟通中，一部分交易者往往表现出心急、不屑解释和分析的状态。有时在他们看来，很明显的结果和很简单的问题大多数人却理解不了，感觉根本没有解释的必要。所以金融交易者应该深刻地了解自己的这一性格特征，在日常的工作中和人际交往中，应该努力地去克制这一性格缺陷。

（六）眼光高

有的金融交易从业者会给人以不可一世、目空一切的高傲感。与这部分金融交易者相处，往往给人以一种压迫感和不舒服、不自在的感觉。其实并非从事金融交易的交易者自身的性格就是这样的特征，主要是他们所从事的这一职业长期以来对他们的性格所造成的影响。因为在金融交易中，随时波动的市场环境使他们见惯了一夜之间黄金万两和一夜之间墙倒屋塌之间的天差地别。这种短时间内即出现冰火两重天的情形对他们而言司空见惯。因此，他们对于市场上所出现的一般波动根本就不放在眼里。

由于金融交易行业本身所具有的专业性强、工作强度大，每天面临的心理压力也较大等特点。因此，金融交易的从业者往往将这一行业视为所有行业中的顶峰，他们觉得没有任何一个行业能够与之相媲美，并且觉得自己是所有行业中最聪明的人。因此，作为金融交易的从业者，我们应该更加深入地了解自己的这一性格缺陷，避免眼高手低的工作状态和生活状态，避免为自己事业的发展造成障碍。金融交易者更应该养成积极务实的工作作风，紧跟市场节奏，培养稳定踏实的操作心态，将目光着眼于本专业、本行业的市场走势，而不要仅将金融交易行业与其他行业进行横向比较。因为每个行业有每个行业的特点，每个行业有每个行业的难度，他们之间没有太大的可比性。

（七）容易孤注一掷

这一性格特征也是金融交易从业者性格特征中的一个重大性格缺陷，正如前面所说，金融交易的从业者自以为站在了所有从业者的最高峰，并且他们自信地认为所有的聪明人都集中在了这一行业当之中，因此他们对于自己通过精心研究所设计出来的交易系统或者得出的研究结论充满信心。甚至是过于自信。他们往往不会听取任何人的建议或相关资讯的消息，而是在多数情况下比较偏激地做出进场、出场或者是加仓的冲动操作。在遇到突发的市场转向之前，他们绝不承认自己的判断出现错误。就具体的金融交易而言，金融交易者的这一性格特征往往会对交易者的交易账户造成沉重的打击。要克服交易者的这一性格缺陷，交易者必须深刻地理解市场的不可预测性这一重要特征，这是从事一切市场交易的心理基础。哪怕是对于市场分析具有杰出贡献的江恩、格雷厄姆、利弗莫尔、艾略特等经济学家和数学家，也从未明确地表示自己的判断能够胜过市场的走势。更何况我们只是在市场中任凭市场的惊涛骇浪摧残和蹂躏的散户交易者。

另外，作为以金融交易为毕生事业的金融交易从业者，必须要深入学习各方面的专业知识，了解并深刻地理解尽可能多的市场分析大师所得出的经典结论，并依据足够充分的理论根据来做出预判和推论。不要轻易的对自己的判断产生盲目的自信。另外，无论交易者的分析水平有多高，最终分析判断的准确率也绝对不会是百分之百（甚至往往低于50%，或许你不忍直视这个结论，但这是事实）。这是由市场走势的不可预测性和市场是一种时间与价格之间的概率游戏的本质所决定的。因此，无论自己的胜算有多大，都不要盲目地进入市场或者持有过大仓位。因为重仓入市在增加收益可能的同时，也放大了潜在的风险。事实上，根据每半年披露一次的《华尔街日报》对金融市场进行市场调查的统计结果可知，由美国多位著名的分析专家所分析出来的统计结果对市场分析的正确率往往低于50%。因此，无论金融交易者对自己经过论证所得出的结论多么自信，都应该保持清醒冷静的头脑，思虑再三之后再执行操作。

（八）置身事外

有相当一部分金融交易者不屑把他们的时间和精力耗费在复杂的人际关系上，他们觉得在纷繁复杂的金融交易市场中能够理出清晰的头绪已经难能可贵了，没有这么多的精力或者说不愿意把更多的精力投入到复杂的人际关系之中，他们不屑让自己纠缠在客户之间的复杂应酬、同事之间的勾心斗角和上下级之间的阿谀奉承。在他们看来，他们觉得华而不实的交往与应酬对他们而言是一种暗耗。对于这一部分交易者而言，我的建议是应该积极乐观地参加社会活动，投身公益事业。因为作为一个金融交易者，我们首先要明白，我们不仅是一个全身心投入的交易者，更是生活在社会群体中的具有社会性的人。虽然金融交易占据了我们生活中的绝大部分时间，但是金融交易毕竟不是我们生活和生命的全部。

日常的应酬和人际交往也是我们生活的一个重要组成部分，而且对于绝大多数金融交易者而言，这一部分丰富充实的社会生活是我们完善人格、充实自我所必须的。

另外，当金融交易达到一定境界时，你会发现其实金融交易就是生活，生活就如同金融交易，他们之间是相通的。当然，这需要金融交易者深切地用心去感悟生活，体会自我。

（九）消极避世

金融交易者的这一个性格特征不带有普遍性，是极少数交易者所具有的性格特征中较为极端的情况。这一类交易者，他们已经全身心地投入交易工作中，达到了近乎疯狂的程度。他们视金融交易为自己的生命，觉得金融交易就是自己的全部。在交易过程中，他们往往一门心思地投入到金融交易的计划制定、操盘、复盘、数据处理、后期评估等工作当中。他们舍弃了陪伴家人的时间，舍弃了与孩子玩耍的时间，舍弃了与朋友之间必要的应酬。这种痴迷的程度有点类似于青少年沉迷于网游的情形，他们觉得他们的生活中除了交易，没有其他任何值得兴奋的东西。他们不屑于参与日常生活中形形色色的琐事，对于交易之外的一切事物都选择拒绝和回避。这一类交易者虽然属于交易者中的另类群体，但确确实实在实际的交易生活中存在这样一部分较为极端的人。我的建议是这一部分极端的交易者之所以消极避世，一定有他的思想根源。比如，他们由于之前与人之间产生过误解，或者受到过别人心灵或情感上的伤害，或者在其他的事业中受到过自信心上的打击等，从而选择把能够给他们带来最大自由和最多自主权的金融交易行业当作自己的一切。回避与其他任何人、事、物的交往。对于这部分交易者，如果他们经过自己的努力最终能够在交易中胜出那将是最好的结果。但是一旦他们在金融交易中受到重创或者遭受打击，他们的生存状况或许将走向另一个极端，甚至威胁自己和他人的安全。

首先这一类交易者应该认识到自己正处在正常生活秩序的边缘，应该主动地通过丰富自己的日常生活，将自己拉回到社会群体当中。另外，应该较多的涉猎其他方面的知识，开阔眼界，培养更多方面的兴趣爱好，丰富自己的日常生活。使自己能够感受到交易之外依然有许多五彩缤纷的事物能够给我们带来巨大的满足感。最后就是这一类交易者身边的家人或者朋友应该对他们的日常生活和工作投入必要的关怀和帮助，让他们能够体会到来自周边朋友和亲人的爱。总之，由于每个人的经历、阅历、知识层面和感悟力都不同，在面对不同困境的时候，每个人的处理方式也不同。容易走极端的交易者多数具有比较容易较真的性格特征。这类交易者本人应该从思想根源上去挖掘，否则会对自己的交易绩效甚至日常生活造成极大的负面影响。

二、金融交易的心理和思想准备

（一）慎重、理性投资

在金融交易的心理准备上，慎重就像技术分析中的止损一样重要，几乎是金融交易成败的决定性因素。金融交易中将慎重放在首要位置，不仅是因为金融交易过程中的险象环生，更重要的是由市场层出不穷、随时可能出现的不确定因素所决定的。绝大多数的初级交易者最初进入市场是抱着自己的财富实现快速增长甚至是指数倍增长的美好愿望杀入市场的，但是金融交易行业中有一个很现实的数据，就是真正的胜出者从来不到10%。从这个结果上也可以看得出来入市门槛有多高。

首先，拿着真金白银在市场中拼杀之前不要轻敌，在进行实际入场操作过程中则不要眼高手低，无论你在入市之前做了多少准备，或者说你对市场的交易规则多么熟悉，对形形色色的技术指标使用得多么熟练，市场走势不可预测的总体属性是不变的。因此，在交易心态上讲，慎重是永远要放在第一位的。所谓理性投资、谨慎入市，就是当自己对市场走势做出比较全面、客观的分析之后，在实际的交易资金注入之前要充分地评估自己进行投资的可靠性，这个资金的可靠性来自自己和外部环境两个方面。

从自身这方面来讲，必须要理智地通过科学合理的量化来评估自己所需要投入的资金使用量，这个资金使用量与自己的交易系统、交易风格、自己所持仓的仓位大小以及品种选择和个股选择都有密切关系，如果投入资金量相比所需资金量较小，则使自己的账户没有足够的腾挪空间，往往不足以买入自己所看好的产品或者个股，更有甚者，还容易在连续震荡的横盘走势中被迫出局或者在大幅的转向走势以及跳空走势中受到重创；如果自己投入的资金量相比所需的资金量大出许多，则不利于手中资金的高效利用。就外部环境而言，由于金融交易市场具有放大盈利资金比例的杠杆作用，因此使众多资质不够规范，管理不够系统和风险控制不够完善的金融交易经纪公司层出不穷。这些缺乏正规性的资产中介或者经纪公司往往无视交易者的资金安全，为了短时间内追求不切实际的资金增长，往往进行较大仓位的持仓和过于频繁的操作，从而给委托进行金融交易的参与者造成严重的经济损失。因此，建议最新入市的交易者应该选择在品牌影响力较大、公司在行业中有较大知名度，管理科学并有严格的风险管控体系的经纪公司开户。例如，股市、期货和外汇可以搜索全国排名比较靠前的前3名或者前5名经纪公司进行筛选，然后选择该经纪公司或者证券交易所在本地的分公司，在开户之前到自己所选择的经纪公司进行实地的考察和咨询，从而尽可能地确保自己入市资金的安全。

（二）所冒风险应该小于自己可以承受的最大损失

具体到自己可以投入的资金量，有一个比较简单的量化原则。就是自己投入资金所冒的风险应该小于自己可以承受的最大损失。当交易者实际使用账户中的资金进行交易的时候，会发现金融交易行业是一个很烧钱的行业。由于金融交易中对不同品种、不同合约都具有一定的入市资金要求。例如，股票是以100股的整倍数为入市单位的，期货等金融产品则要求入市资金应该符合一定要求的保证金比例，加上自己的资金账户应该留有一定的腾挪空间，以备在实际操作中经历长期的横盘震荡和连续亏损之后依然有一定的资金实力再次入场，从而使自己依然有机会等待和捕捉自己期盼已久的大幅趋势。因此，总体而言，自己参与金融交易时需要的资金量会有一定的要求，这个资金量对普通的散户交易者而言一般都能接受，但并非越多越好。有一种看似很幽默的说法是这样的，有的交易者因为担心自己的交易账户受到重创而辗转反侧，难以入睡。交易者咨询了好多大夫，寻找了好多方法也没有明显的效果，于是去看心理医生。恰好心理医生也在做金融交易，当交易者阐述了自己的“病情”之后，大夫说你这种情况不需要任何治疗，仅需要你回去把自己的仓位减少到你自己能够安然入睡为止。因此在实际交易过程中，交易者所需要的资金量应该在自己投入的资金下限以上30%~45%进行正常的金融交易，这个资金范围不会使自己的交易心理受到太大的拖累。当交易者进行一段时间实盘交易，对走势的运行规律了有一定的了解，对自己的交易水平有了一定的把握之后，大多数高段位的交易者都会发现，金融交易应该是一件十分轻松愉快的事。当自己的交易水平再上一个台阶，自己的交易境界再提升一个维度的时候，基本上可以达到交易高手的水平。你就会发现，交易产生于自己的本能，而不会受到其他任何外界因素甚至是自己主观因素的影响。到达那个阶层，大家才会发现金融交易确实可以做到心无旁骛，入木三分。

（三）独立分析与判断的能力

金融交易之所以难，就是因为金融交易中所牵扯的宏观信息、政策影响、技术指标、外部因素等纷繁复杂，交易者想要从中遴选出真正有价值、有指导性的信息十分困难。无须对金融交易的影响因素进行全面的统计，仅我们平时分析所使用的基本面、技术面等方面的影响因素就至少在30种。这使绝大多数初级交易者感觉在最初从事金融交易行业时无从下手。这就要求我们对于影响金融交易经济走势的各项因素应该具有自己独立的判断和分析能力，这是自己在交易过程中避免陷入迷茫和失去分析方向的根本保障。就本书而言，我们之所以死死咬住技术分析这一核心分析方法，就是为了尽可能地摒弃其他不确定的影响因素，侧重于采用更加客观、更加现实的统计数据来选择自己所使用的技术指标，从而构建符合自己设想的交易系统。在这个过程中，会有来自各个层面、各个角度的影响因素不断影响着我们的判断方向，而此时为了保证自己判断方向的正确性，我们在构建交易系统的过程中必须要紧扣自己分析的核心和要点。例如，本书中技术分析的核心就是价格分析，无论何种影响因素起作用，最终都要落实到价格走势及其影响因素上。在具体的进场点位、出场点位以及加仓点位的评判上，如果一个影响因素对于价格这一核心判断依据没有决定性的作用或是模棱两可，我们宁可将这一因素进行忽略甚至摒弃。金融交易虽然给了交易者最大的自由和自主性，但并不代表给了金融交易者放纵的理由。只有金融交易者时时刻刻保持自己明确的预判方向和独立的分析与判断能力，才不至于使自己在纷繁复杂的金融交易中陷入迷茫。

（四）随时接受巨大心理落差的准备

就我个人的真实感受而言，我感觉作为一个成熟的金融交易者，盈利来源若按比例进行划分，40%应来源于他对市场的把握和对趋势的分析与预判，55%则来自在交易过程中对于个人心理的折磨与摧残，剩余的5%很少会出现，因为那一部分仅属于可遇而不可求的幸运。之所以对于个人心理的锻炼能够占到如此大的比重，是因为长期从事金融交易的从业者应该很深刻地体会到金融交易市场对人性进行着全方位的残酷考验。这一部分的考验不仅是在资金的亏蚀上，更多的是对于交易者自信和勇气的摧残与打击。因为在金融交易中，入市者不全是小资金的散户交易者，其中不乏有大资金持有者或是大财团参与其中。他们动辄将千万以上的资金注入市场，并对几十万的盈亏已经相当冷漠并习以为常。在这个过程中，最考验人性的就是那些日以继夜奋战在一线从事系统设计和回测的交易员们。他们对所设计的研究成果不断地进行数据模拟、复盘分析和实盘操作，以期能够获得自己想要的盈利数据，但是设计出科学高效的交易系统谈何容易？即使是经验丰富、高手如云的交易团队，要想设计出一套高质量的交易系统也绝非易事，更何况是资金和信息来源、技术水平和硬件设备都远远不如专业交易者的散户们。他们必须要有频繁出现心理落差的心理准备和对长期收益的合理预期，经过反复的惨绝人寰的市场考验，才能成为金融交易中的胜出者。这里所表述的金融市场交易中交易者将要遭受的心理打击绝非夸张和危言耸听，但凡有7年以上经验的交易者都会发现，“没有经历过几次爆仓的交易者绝对不会是成熟的交易者”这话所言不虚。

（五）长期看盘、分析、总结、再实践的准备

老和尚教小和尚练武，头几年里，小和尚就做那几个简单的动作。

一个马步，动作这么简单，一蹲就是几年。我曾经一度怀疑没有这个必要，直到后来结识了一位山东省武术队的朋友。他跟我讲，最初参加武术队的几年里，确实大多数的时间都用来蹲马步和锻炼基本功。冰冻三尺非一日之寒。对于金融交易行业更是如此。你要想在变化莫测的金融交易市场中分得一杯羹，必须要有超出常人的耐性和定力。你至少要具有每天10个小时的看盘积累，这是金融交易获得成功的必要准备，就如同你的基础知识不牢固，就没法解答应用题一样显而易见。最初有经验的交易者，让我一天看8个小时的盘，我还觉得不可思议，总觉得这么枯燥乏味的数据和随时都在跳动的字符有什么好看的。但是当你真正把金融交易当作一种自己热爱的事业投入其中时，你会发现在看盘的过程中你会收获很多。金融交易行业如同其他任何行业一样，需要你具备丰富的专业知识、扎实的基本功和你全身心的投入才能取得成功。要做到这一些，你必须不断地积累看盘经验，不断地测评和修改自己所设计出来的交易系统，不断地回测历史数据，最终才能信心满怀地应用于真实资金投入的实际操作当中。更可怕的是，这个过程不是一蹴而就的，在这个系统设计的过程中会不断地出现反复、偏差和推倒重来（见图2-1、图2-2）。

图2-1　交易系统测试过程中作者本人绘制的部分框图示例

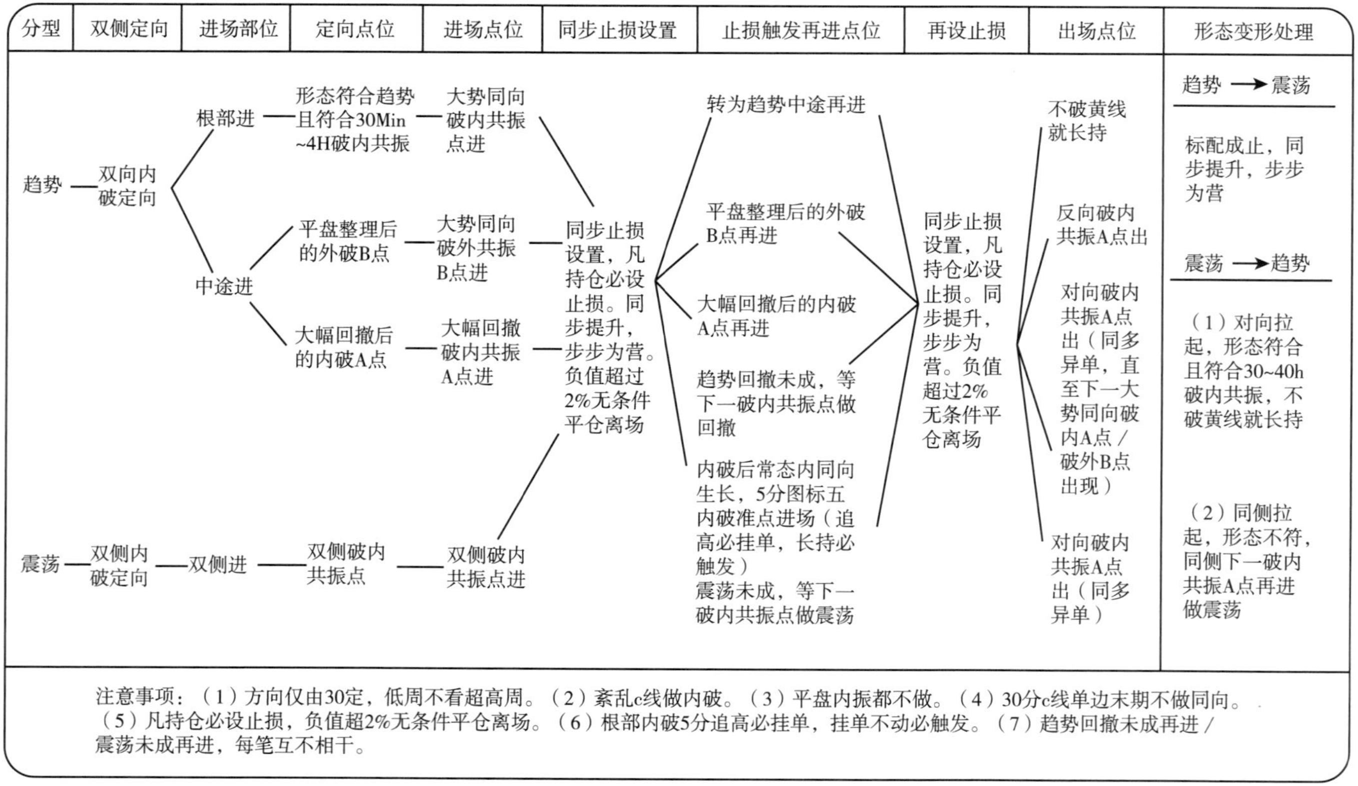

图2-2　系统测试过程中作者本人绘制的框图示例

这个过程对于缺乏定力的交易者绝对是一个心理和意志上的煎熬。因此，我发自内心的建议，真正打算从事金融交易者的朋友们，首先应该从内心真正地喜欢上这个行业，并且能够全身心地投入其中，而不仅是投入点资金和精力玩玩而已。

（六）被家人、朋友、同事疏远孤立的心理准备

毋庸置疑，金融交易行业是所有行业中对于工作环境要求最低、所依托的外部条件最少、工作方式最自由的行业。每天包罗万象的交易工作只存在于两个方面。一部分存在于已经设定好的金融交易软件平台中，另一部分，即具体的交易系统、交易策略，甚至K线走势图都存在于交易者的大脑中。总之，金融交易更多是交易者的内在，而不会过多地依赖于外界的客观条件和环境影响，这就使金融交易工作变得无比乏味和单调。从事金融交易最初的几年里，在交够了在市场中拼杀所需的必要数量的“学费”之前，没有人能够顺顺利利地挣钱（或许有那样的奇才，但至少到目前为止我没听说过）。你要背负着老婆孩子和周边朋友异样的眼光、怀疑的心态，每天要看10个小时以上的盘面，甚至面对巨大的屏幕满眼都是花花绿绿的K线和分分秒秒都在跳动和变换的数据盯到想吐。其实，从事金融交易的工作时间久了对于身体的摧残只是其中一个方面，更可怕的是对于自己生活方式的影响和改变。每天孤独地坐在办公室里，静静地看着毫无生命力的K线走势，你会感觉自己与世隔绝。更可怕的是，长此以往，除了金融交易之外的任何信息相对于你而言都将变得索然无味。你会觉得除金融交易之外，所涉猎的其他行业你都属于一个“局外人”。时间久了，你慢慢觉得自己的交际圈子会无限地缩小，直到只有你一个人倾听自己内心的声音。你的交际能力、沟通能力、谈判能力都将有所退化。有一则关于金融交易者必读书目的笑话，其中就有《精神分裂症的典型症状》《抑郁症患者的自我治疗》《颈椎病防治手册》等推荐书目。嬉笑之余，我们足以看出金融交易是一个多么充满个性色

彩的行业。对于长期从事金融交易的交易者，这些变化都不用太过担心，姑且把这些变化当成是你从事这一行业所必须要付出的代价，或者简单地理解为职业病。并且在决定将金融交易当做自己毕生追求的事业的时候，我们应该在前期具有充分的身体和心理准备。

一方面，注意平时身体的保养与锻炼，另一方面，闲暇之余可以多涉猎一些社科类信息，甚至了解一些娱乐圈消息。这些信息都不必太过认真，只为丰富自己单调乏味的生活。最后，我们应该注重在自己闲暇之余多与老朋友联系沟通、多参加朋友间的聚会和公众活动，从而避免使自己与外界社会脱离。当你通过这些途径来排解自己的压力，避免自己游离于现实社会之外时，你自然会发现金融交易行业真正让你值得投身其中的巨大魅力。

（七）坦然接受各种亏损的心理准备

与其他行业相比，没有任何一个行业如金融交易行业一样，会把亏损走势当成家常便饭（见图2-3）。这种亏损可能来源于捉摸不定的进场点、无法预估的拉起幅度、正常开市或者节假日之后的大幅反向跳空，甚至可能来自你随时紧绷着的神经、临时的稍微放松所作出的错误决定等。

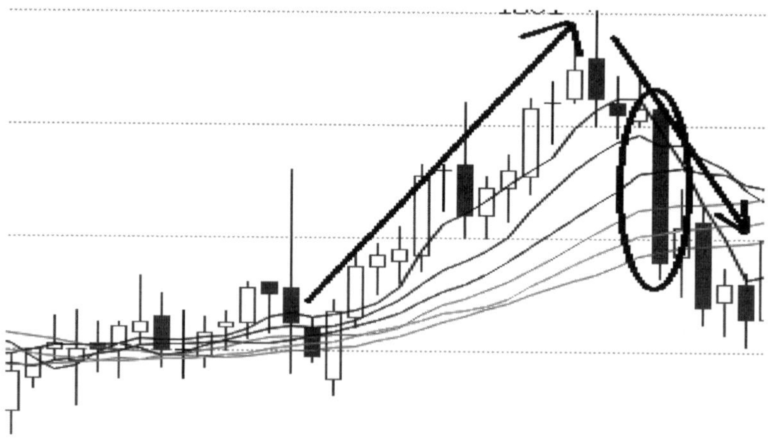

图2-3　随时可能出现的大幅亏损

总而言之，金融交易中的亏损如影随形随处可见。即使最顶尖的金融交易者在其所有操作中也必然会有50%左右的亏损操作，甚至业内有这样一句非常客观的评价，“成功的交易者所赚得的利润，多数来自其5%的交易。”可见亏损交易是所有金融交易的一个组成部分，是从事金融交易必须承担的交易成本。如果初入市场的金融交易者无法接受这个现实，可以从盈亏同源的角度去理解。无论是赢是亏，这一多空方向上的建仓都起源于既定的实时报价，而对于多空双方的判断，其实概率永远不能达到百分之百。另外，无论做哪个行业，必须要有一定的前期投入，这个前期投入是从事各行各业所必须支付的成本，而金融交易行业所投入的资金依然属于你个人，姑且将亏损的金额当作我们参与市场交易所必须支付的成本。既然从事金融交易行业必须面对时时刻刻都在波动的市场，那么我们就应该坦然地接受随时可能出现亏损的这一现实。在具体的金融交易中，我们应该本着一个在任何走势、任何情况下严格控制亏损的原则，尽量避免小的亏损并杜绝大的亏损，时刻对所持仓位进行最严格、最苛刻的保护，这才是根本。

三、从事金融交易的先决条件、环境要求及硬件配置

（一）先决条件

1. 有足够应对交易绩效相当幅度回撤的交易资金

众所周知，从事金融交易必须要有极强的心理素质，每天必须要面对巨大的心理压力。这些压力主要来自频繁的市场波动所造成的连续亏损。因此，刚刚入市的金融交易者，无论是在心理上还是在入市资金上都要有足够的准备，以应对随时可能发生的大幅转向和频繁震荡。金融交易行业与其他实体经济不同，交易者每天要面对频繁出现的盈亏，并

且随时可以由自己决定是否将盈利转化为既得收益，甚至决定是否提现。同样道理，交易者也可以随时自主决定将浮动亏损截断或是继续持有直至浮动亏损转变为保本甚至转化为盈利。因此，在市场中参与交易的资金随时都有变数。一般而言，我们至少应该持有交易所需资金3~5倍的资金量才能够应对市场频繁出现的波动或突发的大幅转向。具体到初级参与者，从事股票、期货交易的，3万的入市资金是比较合理的资金投入量（外汇尽量不少于1 000美元，股指期货尽量不少于10万元人民币）。我们的资金在金融交易账户中留存，并不一定要全部参与其中，但至少要有这样一个资金量才能够为我们的账户提供必要的保障。资金量较小，则无法应对漫长的窄幅震荡。当我们经过连续亏损的无情摧残之后，将使账户内资金存量较小而无法参与到后期拉起的大幅趋势之中。反之，如果投入的资金量较大，由于市场走势的不确定性和市场影响因素的复杂性，会使资金的安全难以得到保障。另外，金融交易市场的杠杆效应也会使交易账户的风险无限放大，在激进的操作中，容易对仓位过大的散户交易者的资金账户造成毁灭性的打击。

2.严格的纪律性

正所谓无规矩不成方圆，各行各业都有其参与者必须严格遵守的内部规定和纪律。如同其他一切专业性较强的行业一样，金融交易行业所要求的纪律性是十分严苛的。这主要是由于金融交易行业所研究的市场走势具有十分频繁的波动性和不可预测性的特征所决定的。对于一名合格的交易者，他所必须严格遵循的市场纪律是确保其在市场中得以生存的根本保障。比较核心的交易纪律如下，比如，交易者对其所持有的仓位必须配有一定高度上的止损设置。由于价格走势的不确定性，我们对所持仓位所标配的止损设置能够杜绝所出现的亏损演变为一场大的灾难。再比如，当你的交易系统和你所使用的技术指标明确地显示一定幅度的趋势即将拉起或者已经拉起之前不要重仓交易，以免使持仓风险放大对账户造成严重的破坏。还有一个重要的交易纪律，就是坚决不要追涨杀跌。这种情况多数出现在缺乏交易经验的新手的持仓中。由于市场是以幅度大小不一的各种波段的波动构成的，因此市场走势总体上呈现出波动前行的走势特征，当散户交易者由于心情激动而从众跟风操作的时候，多数情况下，会进在上升波段的顶部或者下跌波段的底部，从而陷入连续亏损的窘境。可见坚持止损、避免追涨杀跌和杜绝重仓交易，是避免在金融交易中受到重创的3个重要交易纪律，长期亏损的读者朋友可以对号入座，是不是至少有一条符合你？应该明确的是，这些交易纪律的养成并不是一蹴而就的，我们不能期望在短时间内就能培养起来。对于绝大多数的金融交易者而言，往往需要经过一个相当长时间痛彻心扉的煎熬过程。对于不同知识背景、不同阅历和不同悟性的交易者而言，这些交易纪律的养成所需要的时间亦有所不同，但是这些重要的交易纪律在交易中的重要性和必要性是完全相同的。因此，无论任何段位的交易者都应该对这些金科玉律高度重视，铭记在心。

3.足够的耐性

金融交易由于其较高的交易效率和对资金使用率的放大，使大多数交易者最初是抱着一夜暴富的心态进入市场的，这也往往形成了绝大多数市场参与者的心理短板。一方面，由于金融交易中交易平台为我们提供了各种不同周期上的交易选择，我们通常为了规避小级别周期中频繁出现的震荡和波动，往往选择时间跨度相对较大的周期，比如，至少在2~4h的周期进行交易。即使这个级别的周期在持仓过程中完成几根K线，一两天的时间就过去了。但好多交易者往往期望着一天能够进出5~10次，频繁地抓住5分钟级别的小周期波动。这种没有耐性的频繁进出必然会导致频繁止损触发的连续亏损。因此，在交易周期的选择上，我们尽可能地选择较高级别的交易周期。一方面可以降低我们操作的频次，另一方面，在持仓的过程中也可以对我们的持仓耐性进行有效的锻炼。交易中必须具有极大耐心的另一个原因在于，由于市场波动的不确定性，使我们对交易系统中涉及的进场点不易进行精确的把握。例如，我们使用黄金分割比来界定反弹或者回撤所能达到的高度时，这个高度可能会出现多个虚假的突破点，在这个交易密集区极易产生来回震荡的频繁操作。

在同一黄金分割比的高度上，易于形成多空双方持续对峙的交易密集区（见图2-4），此时，由于多空力量相当，双方抗争焦灼不下，极易出现连续的虚假突破。此时若急于进场，则多数陷入频繁止损触发的被动境地。又如，在我们使用W底来捕捉上升趋势中回撤结束时形成的回撤底部时，无法界定走势出现的新低一定是我们所寻找的W底的最低点，或者说这个低点可能会出现多次，而我们无法判断即将出现的点是否会对前期的低点进行再一次的突破。因此，在持仓中我们必须保持足够的耐性，一方面是避免频繁交易的需要，另一方面也是走势的不确定性以及我们对于重要突破点位判断的非精确性所决定的。当经历过市场走势中的残酷杀戮之后，我们都会对市场走势的险恶深有体会，从而重新找回持仓的耐性。因此技术分析交易的鼻祖杰西·利弗摩尔（Jesse Lauriston Livermore，1877年7月26日—1940年11月28日）就曾经语重心长地说："钱是坐着等来的"。可见在持仓中具有极大的耐性是多么的重要。

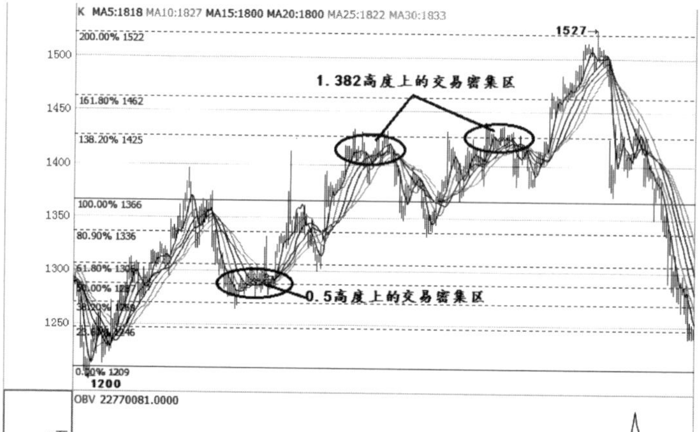

图2-4　同一黄金分割高度上的虚假突破

4.稳定平和的心态

在我们所从事的各种需要高度专业性的行业中，没有哪个行业比金融交易行业更需要平和稳定的心态。一方面，金融交易是一个风险高度集中的行业，你在交易中将会遇到不计其数的突发转向、反向跳空或者频繁波动。对于具有一定经验的金融交易者，频繁的止损触发更是司空见惯。因此，在交易过程中，我们应该时刻保持一个平和稳定的心态，不因稍有获利而沾沾自喜，更不能因为偶尔的亏损就痛心疾首，悔恨不已。因为在交易过程中盈亏是再正常不过的经历。我们只有端正平和稳定的心态，才能在金融交易中走得更远，走得更稳。另外，要在交易中培养平和稳定的心态，必须要对市场走势中盈亏同源的基本原理进行深刻的理解，市场中巨大的资金体量决定了每一个市场参与者都注定是整个市场中一个微不足道的个体，个体的行为对市场整体走势几乎产生不了任何影响。也就是说，市场根本不会在乎你是在做多还是做空，在做短线还是长持，甚至它根本就没有在乎你是否存在，你在面对亏损仓位时抓耳挠腮和心急如焚的表现仅是你自己一厢情愿而已。当务之急，你要对自己的交易系统有一个透彻的理解，更重要的是对自身要有一个更加清醒的认识。在市场中摸爬滚打多年的交易者都会明白这个道理，我们对自己的认识远比认识市场的重要性要大得多，因为你的仓位无论盈亏，都是源自你进场时的建仓价格，源自你最初所做出的多空判断。市场具有不可预测性，相比之下，对自己有一个清醒客观的认识就相对简单一些，这也是我们必须保持一个平和稳定的心态去面对市场的现实基础。

5.事业心

平心而论，在金融交易中树立一颗坚毅稳定的事业心是相当有难度的，这需要极大的恒心和耐力。因为绝大多数的市场参与者在进入市场之初就是抱着一夜暴富的不切实际的幻想，有的则是为了实现资本的快速增殖。他们对于市场的增值预期缺乏最基本的理论基础和数据支撑，仅凭着自己的臆断和幻想。甚至还有相当一部分交易者最初进入市场仅打算在市场中试一试自己的身手或者抱着玩玩的心态游戏市场。即使最初抱着以交易为生的远大抱负进入市场的极少数交易者，在后期的实操过程中接连遭受连续亏损的打击、难以琢磨的大幅反向跳空和盈亏数据的不断打击之后，绝大多数也会陷入迷茫彷徨的窘境之中，最终多数放弃了自己的梦想灰溜溜地退出市场。这是市场呈现形式的多样性决定的，也是市场盈亏同源的基本性质决定的，更是人趋利避害的本性所决定的。因此在市场中拼杀3~5年的交易者“死亡率”极高。此时唯有树立坚定的事业心才能撑到最后，而非自娱自乐地玩玩儿而已。除非你有无比坚强的定力和超越绝大多数人的意志，几乎没有人能够平稳顺利地度过那段不断考验人性底线的瓶颈期。这绝对不是危言耸听。

金融交易行业对于交易者的打击不仅限于对交易者资金存量的破坏，因为有一部分交易者具有相当雄厚的资金实力，他们根本不在乎那一星半点的连续亏损，重大的摧残在于对不断奋斗和进取的交易者自信心的打击和由此而带来的挫败感。因此我们最初进入金融交易行业，要树立一个稳定持久的工作心态，并且有足够的思想准备迎接随时可能出现的大幅亏损和连续打击，将金融交易工作视为自己终身为之奋斗的伟大事业。只有这样，我们才能在金融交易事业中走得更远，才能有机会欣赏到那些不为人知的美丽风景。

（二）环境要求

1.安静的交易环境

毋庸置疑，金融交易行业如同编程、精算和财税等行业一样，是需要进行繁杂的数据统计和模型验证的、具有高度专业化的行业。更进一步说，与其他依赖于自然科学的行业不同，金融交易行业更像是一种基于数学和经济学的市场艺术。它具有没有固定结果的不可预测性。因此，在我们进行数据收集与整理、系统模型的构建以及后期的系统回测等的整个过程中，都需要有一个安静的工作环境能够使我们始终保持深入专注的精神状态投入这一无比繁杂的工作当中。另外，经过前面的分析，我们能够比较真切地感受到在金融交易工作中所要承受的巨大心理压力和精神摧残。这个过程只有长期从事金融交易的参与者才深有体会。因此我们需要一个十分稳定和安静的工作环境以保证我们时刻都能安心的工作和独立思考，甚至仅是为了排解我们心中压抑已久的郁闷情绪。具体到实际的操作中，我建议最初参与金融交易中的从业者可以选择距离城市高架路、小区农贸市场和社区娱乐场所相对较远的办公环境，从而尽可能地减少噪声对于金融交易的影响，同时也能够提供给我们一个更加专注的思考环境。

2.稳定的交易场所

金融交易行业所需要的工作环境相对简单一些，甚至可以说当具备一定的交易能力之后，只要你具备一台使用方便的电脑和一条安全稳定的网线，就可以开始从事金融交易。但是在实际的准备和操作过程中，我们还是要力求交易环境的安全稳定。

一方面，一个安全稳定的交易环境能够为我们长期持久地提供一个比较熟悉的思考氛围。试想我们如果经常地变换交易场所，每隔一段时间就要适应不同的交易环境、结识不同的人、与不同的心怀好意的散户交易者交流经验，那将使我们相对稳定的工作规律被打破，也会使我们来之不易的交易思路和总体的架构模型被打乱。另一方面，如果有条件，最好在决定进入金融交易行业之初就尽可能地为自己建立一个安全稳定的办公场所。比如一个远离闹市区的办公室。当然，对于初入市场的散户交易者，最初没有多少可用资金对办公硬件设备投资，这个办公室可大可小，可简陋可豪华，但务必要安静、稳定。另外，学无止境，从事具有高度专业化的金融交易行业更是如此，这样一个完全可以由自己进行掌控的交易空间，也可以为我们汲取更多的专业化知识提供必要的学习环境。就我个人而言，我的工作环境从最初工位上的一个狭小空间，到裸辞后的肯德基餐厅、大学图书馆，再到闭塞的出租屋，最后到完全属于自己的稳定舒适的办公室，也是几经优化。我始终相信，一个安全稳定的交易环境才能够缔造一个对稳定的交易系统，最终才能产生相对稳定的交易业绩。

3. 充足且可以自主支配的工作时间

就交易时间而言，操作股票每天要交易4个小时，期货根据不同的品种交易有5~8个小时。但功夫在诗外，真正指导你交易的是在休市后的几个小时的工作时间。这段时间里，你要总结当日交易、统计交易数据，完善交易系统，制定交易计划，增加阅读量等大量工作。因此，当你最初决定进入金融交易市场的时候，就应该为从事金融交易所做出的各种努力安排出充足、自由的可支配时间。在实际操作过程中，由于目前使用的交易平台已经高度智能化，多数指令可以由你所使用的计算机来完成，具体应用于金融交易操作的时间并不多，具体的操作过程也并不复杂，无非就是将自己的交易指令输入电脑或者直接利用交易平台进行买卖操作。但这些交易方法和交易思路的设计和形成则是一个无比繁杂和需要不断反复论证和优化的过程。这个过程是十分耗时耗力的。要想设计出更加符合市场实际走势和个人交易风格的交易系统，必须要有长期稳定的时间和精力投入。这是所有专业化行业要想取得成绩所必须具备的条件。由于金融交易行业为金融交易从业者提供了最大的自由和最大的自主权，也使这个行业对于个人空余时间的要求相对宽松一些。但要想长期稳定并且卓有成效地从事金融交易工作，在时间上的准备是必须的，也是没有人可以逾越的必经之路。

4. 高效稳定的办公设备和工具

相比其他行业而言，金融交易行业所需要的硬件设备和基础设施要相对简单得多。核心的办公设备无非就是一台性能稳定的电脑，但是我们所使用的办公工具和影响我们办公环境的其他配置在我们交易事业中所起的作用也很重要，应该引起我们的足够重视。如前所述，我们既然决定进入金融交易行业当中，就不仅是拿着真金白银在纷繁复杂的市场中玩玩儿而已。我们要将其作为一个毕生的事业为之持续地努力和奋斗。

为了优化我们的办公环境，提升我们的办公体验，我们可以从我们经常使用的交易工具、硬件设备和办公室布置等方面着手准备：

（1）性能稳定的电脑。办公过程中所使用的电脑是我们从事金融交易的核心工具。从事金融交易所使用的电脑，对于性能的稳定性和安全性的要求要高一些，而对于配置没有必要进行过高的要求。一般符合办公室办公的中高档配置就完全可以胜任金融交易的操作。

（2）图像清晰的多屏幕显示。对于交易多只个股或者多个品种的金融产品，我们往往需要通过多屏显示来随时观察和跟踪不同产品及不同个股的走向。而且不同的品种或者不同的个股，我们还要参考它们不同周期的走势情况甚至分时图。另外，我们还要随时关注热点排名、市场的新闻资讯和相关板块的价格走势等重要信息。因此，进行正式的金融交易操作时，我建议至少要使用4~6个分屏显示来观察价格走势和更全面的市场信息（见图2-5）。因此这里对于连接分屏显示的主机要求较高，尤其是对于处理器和显卡的配置要求较高。

图2-5　操盘手的多屏显示（图片来源于网络）

如果前期不想将过多的资金投入到这一硬件设备上，可以充分地利用多数交易软件中都会提供的窗口分屏设置进行操作。但随着交易的推进，交易者积累了一定的资金之后，多屏显示、分屏显卡等这一类硬件配置的投入还是很有必要的。

（3）舒适柔软的办公椅。朋友们可能会诧异为什么我会把舒适柔软的办公椅单独拿出来作为重要的办公配置来讲。有一张舒适柔软的办公椅确实是我们除了交易电脑之外的最重要的办公设备。因为从早上开市到下午，甚至期货外汇等的夜盘操作、数据的统计与整理、休市之后的复盘操作，再到第二天交易计划的制定，我们每天大约需要在办公室待十几个小时，这一过程绝大多数时间是坐在办公椅上完成的。这也就不难理解为什么肩周炎和颈椎病成为了绝大多数交易者的职业病。因此，为自己准备一个长期舒适的办公环境很有必要。我建议大家可以去几个规模较大的家具市场和办公用品商场进行实际的体验和感受，选择最适合自己的舒适办公椅。除此之外，方便记录和翻阅的笔记本，甚至书写顺滑流畅的钢笔等这些看似不起眼的工具，也是你整个交易工作中的必备设备。它们几乎组成了你交易生活的全部，无时无刻不在潜移默化地影响着你的交易绩效，所以应该精心准备并把它们作为你奋斗路上的好朋友好伙伴。得心应手的工作装备，将有效地提升你的交易绩效。

（三）交易所需的电脑硬件配置

由于散户交易者的金融交易绝大多数是通过网络进行的，因此一台运行顺畅的电脑几乎成了金融交易的必备，“工欲善其事，必先利其器”，当前流行的电脑有台式机、笔记本电脑和平板电脑。台式机有配置高、价格相对较低、屏幕大等优点，但缺点是不易携带且功耗较大，噪声较大。笔记本电脑有占用空间小，便于携带，噪声低，功耗低，屏幕清晰等优点。笔记本电脑相对于台式机的性价比不高，且屏幕普遍较小。平板电脑方便携带，但存在划线下单不方便、配置较低且系统不兼容等问题。如果你有固定的办公室或者工作室，可以选择配置较高的台式机。笔记本电脑则更适合工作之余参与金融交易的新手和上班族。平板电脑则不建议用于金融交易。就配置方面讲，金融交易无非使用几个经纪商的软件，对于硬件配置的要求不是太高，但应考虑休市后的数据处理、图形制作，甚至公式编写和模拟回测等工作。鉴于此，用于金融交易的电脑应该尽可能地选择处理器、显卡和内存配置较高的机型，且为提供更易观察和更加舒适的看盘体验，建议屏幕尽可能大一些。对于声卡、硬盘容量和电源功率等配置，不做过高要求。

第三章

金融交易是数学思维与经济分析能力的综合

一、金融交易与数学的关系

从宏观经济的政策面以及消息面的角度讲，影响金融交易的核心要点是供求关系。如果你更侧重于以价格为核心的技术面分析，则数学方面的基础知识与学科能力几乎是你的交易事业成功的必备要素。不需要拔尖的数学成绩，但必要的基础知识、分析能力和数学素养还是要有的。因此，我们应该在工作之余多涉猎数学类的基础知识和分析思路，从而为我们进行有效的市场评估和盘面分析打下坚实的基础。

二、金融交易中重要的数学思维

技术面分析的核心是价格分析，而价格高低及走向是要通过诸如MACD量柱、VBO量能指标、MA均线系统的走向与交叉、ADX中黄白线与趋势线的背离等数学指标进行形象化和具体化的。在对技术指标的分析中，最常用到的数学思维有以下几点。

（一）概率论思维

所谓概率，就是研究某一事件发生可能性大小的科学。相比之下，金融交易不像有公式、定理等可以推导出必然结果的科学，更像是我们必须要通过各个方面的努力去提高他的胜算的一门艺术。市场影响因素的多样化和走势的不可预见性，决定了金融交易中的胜算（可以简单理解为赢的概率）永远不可能达到百分之百，或者更直接地说，多数情况下胜算都小于50%。我们如何在每笔交易中尽可能地提高判断正确的概率和扩大持仓盈利的概率，这是我们从事金融交易首先要研究的问题。从概率角度来讲，我们需要交易成功所必须具备的独立性假设、充分条件、必要条件等随机变量和具有较高质量的样本测试数据。这些条件可以包括对于震荡或者趋势走势涉及技术分析指标的深入了解和灵活运用、交易时的耐心与细致、对于大幅回撤和漫长震荡走势的忍耐力、在持仓与预期不符或者遇到与交易系统相违背的走势时能够主动认错并尽快止损的果断态度、排除外界信息和小道消息的干扰，甚至是其他交易者好心规劝干扰的能力等。我们尽可能地将交易这门艺术所必须具备的各种参与要素清晰地列出来，然后逐个在工作与操盘实践中不断地打磨和锻炼，从而提高我们在金融交易中胜出的概率。

（二）统计学思维

统计学就是进行收集和分析、解释相关数据，并利用数据所表现出来的规律性进行决策和指导实践的一门科学。我们要能够对具有一定质量的数据样本进行科学的分析，得出具有指导意义的统计结果。在统计过程中，我们重点要做好具有较大参考价值的统计数据的抽样。例如，我们在实际的持仓过程中如果以前期模拟或者实操数据中较短的一段时间内的测试数据作为参考，或者仅将一段大幅拉起的趋势阶段的数据作为交易系统设计所采用的数据样品，则这些数据多数不具有普遍的参考价值。因为它只能代表一个较短时间内的或者一个特定阶段内的走势特征，而我们所需要设计的交易系统，必须要尽可能地反映实际市场走势的全貌和总体特征。

在模拟和实际操作过程中，用于交易系统设计的参考数据尽量不少于6个月的时间，并且应该使用在此时间跨度内的各种走势阶段数据。从而使系统的数据样本能够体现走势的多样性。另外，在统计学中比较注重的思维就是统计模型的设计，我们根据自己对于市场的理解和对于技术指标的把握，设计一个自己认为可以体现市场规律的公式化模型，然后通过这一模型的运作来实现自己未来预期的测试结果，而将这一统计模型所体现出来的规律抽象出来，就是我们在金融交易中所要设计研发的、符合市场走势、符合自己性格特征的交易系统。

（三）解析几何

交易中实际用到的解析几何知识，主要体现在平面解析几何的应用上。平面解析几何的核心工具是直角坐标系，然后通过实数对与平面上的一个坐标点的相互对应关系来将平面中的点、线和平面与数据相结合。在实际交易过程中，我们每天看到的走势图无非是以时间为横轴，以价格点数为纵轴所形成的一幅平面解析几何的图表。在这个图表中，我们将利用技术指标中的金叉、死叉、背离、趋势、通道等指标所反映出来的走势特征具体应用到实际走势的分析中，由此进一步确定由横轴和纵轴所标示出的最高点、最低点、支撑位、压力位以及反弹点位、回撤点位、加仓点位等重要点位。

三、金融交易中常用的数学工具

（一）平均数

平均数用来反映一组数据集中倾向于某一项指标的趋势。计算方法是一组数据中所有统计数据的和，除以所采纳的数据样本的个数。

平均数的计算公式：

给定一组样本数据：x，x，x，…，x_n

平均数=（$x+x+x+\ldots+x_n$）$/n$

其中，x，x，x，…，x_n是参与统计的样本数据的数值，n是样本数据的个数。根据平均数的计算公式可以看出，平均数可以用于在一定时间段内多根K线开盘价、收盘价、最高价、最低价等多组参考数据平均价格水平的计算。例如，移动平均线指标（MA）即使用一定时间段内证券价格参考值的算术平均值进行连线得来，用于判断一段时间内市场走势的变动倾向性。平均数的思维之所以重要，就在于道氏理论关于股票走势的三大假设中明确指出“价格总是按照惯性来推进的。”即我们通过对一定时间跨度之内价格平均数的计算，能够在一定程度上预测后期总体趋势的方向。

（二）权重与加权平均数

权重是用于标识某一事物或因素相对于另一事物重要程度的指标。在数学中，我们用一组数据在统计样本中所出现的次数来反映该数值的权重。若将该数值与其出现的权数相乘，加总求和以后所得的总值除以样本总的单位数，就可以得到加权平均数。

加权平均数的计算公式如下：

$$\text{加权平均数}=\frac{\text{数据}1\times\text{权重}1+\text{数据}2\times\text{权重}2+\cdots+\text{数据}n\times\text{权重}n}{\text{权重}1+\text{权重}2+\cdots+\text{权重}n}$$

由加权平均数的计算公式可以看出，加权平均数的大小取决于样本总数的大小以及在样本中每一个数值所出现的次数。加权平均数在金融交易中的应用在股票或者期货价格的预判中比较常见。例如，当股价或者期货价格高于某一段时间内的加权平均数时，则预期总体加权平均方向会上升，而当前股票或期货价格将会降低，上升速度甚至转为掉头回跌。反之，如果股票或期货价格低于一段时间内的加权平均数，则预期加权平均数将减少，当前市场价格则有望止跌回暖。在实际的持仓操作中，我们由加权平均数的计算公式和影响因素可以看出，如果要想增大我们在持仓过程中的盈利概率和获利数值，一方面要减少所采用数据的总体样本个数，即尽可能地降低操作频次；另一方面，要增加有效样本数值在总体盈利样本中的权重。即在可以盈利的仓位上尽可能地增加持仓数量，从而尽可能地增大持仓盈利仓位的权数。

（三）正态分布

正态分布（Normal Distribution），又称为高斯分布，是由德国著名的数学家、天文学家高斯在对测量误差的研究中导出的一种计算公式。这一通过对随机变量的误差和偏离程度进行预测的数学理论，广泛地应用于基础数学、经济学、物理学、工程学等各个领域，并且对统计学也产生了广泛而深远的影响。

其计算公式可以用如下公式表示：

$F(x)=\{1/[\sigma\sqrt{(2\pi)}]\}\cdot e\hat{}[-(x-\mu)^2/(2\sigma^2)]$

其中，$F(x)$ 是 x 处的概率密度值，σ 是标准差，μ 是均值，e 是自然对数的底数。

如果将正态分布所体现的随机变量的偏离程度标示在图表中，我们可以看到正态分布曲线图形呈现两头低、中间高的钟形结构。因此，人们也经常将正态分布曲线形象地称之为钟形曲线（见图3–1）。

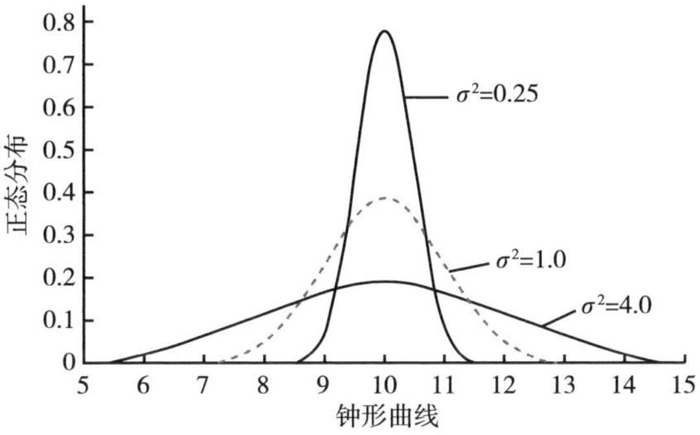

图3-1　钟形结构的正态分布

正态分布曲线具有以下特征：首先，正态分布曲线的对称性。正态分布曲线是以均数为中心左右对称的对称图形。正态分布曲线的两端理论上将无限接近横轴，但不会与之相交。就正态分布曲线的变动性特征而言，正态分布曲线由均数所在的中轴处向左右两边均匀地对称下降，直至呈现出中间高两边低的钟形特征。另外，正态分布曲线最大的形态特征，也是其最具实践意义的指标特征是正态分布曲线的高峰位置处于正中央，即计算均数所在的位置。这一特征反映了某一组或者多组样本数据集中在某一区间内的最大概率值。或者我们可以由此最大概率值来反向推断处在这一概率区间内的相应的样本数值。

（四）中位数及众位数

中位数是统计学中的一个专有名词，是指按照一定顺序排列的一组样本数据中，位置居于中间的数值。若样本统计数量为偶数个，就可以取样本数据中最中间的两个数值的平均数作为中位数。

中位数计算的公式：

当N为奇数时，$M=X(N+1)/2$；

当N为偶数时，$M=[X(N/2)+X(N/2+1)]/2$。

其中，N表示数据组的样本个数，X为数据组的具体数值，M为中位数。

我们可以通过计算在一定时期内股价出现的中位数来观察趋势的总体走向。如果一组数据的中位数相对较小，则此时市场整体比较低迷。反之，如果一组数据的中位数比较大，则市场前景相对较好。同样道理，对于个股的选择而言，我们也可以使用中位数进行预判。例如，如果一只个股在一段时间内的中位数高于本行业的总体中位数水平，则该个股前景相对看好。反之，如果一只个股在一段时间内的中位数远低于该行业的平均中位数，则该个股的上涨空间有限。因此，我们应尽可能地避免选择这类股票进行投资。另外，由于中位数是参考一段时间内的样本数据，使用中位数对数据的判定可以在一定程度上避开走势中漫长的窄幅震荡，这样通过中位数所提取的统计结果更具有客观性。相比之下，众位数则更易于统计和掌握。众位数是一组统计样本数据中出现次数最多的数据。由众位数的这一概念可知，众位数只着眼于一组数据中出现次数的考察，因此其被广泛应用于大面积的数据普查统计之中。众位数的数值仅与部分数据有关，其基本原理是当一组数据出现的次数较多时，则说明这一组数据具有重要的参考价值或者处在一个比较重要的关口位置。具体到金融交易，我们可以统计在一定时间段内价格走势的开盘价、收盘价或者最高价、最低价经常出现于哪一个或哪一组价位上。众位数反映的仅是数据出现的次数，其对于数据的判断引用的是原始数据，因此数据样本的取材比较客观。

另外，由于众位数所考察的是数据出现的次数，因此一组数据中众位数允许出现两个或两个以上，这样众位数对于一组数据总体情况的反应就比较全面。具体到金融交易中，若在某一价位上或者某一组价位上该数值出现的次数较多，则说明当前处在频繁的横盘震荡之中，且震荡的核心围绕着该众位数的价格水平震荡，若下一步的价格走势向着这一众位数的价格边界区间突破，则往往代表着横盘走势向一定规模的震荡或者趋势走势的转变。

（五）斐波那契数列及黄金分割率

斐波那契数列（Fibonacci Sequence）是由意大利著名数学家莱昂纳多·斐波那契（Leonardo Fibonacci）以兔子繁殖数量为例而引入的一组数列，斐波那契数列常常被用来描述一些自然现象和规律性变动的数学问题。

斐波那契数列的前n项和公式为：

$F(0)=0$，$F(1)=1$，$F(n)=F(n-1)+F(n-2)$（$n\geqslant 2$，$n\in N^*$）

其中，$F(n)$表示第n项的值，$F(n-1)$表示第$n-1$项的值，$F(n-2)$表示第$n-2$项值。

斐波那契数列的通项公式为：

$$F(n)=\frac{\left(\frac{1+\sqrt{5}}{2}\right)^n-\left(\frac{1-\sqrt{5}}{2}\right)^n}{\sqrt{5}}$$

斐波那契数列中从第三位数开始，每一个数都等于前面两个数的和（见图3–2）。根据这一数列，我们可以在坐标系中将多个数列值的连线表达为一个像蜗牛一样的螺旋曲线，这就是著名的菲波那契螺旋线（见图3–3）。菲波那契螺旋在现代美术设计、天体物理、生物基因工程、化工化学等多个领域都具有广泛的应用。

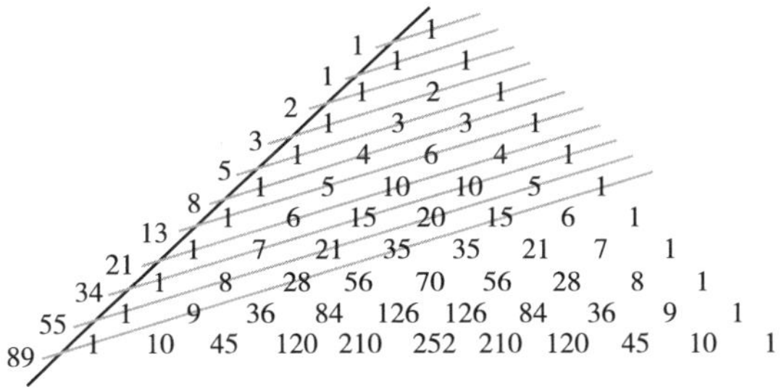

图3–2　斐波那契数列图

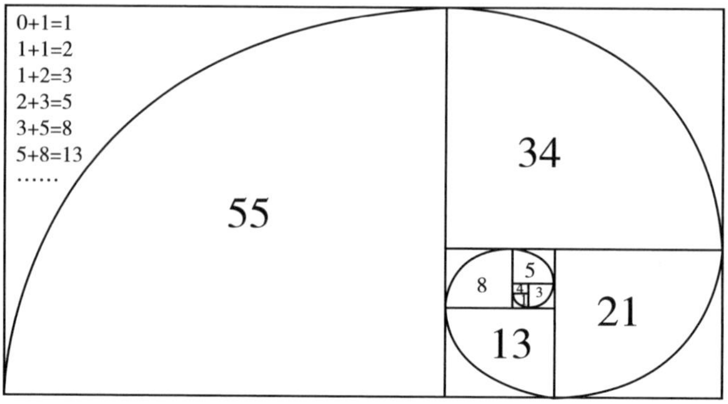

图3-3　菲波那契螺旋

具体到斐波那契数列在金融交易中的应用，一定周期内的对应时间点在一组斐波那契数列数值上的变盘概率会更大一些。例如，在日线图中，如果拉高走势已经做头，则走势在日线周期内最高点回撤的第34天、第55天这些斐波那契数列中转向的概率较高，交易者应该密切关注在这些时间点上的变盘。按照同样的方法，我们可以根据斐波那契数列中的其他数值来预判走势的反弹点位、回撤点位、压力位或者支撑位等重要位置。另外，我们可以结合不同周期所处数列的斐波那契数值之间的共振来提高变盘点位预判的准确率。例如，在周线级别中，当前处在斐波那契数列中的第13周，并且在日线级别中处在一周中的第5天，而这一个周线级别与日线级别斐波那契数列中数据的共振点则对应着一定时期内概率相对较大的变盘点，我们对于这些时间点应该进行密切的关注。

更加神奇的是，经过长期的研究，人们发现斐波那契数列中的每一项都符合黄金分割比。黄金分割是由古希腊时期的数学家毕达哥拉斯提出，它将一条线段分割为两部分，使其较小部分与较大部分的比值等于较大部分与整体线段长度的比值，并称这个比值为黄金比。经测算，这个比值无限趋近于0.618。通常我们把这一比值叫作黄金比，并用希腊字

母 Φ 表示。

黄金分割比的计算公式为：

$$\Phi = (a+b)/a = a/b$$

黄金分割可以形象地表达为将一根木棍截为两段（见图3–4），若短的一段与长的一段的比值与长的一段与总长度的比值相等，那么我们就说这个分割点为黄金分割点。不难发现，斐波那契数列中，前面一个数值与后面一个数值的比在不断地扩大过程中，其比值趋近于0.618。然后人们根据0.618的黄金分割比演变出多个与黄金分割相关的数值，这就是我们在金融交易中所使用的一组黄金分割比。常见的黄金分割比有0.191，0.382，0.5，0.618，0.809，1，1.382，1.5，1.618……我们可以使用这些黄金分割比对走势中的支撑位、压力位、回撤点位、反弹点位等重要位置进行预判。多数的金融交易软件已经将黄金分割比作为一个十分重要的分析工具纳入其中。交易软件中的黄金分割线主要用于价格走势中支撑位和压力位的预判。具体使用方法如预测在下跌途中的支撑位。

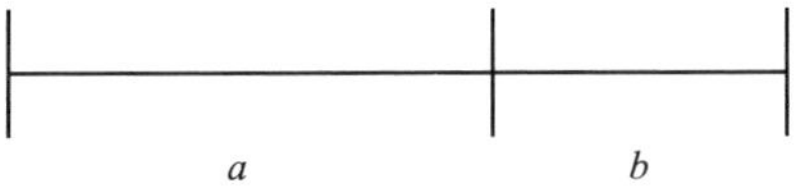

$$\frac{a}{b} = \frac{a+b}{a} = 1.618... = \text{Golden Ratio}$$

图3–4　黄金分割比

我们可以在当前的下跌途中找到前期的一段上升走势（见图3–5），以上升走势的前期高点和回撤低点为预测空间，然后导入黄金分割工具，则黄金分割比的几个数值所在的高度上出现反弹的概率相对较大。同样道理，黄金分割比也可以应用于对上升走势中压力位的预判。

图3-5 黄金分割高度上形成的支撑

我们可以找到当前上升走势的突破点位和阶段性的回撤点位作为黄金分割比参照点的最高点和最低点（见图3-6），以这个区间作为参考区间导入黄金分割比划线工具，则涨升走势的回撤出现在黄金分割比所指示的几个价位上的概率相对较高。在黄金分割线的使用过程中应该注意的是，在比较平滑顺畅的大幅趋势走势或者宽幅震荡走势中，黄金分割比的判断准确率相对较高。主要是因为集体决策的从众心理和追涨的激进操作所造成的。另外，黄金分割线在具体使用过程中与趋势线和金叉死叉之类的交叉线技术指标相结合，他们之间的共振所产生的转向效果更加明显。在黄金分割线的具体应用过程中应该具有两方面的心理准备，即当一个黄金分割比的价格水准受到突破或者直接跳空跨过时，则说明这个黄金比上的支撑或者压力失败，我们应该继续持有并寻找下一个黄金分割比上的支撑位或压力位。

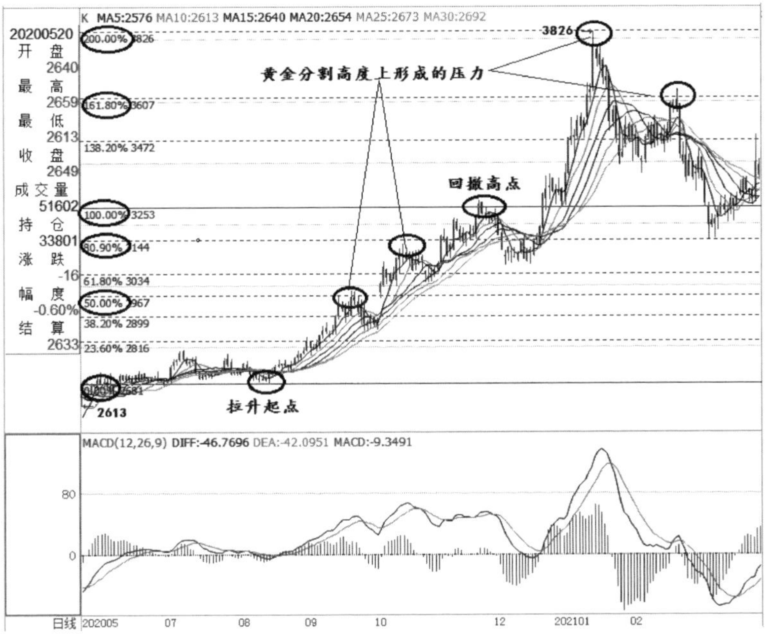

图3-6　黄金分割高度上形成的压力

（六）复利

复利（Compound Interest）属于经济学概念中计算方法的范畴，是指本期利息加上本金，再加上之前周期所产生的利息的一种计算方式，即我们所说的利滚利。由复利的这个概念可以看出，每一个计算周期是以上一周期的本金和利息作为计算基数的，因此，计算时每一个周期的计算基数都不相同。

复利的本息计算公式：

$$F=P(1+i)^n$$

其中，F表示终值（Future Value），也就是期末本利和的总值。P表示现值（Present Value），可以理解为资本的初始金额。i代表利率。n代表计息期数。由复利的计算公式可以看出，这一计算方法的特点是将上期末的本利和作为本金参与到新一轮的计算当中，从而使每一期参与滚动的本金金额都有所不同。复利思维以其神奇的效果在投资领域得到了广泛的应用。对于金融交易者而言，如果在自己有限的投资生涯之中能够充分地利用复利这一高效的投资工具，那将是他人生中的一大幸事。就连伟大的物理学家阿尔伯特·爱因斯坦（Albert Einstein）都将复利称之为第八大奇迹。当然要想合理有效地利用复利这一有力的金融工具的前提是，我们应该具有一套对于市场预判和处理有明显效果的交易系统。在我们所进行操作的金融产品能够带来持续稳定的收益之后，我们才可以考虑充分利用复利工具。实际上我们在上涨走势中的回撤低点预判到中途的支撑位时所做的多头加仓操作，或者是在下跌的过程中遇到反弹高点的压力位时所做的空头加仓操作，都是在一定程度上应用了复利的原理。

除此之外，我们可以在短线和中线操作中使用复利，将达到预期收益目标之后的短线个股止盈平仓之后，将资金分散到多个中长线的持仓过程中，从而提高资金的利用率，增加资本的放大效应。由复利公式的几个变量可以看出，决定复利大小的因素有变动利率（在生产和金融投资中可以理解为利润率）以及复利次数或计息期数。因此，在盈利的仓位中，一方面我们可以通过在上升低点加仓或者是下降高点加仓来扩大计算基数。另一方面，我们可以通过延长持仓时间或者增加复利操作的次数来增加总盈利。值得再次特别强调的是，复利工具所产生的巨大复利效果虽然是众多投资者梦寐以求的，但是它的使用只能是在满足了我们的交易系统能够实现稳定盈利的前提下进行的。否则，复利工具既然能够大幅地放大盈利，也会对急躁冒进的交易者的账户产生毁灭性的打击。

四、在金融交易中浓缩积淀形成的数学能力

（一）逻辑分析能力

所谓逻辑分析能力，就是关于研究思维规律和事物之间的客观规律

的能力。这是在我们学习数学中所要培养和凝练出来的核心能力。通过前面的讲解，我们能够清晰地看到，任何金融交易产品最终表现在经纪公司的交易软件上都以平面的形式表达出来，最终所体现的就是不同行业、不同品种之间的量价关系、供求关系及其更深层次的数理关系。例如，我们在长期投资的股票选股中可以着重使用价值回归的逻辑推理能力，即金融产品最终的价格走向一定是无限趋近于该产品在市场中的实际价值。同样道理，这一无限趋近的思维也可以使用在期货等金融产品的掉期合约中。另外，乖离率指标（BIAS）也是反映价格在偏离正常水平一定程度之后无限回归正常状态的技术指标。这一逻辑推理的最直接体现是在期权等风险对冲产品中。在期权产品中我们可以通过跨品种、跨周期甚至跨市场的操作来研究具有一定相关性的两个品种之间价格波动的对应关系。当两者之间的价格差距偏离超过一定程度时，其价格往往会向着一定的合理价差宽度进行回归。

如图3–7所示，该盘面展示的是豆粕产品及其相关的黄豆二号跨产品套利分析图。我们采用两个产品图表进行商品叠加。可以看出，豆粕与黄豆二号产品在大多数时间内的走势具有一定的正相关性，并且其价格差异一直保持在一个相对稳定的区间内。通过前期走势进行比对，我们可以找到前期两个产品价格差异较大的一段区间是在1月27日前后，其价差区间大致是在3 030~3 008点的22点宽度内波动。我们将其作为一个历史较大的价差水平与后期两个品种的价差宽度进行比较。在2月1日前后，豆粕和黄豆二号两个品种均出现了幅度较大的价格偏离，此时体现为豆粕品种的价格上升到3 047点的高位。而与此同时，黄豆二号品种的价格并未与之伴随的大幅上升，而是缓慢上升到2 993点附近。因此，根据两个相关产品的价差必然会向着合理的价格宽度进行回归的逻辑思维，我们可以判断后期这一超过历史较大宽度的价差大概率会回归到一个合理的水平，主要体现为豆粕产品的价格下跌与黄豆二号产品的价格上升或者豆粕产品的加速下跌与黄豆二号产品的缓慢下跌两种情况。总之，两者的价差走势预期将不断回归合理的价差区间。因此，我们应该根据走势的倾向性特征做空豆粕并做多黄豆二号产品。在后期的走势中我们可以看出，豆粕产品出现了较大的跌幅，而黄豆二号则主要以较为平稳的横盘震荡为主（跌幅相对较小）。除此之外，量价之间的同步关系也是逻辑分析能力的重要体现。根据价格与成交量之间的对应关系和走势所处的不同阶段，我们可以将量价关系细分为量平价平、量平价升、量增价升、量减价平、量平价跌等多种情形。我们在具体分析的过程中，应该基于价格涨升推动资金量流入市场，进而间接地影响成交量，最终引起走势拉升。反之，由于成交量的增加导致多空双方力量对比出现变化，进而导致价格下跌以及盘面走势的转向。最后，逻辑分析能力的另一种重要体现是量价背离及其与之具有相同逻辑关系的价格与技术指标之间的背离。

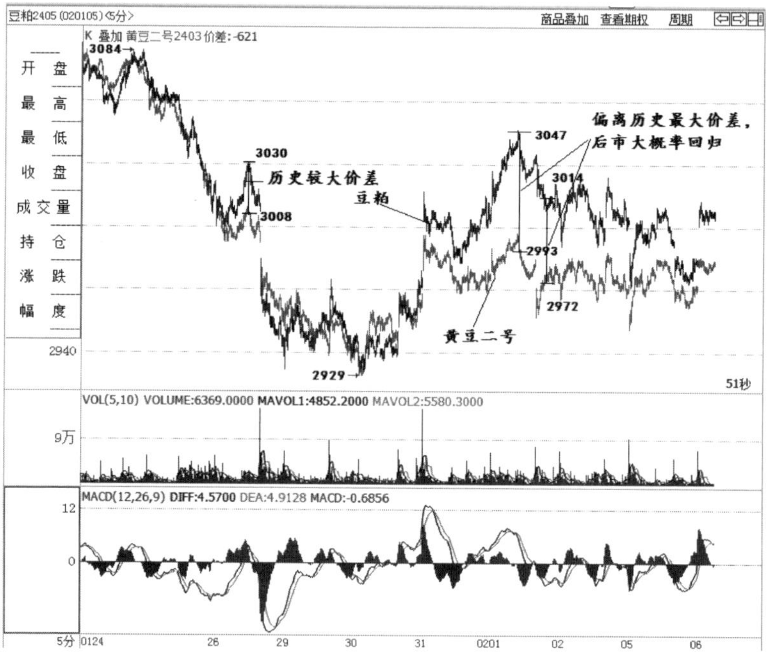

图3-7 豆粕产品及其相关的黄豆二号跨产品套利分析图

无论借助于哪一种分析方法，我们首先要深刻地理解逻辑分析所使用的理论基础和底层逻辑，这是我们进行一切有效分析的必要前提条件。

（二）平面图形处理能力

平面及空间想象能力重点考察的是对于客观事物在平面或空间中的观察、抽象、认知和分析能力。从事金融交易工作，无论是在最初的K线学习，还是后期的均线系统走势、趋势线、通道线以及横盘震荡区间的突破等各种要素的学习，最终都要落实到盘面的平面分析之中。这就要求我们对于平面中的图形分析具有一定的敏感度，通过数学基础知识的学习我们可以在看盘的平面图形中将横向的时间轴与纵向的价格轴相结合，运用解析几何中的直角坐标系来定位某一时间点上的某一价格走势。例如，在特定数值上的黄金分割比、在特定位置上形成的横盘震荡区间的突破，以及在特定走势阶段所形成的U型底、头肩顶、三角形态、旗型形态等K线形态，这些我们在分析中所经常使用到的分析工具和走势形态，最终都能找到解析几何中与之相匹配的数学工具（见图3–8）。

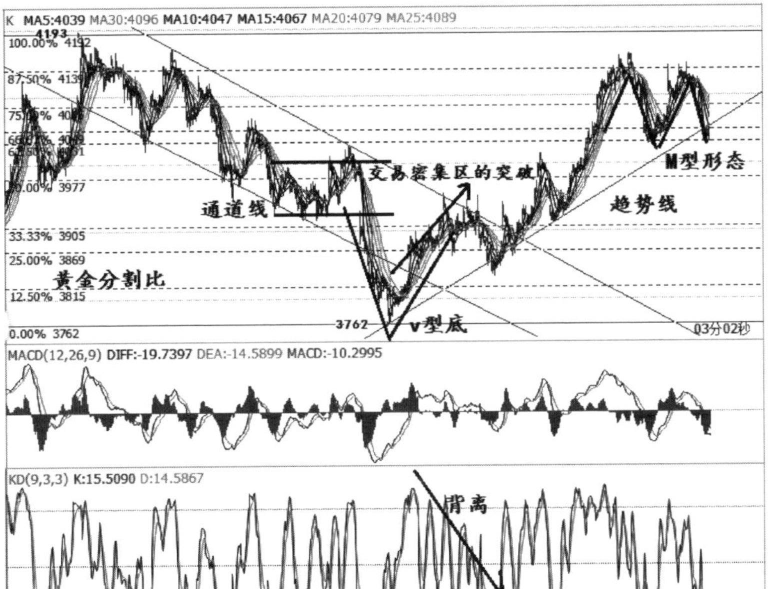

图3–8　交易过程中我们所使用的平面分析

与之相对应，我们对于解析几何中直线与直线之间的位置关系、直线与曲线之间的位置关系等要有比较透彻的了解。例如，当K线走势到达符合一定黄金分割比的价格水平时，往往会出现突破或者弹回走势。当价格触及布林带所规定的走势通道边沿时，往往会出现折返走势。当价格到达前期高点或低点时，往往会形成对应的支撑位或者压力位等。此时，我们应该密切关注价格是否能够形成对于这一关键位置的突破。当我们积累了较长时间的看盘经验之后，对最常见的走势、结构和图形具有比较熟悉的认知之后，往往能够比较准确地将走势结构与对应的数学图形相结合，从而对相关走势进行对应的研判。

（三）推理论证能力

在交易系统的数据准备与处理、系统总体架构的设计过程中，推理论证能力表现尤为重要。我们不仅要对走势的底层逻辑具有深刻的理解与认知，并且能够根据自己所掌握的市场规律和数理知识对走势的进一步发展做出相应的评估和设想。这里对于走势的预估并非漫无目的地猜想，而是基于自己长期的看盘经验和对市场根本逻辑的深刻理解与灵活运用。当我们提出相应的市场预期之后，我们应该结合自己所掌握的市场知识与数学知识对这一预期进行冷静客观的可行性评估。这个过程就是对市场走势的推理和论证过程。事实上我们所耳熟能详的绝大多数技术指标都是根据市场走势及其与市场价格之间的数理关系进行设计和论证的。例如，反映一定时期内价格走势与均线系统之间偏离程度的乖离率指标，首先价格走势对均线的偏离程度必然有一个极值，当其偏离程度到达这个极值时，必然会向正常偏离程度回归这一推理，然后通过计算当日的收盘价与N日内价格的简单平均之差，再以之与N日内收盘价的简单平均价格的比值来论证价格对于正常价格走势的偏离程度。

另外，由于方差是用于反应随机变量或者一组数据偏离程度大小的数学工具，因此方差对于反映市场价格与走势的偏离程度也具有比较明确的效果。方差的计算公式也常常出现在使用价格偏离程度来预判价格走势和多空力量对比的一类技术指标之中。总体而言，推理与论证的能力需要我们具备比较扎实的基础理论功底，需要对市场的基本运行逻辑进行熟练的把握。另外，对于常用的数学论证方法，我们应该能够熟练地运用，这是市场分析客观性的必然要求。无论我们对于市场走势做出什么样的预判或者猜测，最终都必须落实到实际的论证结果当中去。而且我们所进行的论证必须是有理有据、有严密的数学推理和客观真实的数据支撑的。这样的推理结果才能够为我们最终组建具有正向预期的交易系统提供最有力的保障。

（四）缜密的计算能力

计算能力是我们在数学学习中所培养和锻炼的基本素质。在金融交易中，所需要的计算除了少部分的公式推导与数学论证之外，多数是一些比较常用的基础运算。例如，对连续多日的最高价、最低价、开盘价、收盘价的平均值的计算，对于一只合约所需要的最低保证金的计算，对于一只个股保本价格的计算，在横盘整理或交易密集区等敏感位置的黄金分割比例的计算以及与建仓价格相对应的止损、止盈价格的计算等。这些计算虽然不要求具有高深的数学知识和十分精确的计算结果，却是交易系统中重要的组成部分。因为我们所有的系统设置以及操作，最终都要落实到具体的价格计算上。因此，能够结合自己的交易系统并在平面图形中的关键点位和关键价位上计算出相应的结果，是金融交易中所必备的基本素质。

常用的简单计算示例如下：

1.股票及期货合约中保本价格的计算

顾名思义，计算保本价格，我们首先要对一个上市公司的股票交易成本或者一种商品期货的持仓成本进行估算。就股票而言，其交易成本包括0.1%的印花税、经纪公司的浮动佣金，以及券商的报单费和部分交易所缴纳的过户费等费用。

例如，一只股票的买入费用中，佣金可以按照成交金额的0.2‰~3‰来计算，过户费则是成交金额的万分之0.2（其中深圳证券交易所不收取过户费）。股票的卖出费用可以用成交金额的2‰~3‰作为佣金费用，加上万分之0.2的过户费用（其中深圳证券交易所不收取），再加上成交金额1‰的印花税。

可见，在股票交易成本的计算中，佣金费用是一个弹性比较大的项目。

例如，如果佣金费用在3‰，只要买卖一次股票的手续费就会达到7‰。同样持仓量的情况下，如果将佣金费用降低为0.2‰，则此时买卖一次相同持仓量股票的费用就只有1.4‰（0.2‰+0.2‰+1‰）。对于期货品种而言，期货市场的交易主要成本是保证金部分，具体收取的金额是交易所收取部分加上期货公司收取部分的费用。其中，交易所部分是保证金的基础费用，这一部分的成本是可以根据交易所不同品种的行情来计算的，主要是为了平衡市场供需，防范投资风险和平衡交易活动的作用。具体计算方法是：保证金等于合约价格X持仓单位数X保证金比例。例如，每吨阴极铜的价格是60 000元，根据上海国际能源交易中心所披露的阴极铜合约的相关规定，每手阴极铜的交易单位为5吨，其最低保证金比率为合约价值的8%。这样我们就可以计算出交易所对每手阴极铜所收取的保证金=60 000×5×8%=24 000（元）。

应该注意的是，交易所作为市场管控的重要机构，会根据市场的具体行情对期货类产品的保证金比例做出适时的调整，从而影响投资者的风险承受能力，调整资金的流动性，维护市场稳定，避免因投资者盲目跟风的冲动交易所引起的市场震荡。

期货产品交易的另一个重要成本，来自期货公司所收取的额外加收部分，这部分是浮动的，并且具有较大的弹性，一般是在交易所基础上加收3%~8%。在期货账户开户过程中，我们可以和期货经纪公司的客户经理进行协商，尽可能地降低这一部分的手续费比例，从而降低交易成本。对于绝大多数的新手而言，这一部分期货公司所收取的手续费是一笔不可小觑的重要成本。因为期货产品理论上讲可以在交易时间内任意进出，从而极易导致初段交易者的频繁操作。一旦资金持有者频繁进出市场，几乎必然会引起亏损。因为对于一般的期货产品而言，进出20次左右（即买入和卖出各10次），其频繁进出所产生的交易费用将十分可观，甚至会轻而易举地吞食掉你的绝大部分本金。换句话说，哪怕你账面上的交易绩效是盈亏平衡，但交易账户依然是亏损的，因为每一次操作都必须要支付一定的费用。换句话说，经过你的频繁操作之后，相对于账户亏损，你必须要有100%以上的盈利才能将资金账户打平。如果你不幸陷入了频繁进出的漩涡，几乎必亏无疑。第二种计算交易成本的方法是可以充分地利用金融交易中的模拟软件。由于现在许多大型的金融交易经纪公司都具备将模拟交易直接接入实时交易平台的能力，因此模拟交易平台所计算的产品价格以及各方面费用都真实可信。因此，我们可以通过进出一次市场所产生的账面盈亏来简单地计算交易成本。

例如，我们初始的账户可用金额为10 000元，我们以1 730元的价格做多一手玻璃（FG2501）时，我们的账户余额为920元，当我们平掉该仓位时，可用资金的账户余额显示为9 935元。由于在模拟交易中我们即时进出，此时价格跳动了一个单位，持仓盈利为20元。则此时进出一次的交易成本可以计算为：10 000–9 935–20=45（元）。也就是说，我们买入一手玻璃，然后将其平掉的进出成本是45元。

通过这种方法，我们可以简单直观地对进出市场的交易成本进行核算。而且这种计算方法所计入的费用项目较为全面，因为这是对进出市场所产生的所有费用总和进行的计算。第三种计算交易费用的方法是使用交易平台所提供的查询功能和市场监控中心所提供的结算单，其中明确地列出了整个交易过程中所产生的浮动盈亏、盯市盈亏、成交额、手续费等项目。计算出一笔交易所产生的费用，也就是我们的交易成本之后，这个数据对于我们设置保本的止盈及止损宽度具有重要的指示作用。仍然以上面我们在模拟平台中建立的玻璃多头仓位为例，经过计算，我们建立玻璃仓位之后，进出一次市场的成本是45元左右。玻璃的市场价格每跳动1个单位会有20元的盈亏，也就是说多头仓位至少要向建仓方向前进3个单位，才能确保这笔交易不盈不亏。换句话说，对于这一笔玻璃产品的持仓，如果我们的盈利水平低于3个单位，则这一笔交易必然是亏损的。即使平仓盈利为40元，平仓以后账户总金额依然是低于原始金额的。这就为我们在短线的窄幅震荡过程中及时地设置保本的止盈宽度提供了依据，即我们对于已经产生浮盈的盈利仓位所设置的止盈宽度，至少应该大于3个单位的价格。同样道理，在股票交易中我们可以使用同样的思路和标准对所建立的持仓仓位设置能够确保盈利高度上的止盈宽度。

2. 常见的45%~55%回撤高度的计算举例

在顺畅拉起的不同级别的趋势走势中，会在其拉升或者下跌过程中出现暂时的反弹或者回撤，从而洗掉为数众多的意志不坚者，之后走势往往会继续恢复到原来的拉升或者下跌状态，从而完成艾略特波浪理论中的驱动浪与调整浪之间的切换。多数情况下，这个回撤或者反弹的高度大约在前期拉升或者下跌幅度的45%~55%的宽度上。这主要是由在顺畅走势中人们想赢怕亏的市场情绪所导致的，往往在回撤或者反弹的中部形成多空双方焦灼对峙的交易密集区。

如图3-9所示，该品种在23—27日的一段下跌走势中，在10月20日休市前以2 437点的价格进场做空，然后走势一路下跌。在10月23日下跌至2 384点随即产生反弹，到2 407点后又恢复到原来的下跌趋势。这一段跌幅大约相当于从建仓位置到反弹初期的55%左右。同样道理，在右侧的一段涨升走势中，以2 390的价格建立多仓，当价格涨升到2 441时，中途产生了较大幅度的回撤，直至回撤至2 418点之后，市场继续拉升为原来的多头方向，其回撤幅度大致等于前期拉升幅度的50%。

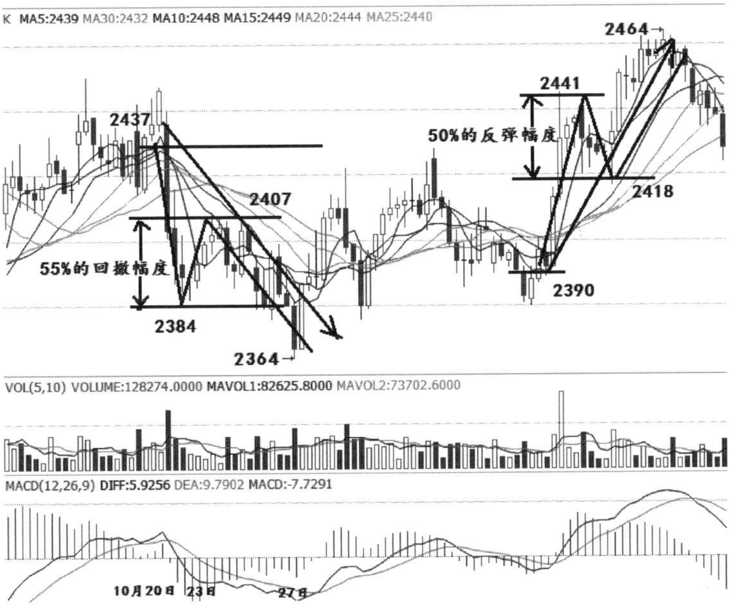

图3-9 常见的回撤高度与反弹高度

应该注意的是，使用这一反弹或者回撤幅度进行估算，仅作为一个大概率的幅度进行预判，并不说明走势一定会在这个幅度上产生交易密集区或转向。具体的回撤或者反弹高度还应该结合其他趋势或震荡类的技术指标和量价关系进行综合研判。

如图3–10所示，在9月4日—11月9日的短线走势图中，以前期走势的低点（3 762点）为底，以在9月6日所出现的4 172点为前期高点，使用交易平台中所植入的黄金分割划线工具可以看出，后期在0.5、0.236、0.382、0.618和1，这几个黄金分割比上所呈现转向以及交易密集区的概率相对较大。这个现象的产生一方面是由于特定点位上的前期高点或前期低点的影响。另一方面是人们盲目追涨杀跌的激进操作所形成的交易密集区。总之，黄金分割比对于走势的转向以及交易密集区的判定具有重要的实践意义。而且，由于黄金分割比在数学、艺术、科技和经济等多个领域的广泛适用，使我们也应该充分地重视黄金分割比在金融交易盘面分析中的应用。

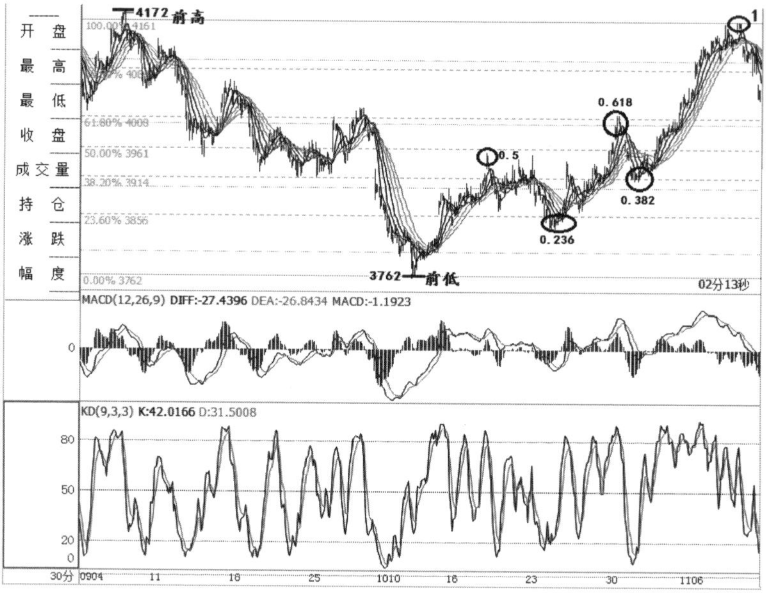

图3-10　黄金分割比在盘面分析中的应用

（五）抽象概括能力

在休市后的复盘过程中以及在综合运用多种技术指标对交易系统进行构建和设计的过程中，我们往往需要摒弃走势的一些非本质的表象特征，提取出其中的本质属性，而把其中具有共同属性的一部分特征提取出来，这就是抽象概括能力。金融交易平台所提供的常用的技术指标大约有30多种，再加上其他比如趋势线、通道线、轨道线、螺旋线、黄金分割线之类的划线工具，我们在交易中可以借助的比较知名的交易工具大约有50种。如何在这些纷繁复杂的交易工具中筛选出适合自己交易风格和走势特征的分析工具，并结合实际走势设计出符合自己交易特点的交易系统，这就需要我们在大量的实操和复盘工作中去粗取精、去伪存真，抽象和概括出能够反映走势的本质特征以及关键点位的重要指征。利用这些我们在实践过程中提炼和总结出来的关键点位的重要特征，最终组建成我们具有正向预期收益和较高准确率的交易系统。

要正确使用抽象概括能力，我们首先要对各种技术指标所研究和针对的主要方向、各种划线工具主要针对的走势类型有一个比较详尽的了解。然后综合多种走势的数据样本进行分析比对，在一定高度上对技术指标和分析工具所体现出来的共同特征进行归纳和把握。在这个过程中，我们需要重点突破和克服的困难是如何识别走势中频繁出现的虚假突破、虚假回撤以及具有大幅回补的虚假跳空，使我们即使在误入错误的走势时，能够尽可能地减少和避免出现过大的损失。这一分析方法我们会在常用技术指标的篇章中详细介绍。

（六）数据处理能力

正如前文所述，金融交易中需要对走势以及图形进行抽象概括和对平面图形进行分析，金融交易中需要处理大量此类纷繁复杂的数据和盘面图表。这些数据可以取材于相关的金融交易资讯和分析网站，也可以复制相关上市公司或交易所的财报数据。但具体到实际的系统设计和具体操作，我们更偏向和侧重于在实际操作或者是在模拟交易过程中经过充分实践的真实交易数据。一方面，这些数据取材于实际操作，是没有经过任何中间处理的原始数据。另一方面，这些数据更能够如实地反映在实际操作中的真实情况。相比之下，这些数据对于反映你的总体思路和对交易系统的总体构建具有更高的含金量。在交易系统的设计过程中，我们经常用到的数据样本包括一段时期之内的开盘价平均值、收盘价平均值、阶段最高点、阶段最低点、一个交易周期之内的平均盈利率、平均亏损率、盈亏比等。

应该注意的是，数据样本的采纳必须在一个相对较长的时间跨度内进行采样，在这个时间跨度内，尽可能地包括横盘震荡、走势突破、宽幅震荡、趋势拉起以及趋势衰减等完整的几个阶段。避免仅采纳某一具有一定特征的走势时间段内的相关数据，使这一组数据只能体现特定走势阶段的技术特征。根据这样的样本数据所设计出来的交易系统往往在实际应用中的适用效果较差，因为它不能够从整体上反映全局的走势特征。应该明确的是，在具体数据的采纳过程中应该过滤掉较小时间周期内的数据。这一类数据由于易受到市场频繁震荡的影响而出现明确的指向性的特征较差。因此容易对交易系统的设计产生误导。另外，我们在数据的处理过程中，更要着眼于一组数据所体现的指向性，而不要迷失在数据所得出的具体数值之中。需要特别指出的是，期货产品中不同产品所要求的保证金金额相差巨大，这一差别对大多数资金量较小的散户交易者而言影响较大。因此，对于不同交易所提供的各类产品最低保证金的测算，对我们选取不同的交易产品也具有重要的指导作用。

（七）数学建模能力

当我们完成了前期的指标学习、盘面分析、数据处理、系统设计模拟与实操之后，构建交易系统的宏伟工程也就完成了大半。在整个系统设计的过程中，我们将符合收益预期的技术组合和方法提取出来，保留最有价值的分析方法和分析思路，最终通过数学建模能力构建成所需要的交易系统。在这个交易系统的构建过程中，我们应该注意，正如在分析系统的数据处理过程中我们所采纳的数据样本不应该只针对某一特定走势一样，具体到交易系统中的交易策略也必须要囊括系统走势中的各个阶段，使最终设计出来的交易系统能够适合各种不同的走势阶段。这也是为什么我们前期必须要严谨地做好数据采集，要通过严格的模拟和实操来得出客观准确的交易结果的原因。因为这些通过模拟或实操得出的最终结果，是我们最终构成整个交易系统的主要组成部分，它将为我们以后的各种操作提供长期稳定的操作指导（见图3-11）。

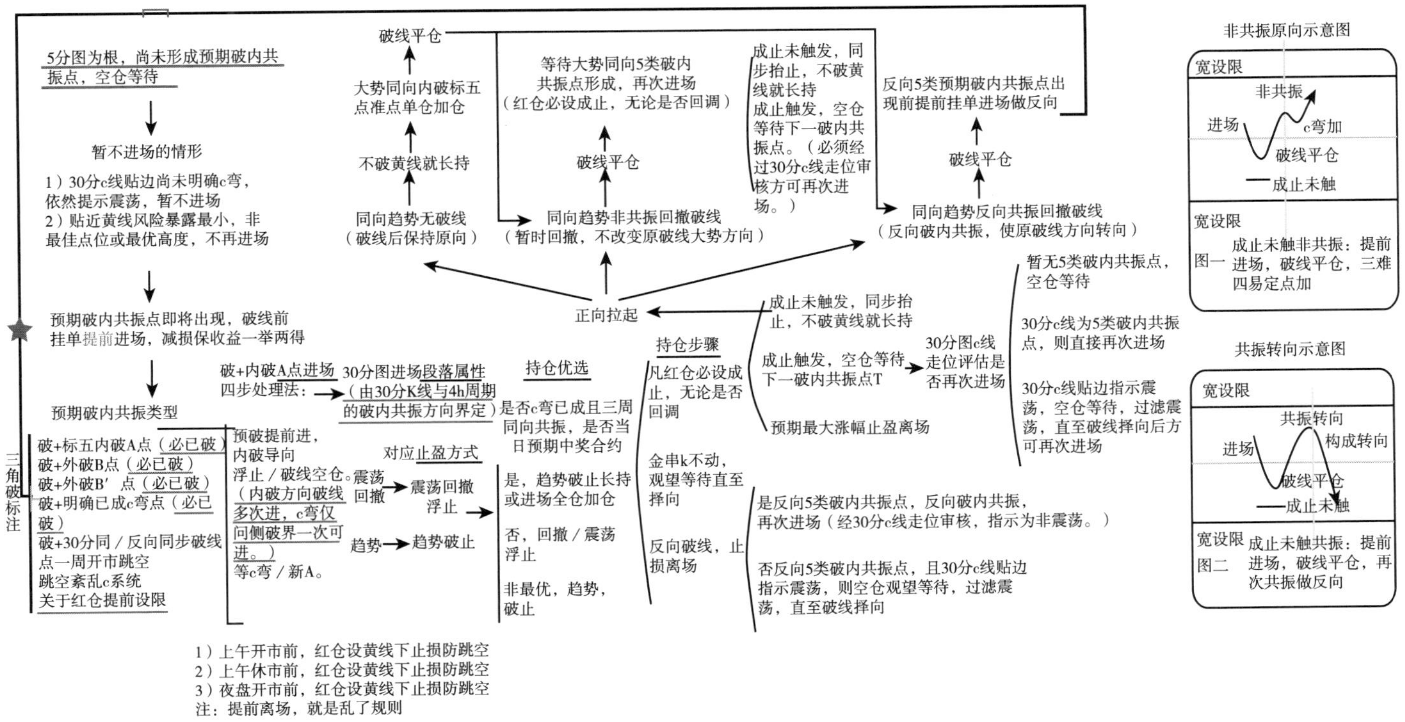

图3-11　建模能力在系统构建中的应用

交易系统构建之后，随着市场状况的发展变化和自己对市场走势更加深入的理解，这一交易体系可能会在局部上进行微调，但总体而言，其整体框架和主要策略将相对稳定。这一经过千锤百炼所最终锻造出来的交易系统，也是你从事金融交易所能够凝结和提炼出来的宝贵财富。正是基于这个原因，后期对这一我们历经千辛万苦所构建出来的、符合我们市场预期的交易系统进行充分翔实的模拟或实操交易、进行严格缜密的数据回测工作是绝对必要的。一方面，可以通过数据回测来找到交易系统中的漏洞和不足之处。另一方面，也避免了在实际操作中产生痛彻心扉的真金白银的损失。这一痛苦的煎熬过程想必绝大多数交易者都经历过，但这一交易系统的设计过程是所有金融交易者通过历练而不断由幼稚走向成熟的必经之路。

五、金融交易与经济的关系

（一）经济发展是股票、期货等金融交易工具存在的基础

早期的交易形式主要是以物物交换为主，这是一种形式极其简单的人类活动，交换过程是基于产品的价值。随着经济的发展和贸易范围的扩大，古埃及和古巴比伦最早出现了银行和金融机构，古希腊和古印度也随后出现货币。后来，随着社会经济的进一步发展和城市化进程的不断推进，使金融活动出现了新的形态。当时的国际贸易和金融交易主要集中在服务于一些富商家族的领域。随着殖民地的扩张和贸易全球化的发展，最早的跨国公司——英国的东印度公司和荷兰的东印度公司逐渐崛起，进而开始发行债券和股票等金融工具进行融资。从17世纪由当时的金融中心荷兰鹿特丹发行第一只股票到后来18世纪英国中央银行推出股票和债券市场的交易，最终形成了现代金融交易的基础。随着19世纪

贸易全球化的发展，在电信、航运和铁路运输业的推进下，金融交易呈现出全球化的发展势头。随着金融交易在全球化的大背景下不断完善和丰富，又催生出了像期货、期权和外汇交易等金融产品。世界各国也不断地结合本国金融市场的发展特点，研发和设计了更加全面成熟的金融产品。

21世纪网络科技的迅速发展，推动金融交易产生了更加深刻的变革。随着在线开户、数字支付和在线信贷融资的全面推进，金融交易在数字化和全球化的发展进程中产生了飞速发展。从这一过程我们可以看出，金融交易的发展史实际上就是社会经济推进过程的必然产物。由于社会经济的发展和国际贸易的不断推进，对各种金融资产的交易手段和配置方式都提出了更高的要求，从而催生出了更加快捷便利的交易方式和金融产品。因此，金融产品的不断丰富与完善是以社会经济的不断发展和进步为基础的，这也是我们从事金融交易无论是从基本面还是从技术面切入进行分析的根本，即金融交易的分析最终一定要落实到经济的发展上，而经济发展最终是作用在供求关系的影响上。进一步地供求关系则最终通过均衡的市场价格得以体现。具体到技术分析则最终是要落实到以价格为核心的市场变动上。

（二）股市是经济发展的晴雨表

道氏理论的创始人查尔斯·亨利·道（Charles Henry Dow）曾经提出，股票的最终价格是由对于参与股票交易兴趣浓厚的交易者综合各方面的市场信息和个人判断，参考个人对于宏观经济形势的评价与猜测，在自由市场的竞争中最终形成的。因此，股票价格可以在一定程度上代表一个国家宏观经济的总体发展态势。由此可以推断，股票市场越发达的国家，其市场经济的发展程度也相对较高。我国的经济学家和证券行业的相关研究人员也对我国的经济发展与股市走势之间的相关性进行了一系列的论证，证实了中国经济的发展与股票市场的健全与否具有一定的相关性。他们之间相互影响、相互作用。当然在我国，股票市场实际走势还会受到财政政策、经济政策的影响。例如，有分析师对近20年来中国经济增长速度与股价变动之间的关系进行论证，发现我国近十几年的经济增长预期甚至超过了10%。总体的宏观经济发展处在一个相对高速的增长态势之中，相比之下，股票价格指数则相对放缓，甚至有一些阶段性的回调，表现出与实际经济运行方向的背离。可见，随着有中国特色的社会主义市场经济的不断深化和发展，我国的股票市场会受到国家财政和经济政策的影响。经济发展在一定程度上创造了资金流量，促进了总体经济的活跃。但在此过程中，流入股市的资金相对减少，从而出现了股票走势与经济发展短暂背离的情形。但就整个经济的构成与发展机制而言，股票市场仍然可以作为反映经济发展的"晴雨表"。从宏观和长期视角来看，股票市场对预判中国经济的发展走向仍然具有重要的参考意义和指导意义。

（三）金融产品的不断丰富和完善是经济社会发展的重要标志和必要措施

由前面我们分析金融产品不断发展和丰富的历史背景来看，金融产品的存在是经济发展的必然结果。反之，不断研发新型的金融交易产品和完善金融市场的交易机制也是社会经济进一步发展的必然需求。金融市场作为一个巨大的资金分配器，能够通过其内在的交易机制使资金由散户持有者向资金使用率更高的企业或者生产单位进行集中，进行融资的企业或者金融单位则可以通过股票、债券或者外汇市场等多种措施来促进资金有效的配置和流通。因此，金融交易市场成为了企业筹资的重要途径，对于促进经济发展、推动企业制度的创新和经营效益的提升起到了重要作用。

从资金持有者角度来讲，金融交易市场使资金持有者提高了资金使用效率，能够有效地帮助个人实现财富的增长和资金的合理化配置。就金融产品最早产生的历史根源而言，金融市场是一个多空双方不断博弈的市场，多空双方对于政策的解读、市场方向的预判和信息的处理作出相应的判断，最终在自己认为符合市场规律的范围内对市场价格做出合理预期，最终促成了最合理的市场价格的形成。这一价格的形成过程也在一定程度上影响着市场的供求关系，从而使市场的总体供求关系处在一个相对平衡的状态。

（四）金融产品服务于实体经济

金融产品自其产生以来，最初的目的就是服务于实体经济，它是实体经济避免风险，提高融资能力，扩大市场影响力的必要举措。金融产品最早产生的初衷在于价格发现，但随着金融市场的不断完善，通过金融产品来规避市场风险的作用日益突出。例如，期权、期货等金融产品具有强大的风险对冲和风险规避的社会功能。生产企业如果预期将来的原材料成本将会上调，则可以买入远期的看涨期货合约（反之则可以卖出相关的看跌期货合约），从而减少将来由于价格波动所造成的原材料成本上涨所造成的亏损，从而提高企业经营效率和企业生产的稳定性，保护经营者的自身利益。另外，随着市场经济的不断深化和发展以及贸易形势的不断多样化，金融交易市场的不断发展壮大也促进了资本在国际的流动，投资者可以在网络平台上通过金融交易市场在不同国家和地区之间进行跨国投资和融资操作，从而在一定程度上加强了各个国家之间的经济合作。通过这一途径，参与投融资的企业可以借助金融交易平台促进本企业与世界各地著名上下游企业之间的经济合作与资金交流，从而不断扩大本地企业在全球的影响力。

（五）金融交易会受到经济波动的影响

金融交易会受到财政政策、货币政策、突发经济事件及不可抗力等因素引起的经济波动的影响，其核心是对供求关系的影响。

1. 财政政策与货币政策对金融交易的影响

财政政策是由国家制定的处理财政分配关系的基本要求和基本准则。主要包括财政税收、国家预算支出、公债发行、政府投资和财政补贴等策略。例如，国家为了刺激经济增长出台了减少税收的财政政策，对金融交易市场实行减税甚至免税的优惠政策，这样会鼓励资金持有者将更多的资金投入金融交易市场，从而将活跃金融产品的交易。再比如，国家为了扩大内需、刺激消费、增加人们的购买力而实行的财政补贴，会在一定程度上影响供求关系，促进与民生相关行业的高速发展，从而将培养出一批具有相当增值潜力的行业和龙头股。同样道理，政府为了促进相关产业的不断完善和增长而进行的大规模的政府采购，会在一定程度上带动相关产业的稳步发展，尤其是对于基础设施、民生需求和市政工程等方面的采购，会对轻工业、重工业和服务业等多个行业产生较大的辐射作用，从而掀起相关板块的投资热潮。

与财政政策相比，货币政策就显得具体了很多。货币政策是中央银行为了达到一定的经济目标而采取的调节和控制货币供应量的措施和政策的总称。

2. 汇率对金融交易的影响

汇率是指两种不同货币之间的兑换比率，也可以把它看作一个国家或地区的货币对另一个国家或地区的货币的相对价值。例如，如果本国货币的汇率降低，则说明本国产品相对更加便宜，从而可以促进本国商品的出口，减少进口，有利于本国经济的发展。反之，如果本国的货币汇率上升，则相当于本国产品相对于外国产品的价格上升，不利于本国产品的出口，从而对本国经济具有一定的消极影响。汇率对于产品供求的影响会在一定程度上影响到期权、期货等大宗金融产品的交易。

3.利率对股市和商品的影响

利率是指在一定时期内资金所产生的利息额与资金本金的比率。它是决定企业投资、融资成本和企业资金使用成本高低的重要因素。例如，当利率升高时，同等数量的债券会支付更高的利息，从而引起债券价格的降低，资金持有者将减少对债券等品种的持有，转而将资金投向股市。因此，利率的升高会在一定程度上推动股票价格的增长。反之，如果利率降低，则购买同等数量的债券将支付更少的利息，债券价格将上升。因此会刺激资金持有者持有更多的债券而减少在股票市场上的资金投入，从而使股票市场的价格降低。

4.货币供应量对股市和商品的影响

直接或者间接地调整货币供应量，从而对国民经济产生一定影响，进而实现特定的经济目标是货币政策的核心策略。例如，当货币供应量增加时，市场上的货币存量增加，使利率降低，人们持有活期存款或货币类理财保险产品的收益相对降低，因此人们更热衷于将手中的资金投入更有增值潜力的金融交易市场，从而推升股票价格的上涨。反之，当中央银行减少货币供应量时，市场上流通的货币减少，利率上升，人们持有货币或现金存款的成本升高，他们会更多地选择比较稳健的存款或货币类基金进行增值，从而减少向风险较大的金融交易市场的流动，从而使股票价格降低。

5.经济政策对金融交易的影响

由以上分析我们可以看出，无论是宏观经济政策还是微观经济政策都会在不同程度上影响金融交易市场。通过这些政策对金融交易市场产生一定的影响也是国家进行金融风险管控、加强市场监管的核心举措。相关监管部门通过针对这些核心要素制定不同的经济政策，影响资金在实体市场与金融市场之间的重新整合和分配，从而提高资金利用率，使人们手中的资金能够创造更多的价值。国家通过宏观经济和微观经济政策的调整，使总体的供求处于一个相对稳定的状态，为整个经济体制的稳步改革和完善，提供一个良好的经济环境。良好的经济环境进一步反作用于金融交易市场，从而形成一个相互作用、相互促进的良性循环。

6.经济周期对金融交易的影响

一般而言，经济周期是指经济活动按照一定规律进行收缩和扩张的总体趋势，是从一个更高的高度上对金融交易行业的影响因素进行分析。一般把经济周期分为萧条、复苏、繁荣、衰退四大阶段。当经济萧条时，资金流量放缓，人们对于相关产业的信心不足，从而减少对于股票、证券等金融产品的持有，转而保有更多的现金，这一系列的变化导致股票市场的价格下跌。随着国家为了刺激经济而采取的扩大内需、促进生产的扩张经济政策，资金流量开始增加，市场参与者开始恢复对于经济向好的总体预期。尤其是扩张的财政政策和货币政策，对于关系国计民生的日常消费品和房地产市场刺激明显，从而带动这些行业和相关产业的稳步发展。受这些刺激性政策的影响，相关行业的股价将会稳步提升，从而促进股市的发展。当宽松的经济政策刺激作用得到充分的释放之后，市场表现为企业盈利水平和个人薪资水平都较高的经济运行高位，进而引起通货膨胀的不断上扬。此时则过渡到经济过热的繁荣阶段。政府在该阶段开始紧缩银根，采取收缩性的财政政策和货币政策。例如，提高利率、减少货币供应量、增加国债发行量、减少政府采购、提高保证金比率等。从而避免经济过热所造成的激进投资和金融秩序的紊乱。

总之，作用于各个经济要素的财政政策和货币政策是金融交易市场得以持续稳定发展的重要保障和必要举措。

六、金融交易对经济走势的影响

通过上面的分析，我们可以深刻地理解金融交易市场是社会经济充分发展的必然产物。自金融交易市场诞生之初，它对于社会经济的发展就起到了不可替代的重要作用。随着金融交易的网络化和国际化的深入发展，金融交易对于参与其中的上市公司或者资金使用者能够在纷繁复杂的国际市场中胜出更是起到了举足轻重的促进作用。

（一）融资能力

金融交易市场为企业提供了股票、债券、银行信贷等多渠道的融资途径。可以满足企业对于更高级别的资金需求，从而使企业可以在全球范围内进行产业和资本的扩张，对其长足发展具有重要的促进作用。另外，随着金融市场的不断健全和完善，上市公司和资金持有者可以以较低的成本在全球范围内进行投融资活动，从而在很大程度上降低了融资成本，对于上市公司资金的高效利用起到了重要的刺激作用。

（二）品牌影响力

金融市场的稳步和健康发展对于集中优势资源发展重点产业、促进品牌影响力增长具有重要意义。金融市场的发展可以扩展企业的投融资渠道，增加企业的可支配资金，提高企业的抗风险能力。另外，上市公司通过股份制改革在金融市场上发行股票，可以扩大企业宣传，扩展客户群体，树立公司形象。对于企业的长远和战略性发展具有不可估量的作用。

（三）行业的带动性和示范作用

正如我们在选股时将不同行业的相关产业划分为同一板块，金融市场的发展对于某一行业的影响也会形成大范围的辐射作用。例如，我国新能源汽车行业的蓬勃发展会带动其上下游原材料市场的同步增长，包括钢铁、新能源电池、电子元器件、有色金属、橡胶、玻璃、皮革等产业产生深远影响和广泛的带动作用。再比如房地产企业股价的上涨会对钢材、水泥、装饰材料、玻璃、化工、五金等各个产业产生正向的推动作用。

（四）引导资金流向和影响资源配置

金融交易市场的不断完善和健康发展会从根本上影响各个产业中的资金流向和资金配置。当国家重点发展某一行业或者采用扩张性的财政政策和货币政策来刺激某一行业的发展时，投资者的投资情绪普遍比较乐观，这类行业会引起投资者的广泛关注，从而使资金持有者更乐于将手中的资金投入这些行业。而与之相关的各种社会资源、生产所需的原材料和相关配套设施也更倾向于向这些市场预期向好、具有相当市场潜力的行业集中，进而从根本上改变了流动资金的流向以及社会资源的再分配。

七、金融交易所涉及的知识体系与分析方法

（一）西方经济学

1. 理论概述

西方经济学主要是指自20世纪30年代以来，在西方国家比较流行，并且作为西方多数国家制定经济政策的重要理论基础的主流经济学。主要包括宏观经济学、微观经济学和国际经济学几个部分。应该注意的是，西方经济学属于一个范式的概念，而并非一个地域性的概念。也就是说，西方经济学不能简单地理解为西方国家的经济学。同时，我们更应该对其持有客观和辩证的态度，对其理论中所体现的经典经济学原理和方法进行借鉴和吸收，并对其脱离现实的理想化假设进行保留性的批判。

2.西方经济学的演变史

西方经济学的形成，经历了一个漫长的不断演变和发展的过程。15世纪至17世纪中期，西方盛行的是重商主义。这一学派更加侧重于流通领域的研究，认为黄金和白银等贵金属是财富的象征。要想积累财富，必然首先要促进贸易的发展，而贸易的发展则依赖于扩大出口和限制进口。17世纪中叶到19世纪中后期是以大卫·李嘉图、亚当斯密、约翰·穆勒为代表的古典经济学派所主导的世界。这一阶段的代表性著作是亚当斯密在1776年发表的《国富论》。这一学派的贡献在于将研究领域由市场流通领域扩展到了生产领域，从而扩大了重商主义仅将视角锁定在流通领域的研究范围。

19世纪70年代到20世纪初期，随着贸易往来的进一步发展，新古典经济学迎来了辉煌时期，在这一阶段，萨缪尔森的《经济学分析基础》和约翰·理查德·希克斯的《价值与资本》发表后，古典经济学自此走向了成熟。1890年，马歇尔出版的《经济学原理》成为了该阶段的代表作。新古典经济学派与古典经济学派都是在完全竞争这一假设框架下对经济学问题进行的分析。新古典经济学理论认为，商品的价值主要取决于他能够给消费者所带来的满足程度，可见新古典经济学更侧重于对于消费和需求层面的分析，从而更进一步地扩大了经济学研究的范围。20世纪30年代至20世纪70年代，世界经济所盛行的是凯恩斯主义。以美国的萨缪尔森、英国的凯恩斯、琼·罗宾逊为主要代表人物。20世纪30年代以来，西方世界进入经济大萧条，是促成凯恩斯主义形成的重要契机。与先前的新古典经济学派和古典经济学派所奉行的完全竞争不同，凯恩斯主义发现单独依靠完全竞争这只“看不见的手”来解释经济问题并非完全没有缺陷，凯恩斯主义更加重视研究政府在调节经济中的重要作用，并称其为“看得见的手”。其主导思想是，完全的市场竞争仅是一种假设，市场同样存在缺陷。此时应该借助于外部的力量来实现市场的相对平衡，而此时具有绝对权利和掌握较多资源的政府则成为了市场调节的主要力量。这使在经济大萧条时期的凯恩斯主义成为了力量强大的新兴经济学，并极大地受到了西方政府的宠爱。凯恩斯主义的诞生也代表着宏观经济学的诞生，其代表作是由凯恩斯在1936年出版的《就业利息和货币通论》一书，该书更加侧重于从社会需求的角度来研究国民收入的增长，认为有效需求的不足最终导致了经济不景气和失业率的上升。20世纪70年代以后西方世界所出现的经济增长放缓、失业率的增加以及滞胀的经济状况，极大撼动了凯恩斯主义的主导地位。此时的自由主义者认为政府的力量是有局限性的，单单依靠政府的干预不仅不能够实现经济的平衡稳定发展，反而有可能引发一系列更加严重的社会问题和市场问题。自由主义者的主要代表人物是货币数量论的弗里德曼和理性预期的主导者卢卡斯。

3.宏观经济学的主要研究方向

（1）研究国民收入的决定因素以及当前总产量的决定过程。西方经济学认为生产力的发展水平从根本上影响着国民经济的发展水平及其经济结构是否合理。随着宏观经济学的进一步发展，我们可以深切地感受到科学技术的发展水平在生产力的发展过程中越来越起到了决定性的主导作用。另外，社会资源的配置状况、社会的总体供需是否平衡、国家经济体制是否完善、产业政策是否成熟等因素都会对国民经济产生重要的影响。最后，随着国际贸易的不断扩大与贸易形势的日益多样化，国际环境也在很大程度上影响着一国经济的发展。

（2）研究影响国家经济长期增长的决定性因素。宏观经济学认为，国家经济的长期增长必然是人口数量的稳步增加与平均劳动生产力的提高相匹配，也就是平均每个单位的劳动力投入与其所对应的产量的稳步提高。

（3）研究经济的周期性波动。宏观经济学重点研究导致国家经济周期性波动的因素有哪些以及如何规避由于经济的周期性波动所出现的剧烈膨胀和紧缩对经济运行造成的影响。

（4）失业率。失业率不断上升的根本原因和其影响因素也是西方经济学所研究的重点问题之一。经济的衰退多数情况下会伴随着失业率的上升，西方经济学认为由于衰退周期的影响所导致的经济下行以及在此过程中所产生的产业结构的调整最终引发了劳动力的供需失衡，进而导致了失业率的上升。

（5）市场价格。市场价格是经济学研究的核心，因此价格上升的原因也是西方经济学研究的另一个重点课题。西方经济学认为，市场的供求关系和力量对比最终决定了市场价格。若市场供应大于市场需求，则市场价格将下跌，从而导致社会生产性资源的投入降低，因此供给减少。此时供小于求，则价格恢复上涨，从而促进生产的重新扩大。市场的供求平衡就是在这一过程中实现的，供求力量的对比和价格的涨跌是一个相互牵制的过程，最终使市场供求和市场价格都趋向于一个相对稳定的状态。

（6）研究国民经济的影响因素。宏观经济学更侧重于从更加整体的角度去研究国民经济的影响因素，因此，在经济全球化的国际大背景下，世界经济的发展会从多个层面影响一个国家的经济。就有利的方面而言，不断扩大的国际市场可以使一国充分地利用对外贸易扩大产品的市场范围、促进本国经济的发展。另外，经济全球化的过程中，可以使各种生产要素在更大范围内进行配置和流通，从而在很大程度上促进一国生产力的发展。经济全球化使资本市场更加活跃，发展中国家可以充分利用经济全球化所产生的积极影响，充分借鉴发达国家的生产经验，完善产业结构，提高综合竞争力。当然，开放的世界同样是一把“双刃剑”，经济全球化也会产生一定的不利影响。例如，外资的进入可能会引发本国对外债务的增加，会对本国的资本市场和民族工业产生较大的冲击。

4.微观经济学的研究方向

微观经济学属于现代经济学的另一个分支，它以社会经济中的单个经济体为研究对象研究其经济行为，并且得出相应经济变量的影响因素和决定因素。因此，微观经济学更侧重于对个体经济单位的研究，其核心理论是市场“看不见的手”的价格机制。

（1）消费者层面的效用最大化。消费者层面，分析消费者是如何通过最优的生产决策来获得最大的使用效率。微观经济学认为，消费者追求效用最大化会受到个人收入以及产品价格的影响。这一部分内容，引入的是效用最大化的马歇尔需求理论。所谓效用，就是指某一商品所能够满足人的某一需求或者欲望的能力，或者说消费者对于消费某一商品所获得的满足程度的一个评价。根据马歇尔的消费需求理论，消费者消费商品所获得的满足程度就如同重量和长度的概念一样可以用来量化，从而使不同效用之间的比较具有一定数量上的意义。其使用的核心分析方法是边际效用分析法。同样道理，货币作为一种特殊的“商品”，它也具有自身的效用。人们使用货币去购买商品的过程，就是货币的效用与商品的效用进行交换的过程。微观经济学认为，当货币的边际效用与商品的边际效用趋近于相等时，我们称之为消费者均衡。也就是说，消费者在最后一单位商品上所花费的最后一单位货币给消费者所带来的满足感是相等的，此时实现了消费者效用的最大化。

（2）生产者层面的利润最大化。在生产者层面，微观经济学则重点研究生产者是如何做出最优的经济决策来实现利润最大化的。为了研究生产者行为，微观经济学引入了边际劳动报酬和边际产品价值的概念。认为当生产要素的边际产品价值与其价格相等时，则此时能够实现短期的利润最大化。利用同样的思路，微观经济学对生产者的长期利润最大化行为进行分析，认为长期内参与生产的多种生产要素都是由不同的劳动要素价格、资本要素价格以及最终其出售的产品价格之间达到一定的平衡来实现的。也就是说，在长期的生产者行为分析中，须使每一种生产要素的边际产品价值与其价格相等才能够实现长期生产成本的最小化，也就是长期利润的最大化。

微观经济学关于利润最大化的原则将其表述为MR=MC，也就是说，一方面，当边际收入等于边际成本时，此时厂商的利润最大。即由市场决定了每增加一单位的产量所增加的收入。另一方面，由企业决定了每增加一单位的产量所增加的成本，然后生产厂商通过遵循这一利润最大化的原则，对生产做出调整。具体的调整过程是：当MR大于MC时，意味着厂商每多生产一件产品所带来的收益是增加的。因此，此时厂商会增加产量，并且最终引起市场价格的降低。反之，当MR小于MC时，意味着厂商每增加一单位产品的生产所使用的成本是较大的，此时厂商会因陷入亏损从而减少产量，进而使市场价格升高。最终，通过厂商边际收益（MR）与边际成本（MC）大致相等来实现生产者投入生产资料与产品产出之间的平衡和商品市场价格的平衡。

（3）研究市场价格以及产量的决定因素。这是微观经济学在前期对消费者的效用最大化和生产者的利润最大化分析的基础上所做出的市场研究。微观经济学理论认为，市场的产量和价格是消费者在追求自己的效应最大化以及生产者在追求自己的利益最大化的过程中实现的，是两个重要因素共同作用的结果。微观经济学认为，在一个完全竞争的市场环境中，市场表现为实时均衡、短期均衡和长期均衡3种类型的均衡。其中，供给方决定了均衡时所能提供的产量，而需求方决定了均衡时所能达到的价格。短期均衡相对而言较容易达到，即供求双方相互作用使得近期的供给与需求相对平衡就可以了。从长期来看，长期均衡的影响因素则相对多一些。因为厂商的生产行为会受到生产规模和厂商数量等多种因素的影响。例如，当价格比长期平均成本高时，此时厂商存在净利润，使新厂商纷纷进入这一行业，进一步促进这一行业中产量的增加和价格的下降。反之，如果价格比平均成本低，则此时多数厂商产生亏损，该行业中多数企业纷纷退出市场。市场中产品的供给数量减少，从而引发价格上升。由这一过程的产生机制可以看出，价格在市场竞争中所起的作用十分明显，价格机制的核心作用也正是市场“看不见的手”的重要作用。市场价格的变动引起了厂商不断地进入或者退出某一行业，引起相关产品产量的增加或减少。当市场中消费者愿意为消费品所支付的价格等于产品的边际成本时，即实现了完全竞争市场中资源的最优配置。

（4）产量和价格的决定。微观经济学对市场主体经济行为的研究还涉及所有单个市场的产量和价格的决定，其分析的原理依然是采用在分析消费者行为和生产者行为中所使用的均衡条件。因此，单个市场的价格和产量是由所有不同类型的单个市场的产品需求和供给相互作用所产生的。当微观经济学的研究层面从单个生产者和消费者提升到整个市场和整个行业时，此时市场分析则面临着复杂的市场结构。微观经济学将市场结构划分为完全竞争、完全垄断、垄断竞争和寡头垄断四大类主要的市场类型。这四大类市场类型在厂商的数目、产品的差别、对价格的控制和进入某一行业的难易程度方面都具有较大的差别。一般而言，完全竞争市场和垄断竞争市场的厂商数目较多，寡头市场参与其中的厂商数目相对较少，垄断市场中的厂商数目则只有一个。产品的差异程度方面，完全竞争市场所生产的产品是完全无差别的，垄断竞争市场和寡头市场有一部分差别。在垄断市场中只有唯一的产品，其产品不存在替代品，这也使垄断市场在很大程度上控制了市场价格。完全竞争市场对价格则没有任何控制能力。相比之下，垄断竞争市场和寡头市场则对于价格具有一定的控制能力。对于一个企业而言，想要进入一个行业，也会受到这一市场类型的深刻影响。如果一个企业若要进入一个完全竞争市场，则相对容易得多，例如，农产品市场、小商品市场等。而想进入寡头市场就比较困难，例如，钢铁、汽车、重工业等行业。如果一个企业要想进入垄断行业中，例如，水电、燃气等公共事业则十分困难，甚至几乎不可能。

微观经济学基于对几类市场结构的分析，提出了局部均衡和一般均衡的概念。单独某一市场的价格和供求平衡时即定义为局部均衡。当经济体中所有的经济单位和各个市场都处于一种均衡状态时则称为一般均衡。此时，无论在产品市场还是在要素市场，产品和要素的需求和供给量都取决于商品和要素的对应价格。最终，在这种一般均衡理论体系的指导下，实现了社会资源的最高效配置，也就是市场效率的帕累托最优效应。经过研究比对，在四大类主要的市场结构中，完全竞争市场是唯一符合一般均衡的帕累托最优状态的市场结构。在这种市场结构中，市场机制通过价格的自发调整作用，使经济处于一种高效的均衡状态。此时，生产者以最低的生产成本投入生产，消费者则从其所消费的产品中获得了最大的满足。与此同时，厂商在商品的生产过程中获得了最大的利润，各种参与生产的生产资料也在生产中取得了最大的报酬。当然，这是在完全竞争的假设下所形成的一种最理想的社会状态。

5.主要分析方法

我们学习西方经济学，无论是从微观角度去分析其市场结构的主要组成部分，还是从宏观角度去分析国家对于宏观经济的调控和干预，重点需要掌握的是在此过程中所体现出来的市场分析方法和分析思路。具体体现在金融交易中的分析方法有以下4点。

（1）充分考虑多种因素。从前面我们对西方经济学概况的了解以及一些分析方法的说明中可以看出，无论是宏观经济学还是微观经济学，在其分析市场的过程中，都是将市场的影响因素细化为多个方面和多个层次的点，然后对于这些影响经济总体均衡的点逐个进行研究，使其达到相对均衡。然后再综合经济分析中不同个体的各个指标或者经济要素，达到一个总体上的均衡。例如，在宏观经济分析中，西方经济学通过对整个国民收入的均衡、整体的投资与消费的均衡以及与经济的不同生长周期所匹配的通货膨胀率、就业率等指标的考察来实现各个经济要素的均衡，而微观经济学则更加注重对于市场和生产构成要素的细化分析。它将微观市场中的供求关系、消费者的消费行为、社会资源的分配以及与之相关的生产者行为通过边际效用和边际成本等量化指标达到一定程度上的均衡，实现了整个微观群体和微观市场的相对均衡。应该注意的是，微观经济学中无论对于个人或者是生产者而言，其所采用的边际分析依然是以价格为核心进行的。

可见，西方经济学的分析是由不同层次的分析要点构成的。宏观经济学和微观经济学的这一分析特点提示我们，在金融交易的分析过程中，首先应该重视金融交易中所常用的概念、定理、相关技术指标以及与价格相关的技术分析构成要素这些基础知识点，金融交易技术层面的分析就是由这些对于交易起着重要影响的基础知识点所构成的。要想深入地理解市场运行的深层逻辑，必须要对这些概念、定理、技术指标、它们所针对的走势特征、市场阶段以及相关推论的作用原理有一个比较明确的认识和了解，这是进一步进行市场分析和构建交易系统框架的理论基础和必要知识储备。

（2）以价格分析为核心。西方经济学无论是对于国民收入的研究、产品生产总量的研究、还是市场供求的研究，最终都将实现社会公平的核心聚焦在与经济发展水平相匹配的价格水平上。因此，价格分析在整个西方经济学的分析体系中处于核心地位，而我们从事金融交易所使用的技术指标中，无论是大家耳熟能详的指数平滑异同移动平均线（MACD），还是通过股价波动的标准差来求得股价预期波动上下限来预测走势拐点的布林带（BOLL），抑或是通过将最高价与当日收盘价除以最高价与最低价的差，然后将这一比值放大100倍来观察市场处于超买还是超卖状态下的威廉指标（Williams%R，或简称为W%R），都将分析的重点放在了价格分析上。在我们对技术指标的学习应用以及交易系统的构建过程中，应该紧扣价格分析这一核心，才能够从根本上确保分析始终走在一个正确的方向上，同时保障我们所设计出来的交易系统具有尽可能高的实用性和针对性。

（3）对国民经济影响要素的总体性分析。无论是宏观经济学中的总体国民收入、整个经济体的投资与消费，还是微观经济学中的均衡价格以及对于消费者行为的分析和生产者行为的分析，都不仅是研究市场经济的某一方面，而是从一定高度上整体地去考察整个国民经济或者某一个细分市场完整的影响因素和决定要素。这就指导我们在实际的金融交易分析中要保持在一定高度上的整体观，而不要仅纠结于短时间或者小级别周期上的局限性分析。例如，使用趋势线和轨道线来预判总体走势的方向性特征时，我们所使用的趋势线和轨道线应该尽可能多地与K线走势的阶段顶端与底端相切，从而由趋势线提供更加明确的指示方向（见图3-12）。

图3-12　趋势线指示意义与经过切点个数的正相关

另外，在观察和分析周期的选择上，应该尽可能地选择高级别周期，从而尽可能避免陷入低级别周期的频繁震荡之中。在具体的交易系统构建过程中，我们可以充分地利用价格总体走势方向与常用技术指标主要指标线的指示方向、背离等这类判定方式，从而使交易系统具有能够过滤掉频繁震荡这类走势的能力。能够在一定高度上从总体的层面进行着眼，在很大程度上规避了绝大多数交易者最易出现的在漫长的横盘震荡或者是交易密集区的频繁操作，从而规避了这类走势所导致的连续亏损。

（4）对于市场经济平衡性的研究。无论是对于宏观经济的研究还是微观经济的研究，西方经济学都更加着眼于对于市场经济平衡性的研究。

例如，宏观经济学着眼于对整个经济体的经济总量达到平衡的影响因素和实现条件的研究，而微观经济学则主要是从更加微观的角度来分析单个生产者、单个消费者或者是一类市场结构是如何通过资源的有效配置来实现市场出清的。即西方经济学的主要研究目的是能够实现单个经济体或者是总体国民经济能够实现均衡发展的经济理论。西方经济学的这一研究重点指导我们，要注重使用均衡性和回归性的技术指标或者论证方法，最简单的就是众所周知的价值与价格之间的回归关系，即无论价格相对于价值的偏离程度有多大，价格最终是要偏向于产品的价值进行回归的。

同样道理，期权以及期货产品中的跨品种套利分析所使用的核心分析方法依然是价格偏离程度的回归，即具有一定相关性或者具有一定替代关系的两个产品之间的价格差异会保持在一定的限度之内，当价格的波动使两类产品之间的价差超过一定幅度之后，则此时报价较高的产品其价格大概率会产生回落。相反，价格较低的产品其价格则大概率将产生抬升。利用价格之间的这种不断趋向于均衡的相互关系对市场价格运行方向进行的分析，其预判的准确性还是比较高的。

另外，在我们所经常使用的技术指标方面，我们可以重点使用利用价格均衡和回归思想而设计的超买超卖指标。例如，随机指标KDJ、顺势指标CCI和变动率指标ROC等这一类指标，多数都是以一定数值作为股价变动的中轴线。这条中轴线也多与漫长的横盘震荡和交易密集区相对应，当股价偏离这一指标变动的中轴线时，则对应着向上的拉起或向下的下拉走势。当价格继续上升或下跌，运行至该类技术指标的上方或下方控制线时，则此时对应着市场的超买或超卖情形，市场更倾向于在高位的回归和低位的反弹。但无论何种级别的走势，价格走向最终都趋向于技术指标所设定的中间轴的高度，也就是一个市场均衡的价格水平。这一点也在一定程度上论证了缠论中所提出的走势终将完美的技术论断。

6.小结

应该注意的是，虽然西方经济学在整个世界经济理论体系中已经占有几百年的主导地位，但并不代表西方经济学的分析和论证完全与经济的实际状况相符合。西方经济学的整个论证过程更多体现的是相关经济学家的权威论证，而不是基于对经济实际走势的实践。也就是说，西方经济学的理论体系更多的仍然是停留在经济学家的理论构建之中，缺乏充分的实践基础。另外，从整个西方经济学的理论体系可以看出，西方经济学的理论结构内部无法统一和保持一致。正如我国著名经济学家高鸿业先生的评价："在西方经济学体系中，新古典宏观经济学派与新凯恩斯主义两者之间有着不可调和的矛盾。"例如，传统的市场经济能够进行自我调节与凯恩斯主义的不能自我调节之间存在着对立；人们主动规避市场风险和企业家所具有的创新精神之间的普遍现象也存在着差异等。

因此，我们在学习西方经济学时，不必过多地纠结于具体的细节，而应该更多地从宏观上把握其分析过程中所体现的分析思路和分析方法。例如，在上文阐述中所归纳的以价格为核心的分析方法、市场均衡的分析理念、微观经济学中边际分析的论证方法，以及金融交易中对盈亏同源的金融市场属性的把握等。在宏观经济学和微观经济学的学习中，能够深入地理解这些分析方法，对金融交易中价格回归的论证、量价关系的理解与分析，包括市场运行周期所决定的市场发展阶段以及市场拆分结构的划分等的判断，都可以起到重要的指导作用。

（二）计量经济学

1.理论概述

计量经济学是以一定的统计资料和相关经济理论为基础，运用统计学、数学和计算机技术，通过建立计量模型来对具有随机性的经济变量进行取证和分析的一门经济学科，其主要内容包括应用计量经济学和理论计量经济学。其中理论计量经济学主要是研究和发展与数理统计相关的计量方法，使之形成测定经济关系的系统方法。应用计量经济学是在相关经济理论的指导下，以事实所反映的统计数据为主要依据，使用精细计量的方法来研究经济的数学模型，并探索其中所反映出来的经济规律。

2.创始人及代表人物

计量经济学的创始人是挪威著名经济学家、数学家拉格纳·弗里希。他于1895年出生于挪威首都奥斯陆，1919年在奥斯陆大学取得了经济学学士学位，后在法国、德国、英国、意大利等多国的大学学习并研究经济学与数学，从而为他后期创立计量经济学打下了坚实的知识基础。在1926年，弗里希在挪威获得了奥斯陆大学的博士学位，并在耶鲁大学等世界著名大学中担任客座教授。在此期间，他一直致力于将统计学的方法和数学的方法运用到经济学问题的分析中去，并且与其他相关领域的专家一同开创了计量经济学。首先提出了明确的计量经济学概念，弗里希利用探索提出的计量经济学理论的方法来分析资本主义社会的经济波动，并且为资本主义周期性的经济波动创建了科学的数学模型，从而奠定了资本主义经济周期理论的基础。

3.主要分析方法

计量经济学主要的分析目标是通过对与经济走势相关的统计数据进行统计和处理，规避干扰变量的影响，从而建立能够体现经济规律的数学模型。在分析过程中，计量经济学主要使用的分析方法如下。

（1）控制回归法。我们可以直接对影响我们所研究的目标经济变量x和潜在结果y之间对应关系的干扰变量做出分离，并且要求干扰变量必须在一定条件下独立于自变量x和潜在结果y。

（2）断点回归设计法。即利用随机性对因果关系进行推论的一类统计方法。也可以看作一个狭义上的局部随机试验，这一统计方法通过控制非观测因素来对因果关系进行推定。

（3）倍差法。倍差法的英文名称为Differences-in-Differences，简称为DID。可以理解为在差异中求得差异的方法。比较常用的是比较实验组的结果与对照组的结果之间的差异。实验组与对照组在实验前后的同一指标变量所体现出来的差异，即我们用于分析时所参考的核心数据倍差值。在倍差值的计算过程中，我们可以更加客观地选择与我们经济测算目标相符合的样本范围，从而为实验数据的选择提供了更加自然的控制。我们通过所选取的测定数据与非测定数据之间所引起结果的差异来测算经济变量与经济结果之间的因果关系。

（4）固定效应回归法。固定效应回归法属于控制回归法的一个特殊类型。具体的操作方式是在模型中纳入个体效应的固定项和时间效应的固定项来控制非观测因素。例如，我们可以把相关的因素进行打包，全部纳入个体固定项中。这些具有相同属性的因素只会随着个体的改变而改变，而不会因时间的改变而不同。同样道理，对于影响经济走势的其他因素，我们把只随着时间变化而变化，但不随着个体差异而变化的变量统一打包放到时间效应项。在固定效应回归法中，这些相关的因素可以相互抵消，从而体现出不同经济变量之间的因果关系。

（5）工具变量法。工具变量法在计量经济学中的作用原理是相对而言最容易理解的一类因果推断方法。我们所研究的自变量x与潜在结果y之间存在着一定的因果关系，但是这个因果关系往往受干扰变量c的影响。此时我们可以为这个分析模型找到一个过滤器，把自变量中与干扰变量c相关的部分过滤掉。这样剩下正交的部分，从而体现自变量x与潜在结果y之间的因果关系。为了过滤掉干扰因素c，我们所引用的工具变量在第一阶计算中首先计算工具变量与自变量x之间变化的相关性。之后我们要确保工具变量只能通过影响自变量x而影响潜在结果y。但是，工具变量z的变化不会直接导致潜在结果y的变化，从而过滤掉干扰变量对于自变量x的影响因素，得出x与y的因果关系。

首先需要说明的一点是，计量经济学由于其所使用的统计数据的处理方法及其分析方法都需要有比较深厚的数学功底和统计学基础，因此计量经济学的分析方法在金融交易中不做重点描述。如果把在计量经济学中所使用的数学模型直接应用在金融交易的分析中也较有难度。但由于计量经济学兼顾了统计学和经济学两个学科的知识，重点使用数学模型对经济走势进行论证，因此计量经济学所体现的分析方法和分析思路对于金融交易统计结果的回测、交易系统的构建和数学模型的论证依然具有重要的指导意义。

第四章 游戏的本质与合理预期

一、金融交易的本质——概率游戏

金融交易的难度在于它的不可预测性。在每天我们所从事的金融交易中，由数以万计的做市商、经纪人、操盘手以及散户交易者构成了纷繁复杂的市场，在这个市场上，没有人可以单方面地决定市场价格。由于金融市场具有自反性特征（即所有市场参与者的任何微小操作举动都会被市场的整体氛围和市场运行结构所放大，然后重新作用于交易者本身），使准确判断和预测价格几乎是不可能的。之前有一种搞笑的说法："能够准确预测市场价格的，不是神仙，就是骗子"。因此，我们既然不能准确地预测价格，就只能通过我们对数据的分析和研究，提高判断的正确概率和提高每笔操作盈利的可能性，进而在正确概率较大的方向上增加持仓的权重来放大盈利。例如，我们可以在震荡阶段主做高点对低点的震荡来提高盈利的概率，在总体走势拉起的趋势阶段做突破前高、突破横盘整理或者交易密集区和黄金分割点的趋势持仓，从而提高正确操作的胜算。

经过前期大量的模拟和论证，一方面我们能够明确自己的仓位是否处在正确的方向上，进而使用在正确方向上的回撤低点或者反弹高点进行中途的加仓操作，增加正确仓位的权重，从整体上提高我们持仓盈利的概率；另一方面对金融交易是概率游戏这一本质的深刻理解，也迫使我们必须接受亏损。亏损是交易的一部分，我们无法避免亏损，只能尽可能地减少亏损数额和降低亏损的概率。关于这一点，我会在“盈亏同源”的章节中进行论述。

总之，无论是宏观分析、消息面分析还是技术面分析以及消息面与技术分析的结合运用，我们要做的核心工作就是提高盈利胜率，只有牢牢把握这一方向，我们才不会在市场走势的“汪洋大海”中迷失方向，分析和研究才有成功的可能。

二、关于盈亏同源

从盈亏结构的特征上来讲，金融交易属于零和游戏，即若不考虑资金的进入，金融市场本身不创造财富，只是对已有财富的重新分配，因为一个人在金融交易中的盈利，来自另一个或者多个人的亏损。如果进一步将手续费和印花税考虑在内，金融交易的结果甚至是必亏的（或许有些可怕，但这就是残酷的现实）。这类似于赌场的分配方式，无论输赢，由于参与者都要向赌场缴纳一部分费用，因此最终的赢家一定是赌场。因此，初级阶段的交易者总有一种感觉，市场的一只眼睛总是在无时无刻不盯着自己，时刻准备与自己作对：如果我做多，市场很快就走空；如果我做空，市场很快就反弹；如果我什么也不做而是持币观望，则市场偏偏瞬间大幅拉起形成趋势走势等。市场永远是金融交易的主导，每天动辄几千亿的市场容量，你的几万块钱或许它根本就感觉不到，甚至它根本就不在乎你是不是存在，更不会在意你是做多或是做空。因此，你不要妄想通过自己的一己之力让市场有丝毫的波动。可见，市场时刻与自己为敌的想法，纯属交易者的一厢情愿，完全是初级交易者的臆想。更何况无论做多还是做空，都是你自己的选择。无论盈亏，都是来自同一个价格向不同方向的变动。

市场盈亏同源的这一特征告诉我们，既然市场是概率游戏，那么市场的多空变化就不会被100%预测，即亏损是金融交易的一部分。从心态上讲，应该坦然地接受这一现实。另外，若遇到进场后立刻就转向的“霉运”，无非是自己追涨杀跌的错误举动被场内交易者、做市商和操盘手捕捉到之后，利用绝大多数人的从众心理和追高冲动在更有利的价位上吸筹而已。因此，交易者不应该将精力放在抱怨和诅咒市场上，而应该切实地在自己看盘和市场分析上下功夫。市场无论如何变化，我自有我的体系，这才是应对市场的根本。

三、关于初段、中段位交易者的合理预期

不可否认，绝大多数的交易者在最初义无反顾地杀入市场的时候，或多或少是抱着一夜暴富的想法参与其中的。有些参与者十分乐观地想：我不恋战，每一仓交易有50%的利润我就走，要求不为过吧？其实你可以现实一点想，在现实生活中还有哪个行业能够有这么高的利润？

参与金融交易，必须首先要有务实的态度。严格地说，金融交易与其他行业是具有同质性的，都必须要有切合实际的市场预期、良好的心态和丰富的专业知识，加之自己持之以恒的努力与付出，才能最终将收益稳定下来。仅凭着一腔热血和自己的一厢情愿，在任何一个行业都无法长久稳定地生存下去，金融交易中更是如此。因为在这个行业中集中了最精明、最会算计的一群人。即使这样，在这个行业中七负两平一胜的结果依然无法改变。因此，对于资金不充足，经验并不丰富的初学者和初级段位交易者，能够首先保证自己的资金安全，把最初的盈利预期设定在10~15个点就已经不低了。建议初段、中段的交易者可以充分利

用模拟操作，将自己的市场预期调整到合理的范围内，并在此过程中找到切合自己交易方法和操作思路的技术指标。这些量化的标准和指标会使你的交易预期更实际，从而避免在交易过程中手捧真金白银在市场中拼杀时遭受严重的打击和心理创伤。

四、关于模拟操作的重要性

在我所知道的商业活动中，几乎没有能让你提前进行相同条件下模拟操作的行业。做生意最大的风险就在于，无论业绩好坏，你在决定做生意时投入的每一分钱都已经转化为了成本。例如，你置办的一张办公桌，一台打印机，无论你是否愿意，在这些投入再次变现时，都会贬值。没有哪一个行业会让你100%地全流程进行模拟，而金融市场经纪人提供的模拟平台，为新手和散户交易者参与市场提供了巨大的便利和安全保障。没有人可以在半年内从“小白”到直接在实操市场取得很好的交易绩效。模拟平台为大众提供了相同的走势、相同的报价、相同的技术分析工具，甚至在模拟交易中扣掉相同的手续费和印花税。在模拟交易中，初学者可以规避漫长的横盘震荡，可以发现自己重仓、追涨杀跌和亏损仓位持仓太久的必犯错误，可以模拟任意技术指标的不同组合。这对于日后实操中规避风险和规范化交易都是必不可少的前期准备。就模拟需要的时间而言，因每个人的知识背景、分析能力、悟性不同而不同，至少要经历1~2年的模拟操作之后再参与实操是比较稳妥的。另外，实际杀入市场时，是带着真金白银参与其中的，这就要求每个人都要以正式参与实操的务实态度和心态进行模拟。只有这样，才能高效和充分地利用模拟操作这一金融交易中最为有利的工具，为自己日后金融交易事业的成功铺就平坦的道路。

第五章
你所钟爱的股票与期货

一、股票

（一）股票的概念

股票是股份公司为筹集资金而发行的持股凭证，它是一种有价证券，也是股份制公司的一种所有权凭证。股东们可以凭借股票来取得公司的红利或者股息，股票在信用市场可以用来买卖，也可以用来转让。股东所持有的每一单位的股票都代表着对这一股份制公司的一定所有权。

（二）特征

1.收益性

股东可以从自己持有的股票中获得收益，这也是绝大多数散户交易者持有股票的直接目的。股票的收益可以从两个方面来体现：一方面是来自公司的分红或者股息。另一方面，也可以来自在股票交易中所产生的利差。股票的这一特征使股票成为绝大多数大众投资者可以参与的金融产品。

2.风险性

与股票的收益性相对应的就是股票的风险性。任何事物的风险与收益都是对等的，作为有价证券的股票也不例外，股票的波动性和收益性相对较高，因此投资者也应该承担相对较大的风险。股票的风险主要表现在其频繁的波动性和相对的不可预测性。这个不可预测性主要来自市场供求的变化、国际国内经济环境的变化、国家经济政策的变化以及大众投资心理的变化。因此，股票是一个多元化的投资品种，私人交易者应该根据自己的风险偏好选择最适合自己的股票类型。

3.流动性

由于股票市场进入门槛相对较低，因此股票市场中的参与者众多，除了走势出现多方或者空方的涨跌停的极端情况下，其他在任何点位上都会同时存在着看多或者看空的参与者，因此股票能够保持较高的流动性，这个流动性主要来自买方或者卖方之间的换股或者转让。此外，股票的流动性还受上市公司规模的大小以及是否是大盘股、具体价位所处的敏感部位和类似于交易密集区的技术性点位等因素的影响。

4.公正性

由于股票市场的参与方比较多，涵盖的行业比较全面，因此国家对于股票市场进行了十分严格的监管，并制定了健全的法律法规用以维护市场秩序，这使股票市场具有足够的信息公开性和透明性。股票市场的参与者可以参考上市公司所披露的公司财务报告、公司状况、供求者之间的关系来了解上市公司所处的市场位置以及判断该股票是否有较好的投资前景。

（三）发展过程

从17世纪荷兰的东印度公司印制第一张股票至今，股票已经拥有400多年的历史。17世纪，随着商业活动的不断增加，股份制的操作受到了绝大多数欧洲贸易公司的追捧。贸易公司十分乐意通过发行股票来分散自己的经营风险，人们也热衷于通过持有公司的股票来分享公司的红利。

股票真正崛起的时间是在18—19世纪，伦敦证券交易所（London Stock Exchange）和纽约证券交易所（New York Stock Exchange）的成立，为人们提供了参与股票金融交易的方便途径。18世纪60年代爆发的工业革命带来了市场经济的巨大发展，同时，原始的股票成为了投资者的热门首选。

股票交易真正进入电子交易时代是在20世纪以后，世界上的首个电子交易市场是纳斯达克（NASDAQ）股票电子交易市场（National Association of Securities Dealers Automated Quotations）。股票交易的电子化，打破了各个国家之间的交易壁垒。随着信息全球化的趋势不断发展，人们可以通过电子交易购买不同国家和地区的股票，从而使各国的投资者有了更多的选择机会。

进入21世纪之后，信息技术的迅猛发展使人们可以十分便捷地在网络上从事买卖股票的交易，极大的降低了股票交易的入市门槛。另外，由于计算机技术的普及与高速发展，使交易成本也大幅降低，从而间接地降低了交易者的投资金额和所承担的资金风险。随着金融交易的国际化不断普及，中国和印度等新兴股票市场的不断崛起为世界金融交易产品的研发注入了新的活力。多种新型的金融衍生品开始不断出现，使世界各国的投资者具有了更加多样化的选择。

与此同时，进入21世纪之后，金融交易市场经历了2008年全球金融危机的洗礼，金融交易市场中的风险与监管漏洞暴露无遗。世界各国的金融交易市场在经历了市场经济的残酷打击之后痛定思痛，开始制定更加严格的政策法规来对金融市场进行全方位的监管和风险控制，从而使当前的金融交易活动在一个相对完善、安全和透明的环境中进行。

（四）种类

常见的股票可以从以下两个方面进行分类。

1.按照市值大小划分

大盘股一般指市值在20亿元以上的大型公司所发行的股票。例如，像一些电信、石油化工、航空航天等行业的股票。中盘股一般是指股票市值中企业规模相对较大的上市公司所发行的股票，一般公司的市值在10亿元以上，这类股票既具有大盘股的优势，又能够很好地规避小盘股的不足，因此成为众多投资者关注的重点。一般将流通股本小于5 000万元的上市公司所发行的股票称为小盘股。小盘股具有进出灵活、交易成本低、入市门槛低等优势。但是由于市值普遍较小，总股本金额较小，因此容易成为庄家操纵的对象。相比于小盘股，几十亿甚至上百亿的大盘股操纵起来就十分困难。因此，相比之下，在小盘股的走势中出现虚假突破或者窄幅震荡的概率相对较高。

2.按照上市地点及资金来源划分

根据上市地点和资金来源的不同，可以将股票划分为A股、B股、H股、港股和美股。

A股的上市公司在大陆境内，一般只有中国大陆的投资者可以进行购买。主要在深圳证券交易所和上海证券交易所进行交易，同时也是我们所接触的最常见的股票类型。B股是人民币特种股票，此类股票以人民币来标明面值，在中国境内进行交易，但是以美元或者港币来进行支付的特种股票。B股与A股相同，依然是在深圳证券交易所和上海证券交易所进行交易。H股则属于港股的一部分，指在中国大陆注册的企业在我国香港上市发行，并且以港币计价的股票。此类股票资金多来源于海外看好中国企业发展市场前景的投资。港股指在香港证券交易所上市的公司发行的股票，它面对的是全球的投资者，是中国企业与全球投资者共享发展机会的重要融资途径。由此可见，H股不完全等价于港股。港股的范围相对要大一些。在香港证券交易所上市的股票，都称为港股。只有其中公司注册地在中国大陆并在我国香港证券交易所上市的股票称为H股。美股则主要是指目前全球最大的股票交易场所，包括纽约证券交易所（NYSE）、美国证券交易所（AMEX）和纳斯达克证券交易所（NASDAQ）等这类证券交易所上市的股票，美股市场中的股票仅可以使用美元进行买卖。

（五）市场结构

股票市场主要由国家、机构和个人参与者构成。国家以其绝对的实力优势参与其中，起到监督和管理作用的同时，也为股票市场的活跃注入了能量。首先，国家作为股票市场的管理者设置行政管理机构和市场监管机构对市场进行监管。其次，国家建立公平公正的证券交易所来为大众提供进行证券交易的场所。股票市场中的上市公司构成了主要的机构参与者，上市公司以其多样化和灵活性成为了散户交易者的主要投资对象。最后，还有诸如私募基金、公募基金、证券经纪人、投资公司等机构参与者，他们同时是金融交易市场化的结果。个人交易者是以个人名义投资股票的交易者，就是我们常说的散户交易者。这一部分市场参与者的资金量普遍较小，一般缺乏对市场的专业研判知识，容易受市场波动的影响而导致亏损。

（六）基本制度

股票交易的时间是在法定节假日除外的周一到周五。具体交易时间是上午9：30—11：30、下午1：00—3：00。股票交易本着价格优先和时间优先的原则来进行竞价。相比之下，报价较高的买单优于报价较低的买单首先成交；报价较低的卖单优于报价较高的卖单首先成交。如果报价相同，则按照时间的优先顺序进行成交。在每天上午的9：15—9：25进行集合竞价，其余时间则进行连续竞价。股票交易是以股为单位的，一手等于100股，每次交易委托数量必须是100股的整数倍。股价在一日之内的具体涨跌幅是有一定限制的，当每只股票的当日成交价格高于或者低于上一交易日收市价的10%时，即定义为涨跌停，此时交易平台不再接受超过涨跌停报价的任何委托，但是投资者可以继续撤销未成交的委托单。

（七）新股申购

目前国内的证券交易所主要有两种发行新股的方式，一种是在网上进行公开发行，投资者应该在进行申购新股之前仔细地阅读招股说明书，然后在资金账户中存入足够的资金用来申购。申购数量是1 000股或者其整数倍，但每个账户只能申购一次。申购者将获得一个配号，投资者可以在申购之后的第三个工作日查询新股发行的配号，然后通过媒体、报纸等资讯平台来核对自己是否中签。应该注意的是，新股申购是不可以撤销的。

新股发行的第二种方式是向二级市场配售。当新股发行时，上市公司会拿出一部分股票的份额分配给下属的一些资金营销机构进行配售，投资者可以和营业部签订协议，如果你账户中的股票市值大于1万元，当新股配售时，经纪公司或者营业部将会替你进行申购。

（八）股票的分红派息和配股

投资者投资于股票，盈利的主要方式是买入和售出的差价，股票的所有权属性决定了分红派息也是持有股票的一部分重要盈利来源。分红派息，就是上市公司为投资者发放的红利或者股息。上市公司所发放的红利和股息是自动划款到投资者账户上的。在此过程中，无须投资者办理任何手续。当上市公司得到了进一步发展之后，上市公司根据自己的发展需要，以低于市场发行价的价格，按照投资者的持股比例向投资者配售新股，这就是配股。在参与配股前，投资者应该仔细地阅读配股说明书，在相关部门对配股认购申请进行登记结算后会公布配股结果，此时投资者可以通过经纪商的交易平台或者自己的持仓数据来确认自己是否配股成功。

（九）品种选择

1.公司业绩

上市公司的经营业绩对于最终的股票选择是决定性的。一般而言，一个上市公司在一段时间内的经营业绩代表了该公司未来在市场上的竞争力和市场前景。相比之下，业绩优异的公司更能够引起庄家的注意，而且股民也普遍喜欢跟着这一类庄家一起抬升，即使冒着中途被套的危险，也往往有惊无险，因为总体而言公司的经营绩效是在缓慢爬升的。另外，业绩好的公司一般在市场景气的时候容易形成大幅增长，即使在市场低迷的时候，业绩较好的公司也往往会出现相对稳步的增长。至少出现大幅波动、大幅亏损的情况相对较少。

2.成长性

投资者可以甄选出几个业绩靠前的上市公司，然后对比他们连续几年的或者是前面几个季度的业绩来判断其成长性。一般具有高成长性的公司，必然具有优良的管理团队，具有在行业内领先的核心技术和一定实力的垄断地位。这类公司抗风险的能力较强，利润较大，回报率也较高。因此，对于散户交易者而言，这类公司往往具有相对广阔的市场前景，也使这一类公司成为了股民选股的不二之选。

3.热点板块、龙头股

中国证券市场经过几十年的发展，从最初的8只股票发展到现在的4 000多只股票。随着中国市场的不断发展和市场监管机制的不断健全，之前大多数股票齐涨齐跌的现象几乎很少出现了，取而代之的是不同行业之间形成的集群之间同方向的趋势。我们把具有某一相同特征的一类股票称为板块。当筛选出符合当前国际政治经济形势，符合国家经济政策和市场发展趋势的热点板块之后，关键就是抓住热点板块中的龙头股。这些龙头股一般是以较大的成交量和较高的换手率为特征的。一般而言，龙头股在众多上市公司中占据主导地位，它的上涨可以带动大多数同板块的其他企业上涨，甚至整个板块的涨势。在这个增长过程中，这类股票不断吸引其他资金的注入。在外部资金注入的哄抬作用下，往往能够掀起一波幅度较大的趋势。

4.资金流向

个股的资金流向其主要指标特征是净资金流入、资金融入、资金融出和主力资金配置等。通过对资金流向的分析和监视，可以发现上市公司以及大的投资机构的投资动向，从而能够清晰地把握市场的趋势和变化。较有经验的投资者都明白一个道理，股市的上涨实际上是靠资金的积累推升上去的，没有大股资金的注入或者市场多数散户跟风的资金聚集，是不会造就大幅拉升的趋势走势的。因此，关注资金动向是选择优质股票较为直接的途径。

5.净资产回报率

作为净资产的回报率，就是公司的净利润除以净资产所得的数值。投资者的回报率反映的是股东投资回报的比率。这个比率越高，说明公司的收益相对于其投入而言更加可观，公司的效益也就更加优秀。因此，这类公司的抗波动能力就相对较强，体现在走势中就是其稳定性较强，一般不会出现大幅度的上下波动。这也使资产回报率成为了多数长线投资者最喜欢参考的指标之一。

6.市盈率

所谓市盈率，就是股票的价格与每股收益的比值，用以反映股票的估值水平。例如，我们可以使用市盈率来计算我们利用公司的盈利能够赚回本金所需要的时间。一般而言，市盈率较低时，说明以同等价格的股票可以获得相对较多的利润，此时的股价有较大的上涨空间。反之，当市盈率较高时，说明同等价格的股票期望能够获得的利润相对较低，此时投资者应该慎重买入。当然，依照市盈率的高低来选择股票，其前提条件是当前的市盈率能够得到公司长期业绩的支撑。另外，投资者还应该将市盈率与公司的其他基本面指标，例如净资产收益、收益增速、毛利润等指标结合起来共同参考，从而提升市盈率参考的有效性。

7. 技术指标

应用技术指标选股是技术派交易者的核心策略。使用技术指标进行选股的优势在于技术指标的客观性和直观性，但是多数技术指标也存在着处理漫长窄幅震荡走势时出现指向反复、指征不明确等弊端。我们所常用的技术指标，主要包括移动平均线（MA）、异同移动平均线（MACD）、随机指标（KDJ）、平均趋向指标（ADX）及其子指标DMI等。在我们常见的交易软件中所植入的200多套交易指标，都是世界各国的经济学大师、数学大师多年来智慧的精华。因此只要我们潜心研究，结合自己的交易特点和不同股票的走势特征，一定能够选择出符合自己预期、得心应手的技术指标。本书向大家介绍了几项用起来效果好的技术指标，大家可以结合自己的实际情况参考使用。

8. 超跌反弹

超跌反弹的选股方法主要针对那些跌幅已经较大或者连续跌停的个股。通常而言，连续跌停或者下跌已经超过45%~50%的个股，按斐波那契数列和黄金分割比为重点参考数据进行分析，往往会在这个幅度上产生一定的支撑，因此在这一价位上极易出现止跌企稳的迹象。对于大多数的庄家而言，这个地方也是低位吸筹建仓且有大资金注入、拉动快速上涨的阶段。对于散户交易者而言，这个位置上的个股还有一个较大的优点，就是在这个价位上的个股往往进场成本较低，依据系统所设立的止损位距离建仓价格比较近，因此潜在的亏损幅度也相对较小。

9. 突破形态

与突破走势相关的K线形态有多种。例如，我们最常用的经过长时间横盘震荡之后的突破形态（见图5-1）。

图5-1　对漫长横盘震荡的突破

突破暂时失败，经过小幅的反弹（或回撤）之后回踩趋势线，然后受趋势线的压力（或支撑）作用，拉起主跌浪（或主升浪）的突破形态（见图5-2）。

图5-2　多方受趋势线的压力作用对前期低点的突破

还有我们在实际看盘中最常见的三角形形态。我们把不断出现的高点相连和不断出现的低点相连，则构成三角形的两个边。如果整体的价格走势和K线排列顺序使三角形上边的高点保持水平排列，下边向右上方倾斜，则我们称之为上升三角形。反之，如果高点一点比一点低，低点大致水平排列，三角形的上底边向右下方倾斜，则称为下降三角形，多预示着后期走势主要以看空为主（见图5-3）。

图5-3 下降三角形的突破

另一个比较常见的突破形态是楔形形态。楔形形态实质上是三角形形态的一个变形，都是价格在受到上方压力线和下方支撑线的作用之后向某一方向进行收敛的形态特征。楔形形态的走势特征比较直观，K线走势的多个高点与高点之间的连线向右上方倾斜，低点与低点之间的连线同时也往右上方倾斜，则此时多预示着后期走势看多。此时的K线形态则称之为看多的楔形形态。反之，如果走势的多个高点之间的连线向右下方倾斜，同时每个低点比前期的低点都要低，使K线形态的两条边同时向右下方倾斜，则此时多指示后期看空的走势。这种形态，称为看跌的楔形形态（见图5-4）。

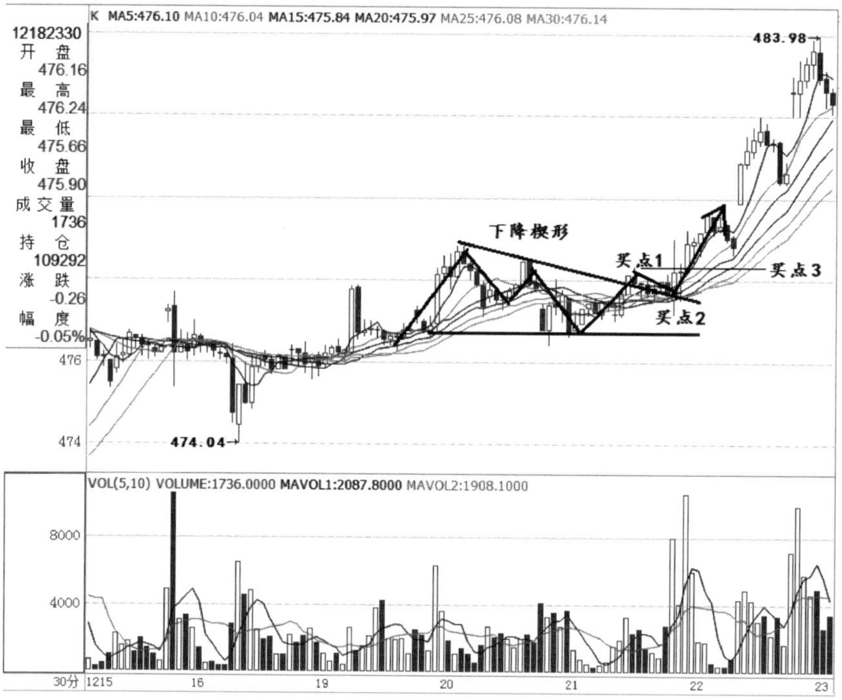

图5-4　下降楔形形态的突破

还有一种比较常见的突破形态是旗型结构，顾名思义，K线组合的总体排列特征类似于一面旗帜。当市场出现剧烈波动时，会形成单根或者少数几根K线急涨急跌的情形，此时构成旗杆的形态。紧接着市场由非理性的追涨杀跌过渡到多空双方长期对峙的横盘震荡阶段，此时则形成大致向上或者向下的旗型形态。旗型形态的突破点多出现于旗型形态结束后看多或看空的方向上，此时的预期突破幅度大致相当于突破点到达对称方向上旗杆的长度（见图5-5）。

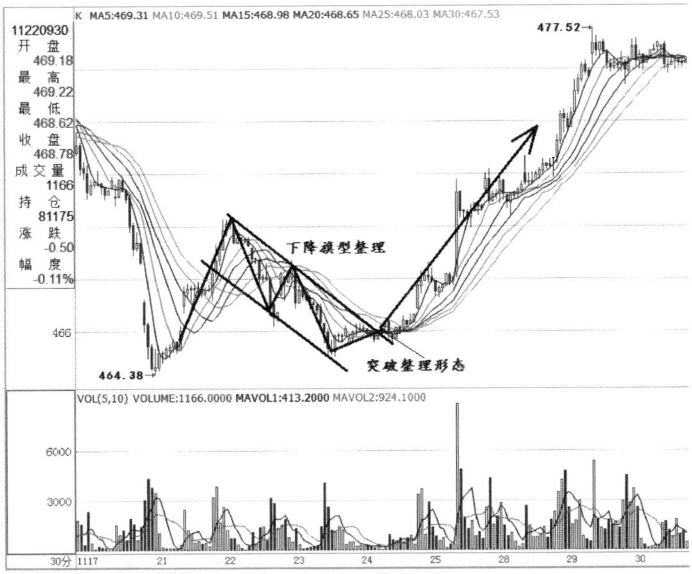

图5-5 下降旗型形态的突破

有了这些常用的组合形态，我们在看盘过程中具备了更加直观和易于操作的判断工具，这对于我们实盘操作中的选股具有重要的指导意义。

10.异动量涨停

这里所指的量是成交量。一般情况下，股价的大幅上涨一定有较大的成交量与之配合，往往在涨停后会出现几天的天量。一般情况下，天量出现之后，会出现急剧的缩量和股价的大幅回撤。如果在放出天量后股价不跌反涨，此时则说明主力有进一步拉高推升走势的企图。这一点在技术分析中也符合量价背离的走势特征。要说明的一点是，在短期内，量价关系的图形对比特征不明显，建议在参考价值较大的日线及以上周期中使用。因为在较短的时间周期内，量价波动相对较大，量价背离的特征出现频繁，其参考价值则相对较低。

11.成交量

成交量指的是在一定时间单位内的交易数量。它用以表明市场中资金的规模、金融产品的热度和市场的活跃度。一般来说，股价的上涨必然有与之相匹配的成交量进行推动。一只股票的成交量较大，说明这只股票引起了大多数金融市场参与者的关注，并且有大量资金的注入，才具有推升价格上涨的潜在动力。反之，如果一只股票在一段时间内的成交量较小，则说明该股票走势低迷，关注该股票的交易者相对较少，股票在短时间内大幅拉升的可能性相对较小。我们在选股时要关注交易量，重点是大幅放量后股价没有与其匹配同步上涨或者上涨幅度较小的个股，这类个股的这一量价特征很可能是由于庄家在底部吸筹伺机等待大幅拉升（见图5-6）。

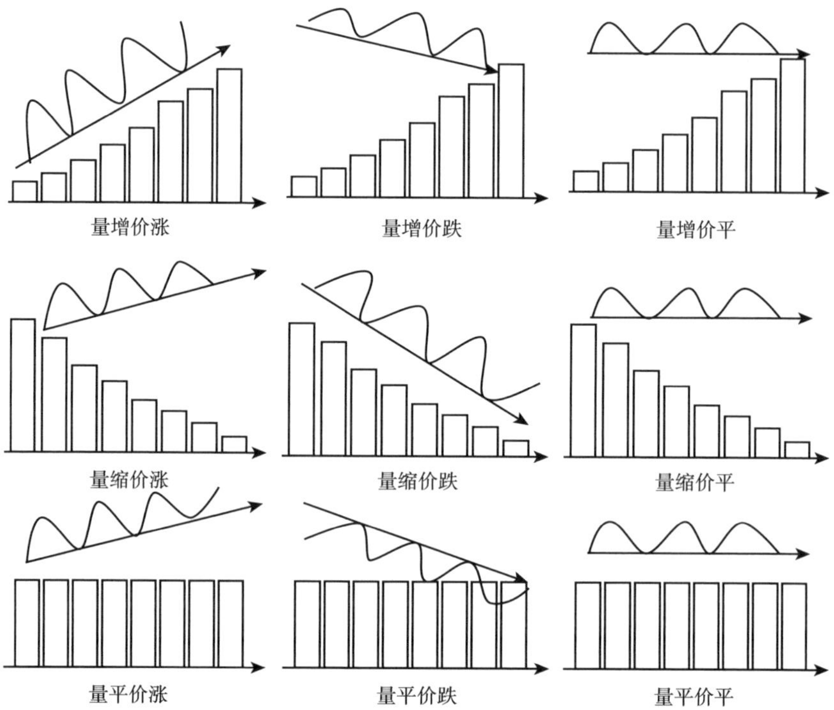

图5-6　常见的几类量价关系

12. 均线形态

移动平均线（Moving Average），简称MA，是由美国著名的投资专家格兰威尔在20世纪中期提出的。移动平均线的实质是多日收盘价之和的平均数。由于均线指标计算的是多天价格的变动，而且其使用的参数都是前面已经实际发生的数据，因此使这一指标具有较大的稳定性和客观性。另外，由于采用的时间周期的长短不同，该指标在反映市场运行过程中对频繁出现的震荡具有一定的过滤作用。因此，均线指标及其形态可以用于对趋势进行追踪。由于均线指标计算方法简单、图形表达直观和易于与其他指标结合等优点，均线指标成为当今普遍使用的技术指标之一。使用均线形态的选股，可以使用均线及其组合所表现出来的形态特征或者均线与均线之间的相对位置关系来进行判定。例如，使用5日均线与30日均线之间的中期金叉对中短期趋势的判断，使用60日与250日之间的中长期金叉对中长期趋势的判断等，或者采用不同周期之间均线方向同步性的特征来预判走势是否顺畅，或者趋势可以延续的时间等。

如图5–7所示，在7月27日前后，5日均线上穿30日均线之后形成了多头方向的金叉。经过一段短暂的交易密集区震荡之后，其横盘震荡的底部未能再次破掉30日均线，从而最终在横盘震荡的多头方向上完成突破，确立了一段较为可观的多头趋势。

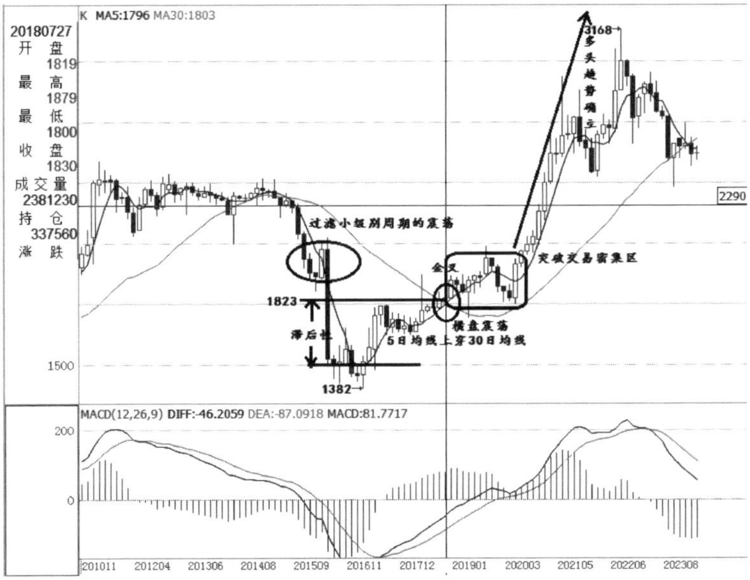

图5–7　使用高级别周期与低级别周期均线的同步性对走势的预判

应该注意的是，凡事都有两面性，均线的计算方法决定了均线所采用的参数都是市场已经明确形成的数据，换句话说，该指标具有一定的滞后性。而且使用的参考周期越大，该指标的滞后性就越明显。如图5-7所示，左侧5日均线下穿30日均线所构成死叉，在其下拉过程中对中途所产生的更小级别周期的震荡产生了一定的过滤作用。但是随着下跌走势的继续延伸，当走势在7月27日前后再次形成金叉时，前期的5日均线已经完成了由前期低点1 382点到后期1 823点的大幅反弹。这一段由均线的计算方法所产生的走势反映点位上的差距，就是均线系统所表现出来的滞后性。采用的均线系统级别越高，其过滤小级别周期频繁震荡的能力越强。与之相伴随的是其在时间和空间上的滞后性越明显。这一点在均线系统具体的使用过程中应该充分地理解和加以注意。另外，有经验的交易者可以使用其他技术指标或者图形特征来中和均线系统的这一缺陷。

13.热点行业及其龙头股

在行业的选择中，我们重点选择与国际国内局势相吻合、与国家经济政策、政治导向和市场环境相匹配的热点行业。在这些热点行业中，起到领导作用的个股，我们将之作为龙头股。选择热点行业中的龙头股，是一种降低选股风险的方法。一般而言，这类股票在走势低迷的时候抗跌能力较强，当市场出现复苏或者止跌反弹时，往往增幅也快于其他个股。因此这种个股往往能够引领其他股票的上涨。这种股票我们可以通过价格变动幅度的相对强度来测定，如果在市场低迷的环境中，在相同时间内股价变动幅度较大且市场放出大量予以配合，则此类个股应该加以关注。

14.基本面

金融交易中的基本面一般包括宏观经济因素、行业发展因素以及公司自身状况等几个层面。毋庸置疑，从事金融交易活动，最终的绩效必然会受国家经济政策、政治政策、财政政策、货币政策等宏观经济政策的影响。经济周期不可避免地存在着繁荣、衰退、萧条、复苏等几个阶段的循环往复。这些看似遥远的影响因素，却无时无刻不对我们的交易绩效起着决定性的作用。另外，我们所选择的金融产品一定隶属于不同的板块、不同的行业，有着不同的经营性质。每一个行业都有其发展初期、成长、成熟到衰退这样一个生长过程。尤其是长线投资，更应该注重行业成长这一影响因素。具体到所选个股的公司层面，则应该更多地注重公司的经营业绩、财务状况、市盈率、公司发展前景、盈亏比、市值大小，甚至公司的管理情况和风险处置能力等。这些可以在每年公司所披露的财务报表以及每年公司的发展规划中得到体现。应该注意的是，基本面分析法只能对个股的选择和走势的判断提供一个宏观上的、大方向上的辅助判断，而无法决定走势的细节，更无法依此而判断进出点。这一点必须十分明确。一般而言，宏观经济政策、行业趋势、公司发展前景这些因素只对长线个股的走势起到一定的作用和影响。对于短线交易者来说，基本面的判断准确率则相对较低。总之，基本面必须与相应的技术指标相结合，通过基本面来判断总体的长线走势方向，然后通过技术手段来判断具体的进出点位，从而提高交易操作的准确率。

15. 事件驱动

由于散户交易者更关注上市公司的基本情况和经营动向。因此，事件驱动的策略重点在于关注上市公司最近正在发生或者将要发生的重大事件或者重大转变。这些重大转变往往能够给上市公司带来根本的改变或者提供更具广阔市场前景的投资机遇。

事件驱动的题材主要包括以下几点。

（1）股票回购。股票回购是由上市公司按照一定程序收回在外流通的本公司股票的行为。通过这一操作，公司将改变自身的资本结构，另外可以通过调整股票的供应量来实现股票的价值回归。同时，股票回购也是公司派发红利的一个替代手段。

（2）定向增发。所谓定向增发，是指上市公司经过一定的持仓条件审核，向部分特定的投资者发行股份的一种市场行为。这种定向增发是非公开发行的，主要包括两种形式：一种是外部投资人向成为上市公司的股东进行的增发；另一种是自身通过定向增发进行融资，当融资规模到达一定程度之后并购他人、扩大自身生产规模的方式。定向增发对于实现上市公司无论是在财务上还是在经营上的自主独立都具有重要作用。由于定向增发可以改变企业的控股比例，从而使定向增发的企业可以加强对其下属子公司的控制。此外，一些规模较大的龙头公司可以通过定向增发等手段来扩大自身的影响力，进行新一轮的并购和规模扩大。

（3）资本结构调整。资本结构调整是指企业为了提高财务效率，改善资金流动，改善负债结构来对财务结构进行调整，以确保企业能够更加平稳地发展。其主要目标是调整股本与债务之间的比例关系，同时也是财务指标的重要参考因素。资本结构调整是一个比较复杂的金融举措，主要是通过发行新证券重新融资或通过私人交易来调整资本结构等方式进行。

（4）财务危机。当现金流不足以补偿现有的债务时，企业就会出现财务危机。当企业出现财务危机时，企业为了摆脱财务困境，会采取一系列的改善活动，从而使股价迎来阶段性的上升机遇。一般企业可以通过出售主要资产、减少资本支出、与其他企业合并重组、发行新股等方式渡过难关，摆脱困境。

（5）企业并购重组。企业的并购重组是两个或者两个以上公司进行合并或重建为一个新公司的过程，是企业为了获得控制权所进行的产权交易活动。企业的并购重组在一定程度上可以剥离不良资产，为企业的发展注入优良资产。大部分的并购重组企业受到前期亏损的影响，股价一般较低，由企业并购重组之后所带来的基本面的向好会使股价短期内具有大幅上涨的可能。当然，企业的并购重组并非一定能够取得成功，交易者应该结合更多与企业相关的参考数据和内部信息来综合评估上市公司的未来走向。

总之，无论采取哪种或哪几种方式进行选股，都不要盲目跟风，要在自己对金融知识有相对醇熟的掌握之后，稳住心态，冷静思考，使每次的选择都有理有据，才能够最终选择最有质量的个股或者产品进行介入。最后应该注意的是，当我们通过不同的标准和着眼角度筛选出自己满意的个股之后，一定要把握好最佳的进场时机。从单纯庄家做盘的技术分析角度而言，拉升的过程主要分为准备阶段、建仓阶段、横盘整理、初步拉升、洗盘调整、大幅拉升、出货砸盘等几个阶段。在最初的庄家吸筹建仓阶段，一般介入时相对安全，但是此阶段涨升的速度较慢，因此需要较多的时间成本。中段、高段的交易者往往会等待主力在底部吸筹完毕之后，经过充分的震荡洗盘，放量拉升时再进入。此时应该充分结合均线系统、成交量、突破形态和走势阶段几个要素综合判断。

二、期货

（一）概念

期货是指能够在未来以实物进行交割，并且包含部分金融工具的电子合约。通过期货交易，买卖双方可以根据双方签订的合约，在指定的时间以约定的价格交割约定数量的现货。因此，它是一种可以跨越时间的金融交易方式。应该注意的是，期货投资所交易的标的物，可以是某种大宗商品，例如，原油，黄金，农产品；也可以是一定的金融工具，例如，商业票据、存款凭证、股票、债券等。可见，期货属于金融衍生品中的一种。

（二）特征

1. 电子合约的标准化

期货合约中的条款，例如，商品的种类、数量、保证金占比、交割时间、交割地点以及交割方式等都是事先约定好的，这就为电子合约的流通和封闭完整的交易过程提供了极大的便利。

2.交易参与方的集中化与权威化

期货交易只能限定在期货交易所进行，而场外的其他参与方必须委托经纪公司进行交易，收市后的所有结算都必须通过期货交易所进行。由期货交易所为各方交易者提供担保，因此期货交易中的履约风险相对较小。期货交易所的权威性给予交易双方的参与资金和合约履行提供了巨大的保障。

3.保证金制度

期货交易与股票交易不同，不需要根据购入数量的全部价值投入资本，而是只需要按照合约价值的一定比例来缴纳5%~20%的担保金即可。这一担保金就是期货交易的保证金，保证金制度的执行极大地降低了期货参与者的入市门槛，减轻了市场参与者的资金压力。但交易者也应该清晰地认识到，保证金交易制度的执行在一方面放大了一笔资金可以获得的潜在收益的同时，也放大了每一笔电子合约所承担的风险，使期货交易具有了高风险、高收益的特点。

4.风险具的可控性

首先，由于期货交易具有高风险性的特点，使监管部门不断完善和健全市场监管制度，对期货市场的风险进行了科学有效的管控。从期货这一金融衍生品的本身来讲，期货自身的风险主要来自它的保证金制度所产生的杠杆效应对于风险的放大。其次，来自期货合约的金融账户中保证金亏蚀完毕并且交易者未在规定时间内继续追加保证金的情形，交易所和经纪公司有权对客户所持的仓位进行强平，从而对客户可能产生进一步亏损所导致的金融风险的扩大进行有效的管控。最后，从专业的技术分析角度来看，尤其是对于中高段的期货交易者而言，他们深刻地明白期货交易中的风险更多来自交易者自身，而非外部市场。经验丰富的期货交易者久经沙场，可以通过对历史资料的统计和对市场走势变化的研究，总结出市场运行的自身规律，并针对市场走势在不同阶段所体现出来的特征设计对应的交易系统，从而规避市场走势可能产生的各种风险。这也是我们在本书中阐述的重点以及我将交易系统的设计过程和智慧成果分享给大家的初衷。

（三）发展过程

期货市场的萌芽是在欧洲。早在古罗马时期，就出现过大宗商品交易场所，例如，罗马的议会大厦广场就曾是用来进行大宗商品交易的中心交易场所。最开始他们只是通过口头进行承诺，约定在一定时间内交付一定数量的商品。随着市场经济的不断发展和交易规模的不断扩大，口头交易逐渐演变为合同契约交易。随着契约交易的普遍形成，中间衍生出了担保人制度，从而确保双方能够按照约定进行履约。12世纪中期，随着英法等国家市场经济的不断繁荣，商品交易也不断被规范化，进而出现了直接进行交易合同买卖的交易方式。

1517年，世界上第一家集中交易的商品市场在英国伦敦成立，这就是伦敦国际金融期货交易所的前身。真正现代意义上的期货交易所是19世纪三四十年代在美国产生的，以芝加哥期货交易所的成立为标志。最初芝加哥交易所是为了化解和平衡美国东西部由于粮食产销季节不对应、交通运输条件不方便和粮食自身的季节性供求不平衡等问题而设立的。在1865年芝加哥商品交易所推出了保证金制度，这是具有划时代意义的制度创新。在之后近百年的发展历程中，芝加哥交易所开始进行肉类、谷物和其他农产品的大宗商品交易。到1970年前后，芝加哥商品交易所已经成为世界上最大的期货交易中心，其交易品种包含黄油、土豆、苹果、鸡蛋、活牛、奶酪等众多商品。随着期货交易的不断发展和完善，期货交易品种大致经历了由商品到金融产品的不断扩大。期货交易的对象从谷物、小麦、玉米、黄豆、可可、糖类到贵金属中的黄金、白银，再到能源中的原油、燃料油。20世纪后期出现了如股指、外汇、利率等的金融期货，直到20世纪80年代产生了期权合约，使期货类产品在活跃市场经济、规避市场风险方面发挥着越来越重要的作用。

（四）种类

目前，我国主要有上海期货交易所、大连商品交易所、郑州商品交易所和中国金融期货交易所4个期货交易市场。不同的期货市场所交易的品种类型也不相同，上海期货交易所成立于1990年，是中国第一家期货商品交易所，其上市合约量在全国四家交易所中排名最前。上海期货交易所主要负责金属建材和部分贵金属等品种的交易。主要交易品种有铜、锌、铝、橡胶、线材、螺纹钢、燃料油、热卷、沥青、黄金、白银、镍、锡等。

大连商品交易所成立于1993年，是中国东北地区唯一的期货交易所。大连商品交易所主要交易农产品、基础燃料和工业原材料等。其交易的品种主要包括大豆、豆粕、豆油、聚乙烯、聚氯乙烯、棕榈油、玉米、玉米淀粉、焦炭、焦煤、铁矿石、纤维版、聚丙烯、鸡蛋、胶合板、乙二醇等。

郑州商品交易所成立于1990年，是国务院批准的首家期货试点单位，由中国证监会监督管理。郑州商品交易所交易的品种主要包括：棉花、棉纱、强麦、普麦、苹果、白糖、油菜籽、菜籽油、PTA、玻璃、甲醇、锰硅、硅铁、动力煤等。中国金融期货交易所是由中国证监会批准，经国务院同意，于2006年在上海成立的我国大陆首家金融衍生品交易所。主要从事股指期货、国债期货等金融衍生品交易的交易场所，它是我国深化经济体制改革，完善市场资本体系，维护正常的金融市场秩序的必然产物。其经营的主要产品包括：沪深300、中证500、上证50、两年期国债、五年期国债、十年期国债、澳元兑美元（仿真）、欧元兑美元（仿真）期货等（见图5-8）。

上海期货交易所	螺纹	合成橡胶	**郑州商品交易所**	玻璃	苹果
沪铜	线材	上海期权	普麦	菜籽	红枣
沪铝	热卷	上期综合业务	强麦	菜粕	尿素
沪锌	燃油		白糖	动力煤	纯碱
沪铅	沥青		棉花	粳稻	短纤
沪镍	橡胶		*PTA*（精对苯二甲酸）	晚籼	花生
沪锡	纸浆		菜油	硅铁	对二甲苯
黄金	不锈钢		早籼	锰硅	烧碱
白银	氧化铝		甲醇	棉纱	郑州套利

大连商品交易所	焦炭	粳米	**中国金融期货交易所**
豆一	焦煤	苯乙烯	股指期货
豆二	铁矿石	液化石油气	国债期货
玉米	鸡蛋	生猪	国债期转现
豆粕	纤维板	大连套利	中金所股指期权
豆油	胶合板	大连期权	
棕榈油	PP（聚丙烯）	大商指数	
塑料（线型低密度聚乙烯）	玉米淀粉	PVC（聚氯乙烯）	

图5-8　中国四大期货交易所交易品种列表图

（五）市场结构

期货市场的主体结构由以下几个单元构成。

1.期货经纪公司

期货经纪公司是依法设立并且接受客户委托，按照客户的意图和指令进行交易，并从中收取一定手续费的中介机构。

2.期货投资者

期货投资者是指同意并且严格遵守期货交易的相关法律法规，并按照期货市场的相关规定进行合法交易的市场参与人员。

3.期货交易所

期货交易所是经国务院同意，证监会批准成立的买卖期货合约的交易场所，也是期货交易活动的主体和核心。

4.期货结算机构

期货结算机构是为期货交易提供交易结算、交割、保证金管理、结算风险控制的独立机构。结算机构对参与交易的会员进行分级管理、分级结算，是确保期货交易体系正常运转的重要环节。

5.监管部门

期货市场的监管部门是指由国家进行指定和成立的，对期货市场起到监督和管理作用的单位。我国主要由证监会及其下属监管机构对期货市场进行统一管理，而期货公司的注册登记工作则由国家市场监督管理总局来负责。

6.其他服务机构

例如，交割仓库、保证金缓存银行、信息咨询机构等。这些服务机构用以确保期货交易得以顺利进行，是确保交易资金安全到位和商品交易最终能够顺利进入到交割阶段的重要保障。

（六）基本制度

1.会员制度

由于期货市场的杠杆效应使期货交易具有较高的潜在收益率，从而使期货市场对于投资大众具有很强的诱惑力，但是期货市场毕竟是一个专业性很强的市场，这就要求期货市场的参与者必须具备一定的专业知识、经济实力和模拟或实盘的操作经验。因此，期货市场的进入采取会员制，在一定程度上优化了期货市场参与者的总体构成，从而保证整个期货交易行业运行的稳定性和安全性（见表5-1）。

表5-1　　中国四大交易所期货合约交易时间表

交易所	日盘	夜盘
上海期货交易所（含国际能源交易中心）	9：00—10：15 10：30—11：30 13：30—15：00 所有合约	橡胶、螺纹、热卷、沥青、燃油、纸浆：21：00—23：00 铜、铝、铅、锌、镍、锡：21：00—1：00 黄金、白银、原油：21：00—2：30
郑州商品交易所	9：00—10：15 10：30—11：30 13：30—15：00 所有合约	棉花、白糖、菜粕、菜油、甲醇、PTA、玻璃、动力煤：21：00—23：30

续表

交易所	日盘	夜盘
大连商品交易所	9：00—10：15 10：30—11：30 13：30—15：00 所有合约	棕榈油、豆油、豆粕、豆一、豆二、焦炭、焦煤、铁矿石：21：00—23：30
中金所	股指： 9：30—11：30 13：00—15：00 国债： 9：15—11：30 13：00—15：15	暂无夜盘

2.保证金制度

保证金制度是期货这种金融产品区别于股票的主要特征。在交易者从事期货投资时，买卖双方必须根据计划合约的价值交纳一定比例的保证金。一方面，保证金是商品最终能够顺利结算和交割的重要保障。另一方面，商品交易所可以根据市场情况对保证金比例做出调整，从而实现对市场的实时调控。例如，期货合约在上市的不同阶段可以收取不同的保证金比例，如果某一产品合约的总持仓量较大，为防止市场出现盲目的跟风投资，交易所将提高部分产品的保证金比例。此外，当期货合约连续多个交易日累计涨幅超过一定限度时，交易所可以根据市场运行情况调整保证金比例等。可见，交易所可以通过对保证金比例的调整来直接对市场进行调控。

3.涨跌停制度

期货的涨跌停制度规定在同一交易日中，以上一交易日的结算价为基准，规定当日的报价不能高于或者低于上一交易日结算价的一定涨跌幅度，超出这一范围的报价将不能成交。涨跌停制度可以使用百分比或固定数量的价格作为界限，如上海证券交易所的多数金属产品，涨跌幅为上一交易日价格的百分比。郑州商品交易所的绿豆合约则以上一日的结算价为基准进行比较，规定上下浮动超过1 200元/吨即作为涨跌停板，超出这一幅度的报价则不再成交。

期货的涨跌停制度对于稳定市场秩序，保证期货市场顺利运行，以及应对由于市场过热或者普遍市场情绪消极所引起的极端情形都具有重要作用。

4.双向交易制度

期货的双向交易制度是指在从事期货交易的过程中，资金持有者既可以在看多的走势中买入合约，也可以在看空的走势中卖出合约，这一点也是期货不同于股票交易最大的不同。在我国，股票只可以做多，进行单边交易。在期货产品的持仓操作中，交易者可以通过看多做空来完成平仓操作，或者是在空仓中通过做多来完成平仓操作。这样在投资者参与期货操作的过程中，可以针对不同的品种根据对其走势的研判做多或者做空，从而增加了盈利的可能性。期货的这一特点给参与者进出市场提供了极大的便利，而且由于进出灵活，主力品种的交投一般较为活跃，除特殊情形下的涨跌停限制外，其他情况下主力合约的报单相对易于成交，使参与者的资金利用率更加高效，参与者可以根据自己的判断对所持资金进行更加合理的配置和使用。

但是，参与者也应该清楚地认识到，期货投资中的双向交易在增加了盈利机会的同时，也增加了多空双方频繁进出、频繁交易的风险，使参与者极易形成盲目进出、频繁操作的陋习。这也成为了散户交易者多数亏损产生的三大原因之一（频繁交易、重仓、追涨杀跌）。尤其是在漫长的窄幅震荡过程中极易造成频繁操作，这个阶段是绝大多数交易者的痛点。在这一区间，初段、中段交易者往往会频繁进出，最终导致双向亏损。尤其对于投入资金量较小的交易者伤害极大，因为经过频繁的窄幅震荡所造成的连续亏损之后，当真正具有一定幅度的趋势酝酿形成时，资金量较小的交易者此时已经被漫长的窄幅震荡折磨得体无完肤，由于交易者的资金已经亏蚀殆尽，就只能望着期盼已久的大幅趋势望洋兴叹。因此，期货的双向交易制度并非对交易者的一种放纵，交易者应该充分地认识和深刻的理解这一制度，对其进行科学合理的运用，在规避其可能带来的频繁操作风险的同时，提高盈利比率，放大收益。

5. 强平制度

强平制度是指在期货市场执行保证金制度的前提下，若交易者在规定时间内未能将保证金追加到位，那么期货服务公司有权对交易者的持仓进行强制平仓，从而规避市场风险，避免由于期货参与者的违约而造成的市场震荡。一般情况下，除了少数震荡十分剧烈的极端情形外，交易者只要按照规则进出，科学合理地控制仓位，并且时刻紧绷止损这条红线，一般可以较好地避免强平这种情况的出现。可见，在交易过程中，科学合理的投资策略和完善的交易计划对于保障交易的顺利进行具有十分重要的作用。

（七）品种选择

1. 选择流动性较强、成交量较大的品种

期货品种的选择，首先要选择流动性较强、成交量较大的品种，因为这是买卖合约发出之后能够及时成交、保障市场流动性的前提。尤其是刚刚进入市场的新手，一定要优先选择每个交易时段的主力合约，从而避免出现有市无价的尴尬情形。

2. 选择自己比较熟悉的品种

正如在股票中，你所选择的行业多数都与你的经历、爱好、风险偏好或者专业息息相关。同样道理，在期货的选择中，如果你对于某一品种或者与这一品种相关的行业具有深刻的了解或者丰富的经验，无论是在品种选择过程中还是在市场信息的处理、市场趋势的把握，以及该产品影响因素的权衡方面，你都会有更加客观准确的判断。另外，在期货的选择方面也会受到个人兴趣的影响。例如，你对金银等贵金属产品有兴趣，或者本身正在做黄金和白银等产品的投资，或者做黄金首饰之类收藏品的收藏，那么你在操作黄金、白银等贵金属的时候就会投入更多的精力和兴趣，这一点也在一定程度上影响着你的操作绩效。如果深入地研究与你的职业或是喜好息息相关的行业或者产品，你就能够比别人更容易切入和熟悉这一类产品，相比对于某一品种或者行业知之甚少的散户交易者而言，你更容易上手，在市场分析和判断等方面也会容易得多。

3.选择波动较小的品种

建议新手入市时首先选择波动较小的品种。相信凡是具有一定交易经验的交易者，都曾经深刻地体会过巨大的浮盈被突然吞噬掉的痛苦，这是市场的大幅震荡产生的必然结果。大幅的震荡对于中高段交易者而言是重要的获利机遇，但对于初段交易者和新手则是极易出现大亏的阶段。因此，新手交易者在入市的时候可以遵循循序渐进的总体策略，首先选择波动幅度较小，震荡较不频繁的合约。当经过一定时间的模拟训练之后，在自己的持仓经验和交易水平不断提高的过程中，逐步尝试波动幅度较大的品种。在后面的分析中，我们将会意识到这个转变的核心在于如何控制亏损。当你真正能够深入理解止损操作的意义和决定性作用之后，就会发现，真正有幅度的震荡恰恰为你提供了获得较大收益的机遇和可能。

4.选择保证金较少的品种

相对于其他行业而言，金融交易行业的操作最简易方便，尤其是随着电子交易的盛行，交易者能够在最狭小的交易空间中，以最便捷的方式操作世界各地的多种金融产品。期货这类金融产品所需要的资金投入是相对较大的，尽管它存在着6%~20%的保证金制度，但是由于每支合约的单位产品数量较大，使总体下来每支合约的保证金金额依然较多，对于资金量有限的初级交易者，建议首先选择保证金在5万元以下的产品（见表5-2）。

表5-2　　部分期货产品的保证金试算表（样表）

期货品种	开仓手续费	平今手续费	保证金比例（%）	保证金（元）
沪深300	万0.23（31元）	万3.45（472元）	10	135 000
上证50	万0.23（22元）	万3.45（333元）	10	96 000
中证500	万0.23（28元）	万3.45（428元）	12	146 400
国债2年	3元	免费	0.5	10 000
国债5年	3元	免费	1	12 000
国债10年	3元	免费	2	20 000
黄金	10元	免费	8	32 000
白银	万0.5（3.7元）	万1（7.4元）	10	7 500
铜	万0.5（12.6元）	免费	10	25 465
铝	3元	免费	10	7 050
锌	3元	免费	10	9 600
铅	万0.4（2.9元）	免费	10	7 500
镍	1元	免费	10	11 170
锡	3元	免费	10	14 550
螺纹钢	万1（3.5元）	万1（3.5元）	8	2 800
铁矿石	万1（7.7元）	万1（7.7元）	11	8 800
热轧卷板	万1（3.7元）	万1（3.7元）	8	2 880
不锈钢	2元	免费	8	5 640
硅铁	3元	3元	7	1 995

当然，不同交易市场的不同产品，他们的保证金金额也会随着产品价格的波动发生变化，但总体而言一定要控制所持仓位的保证金金额，从而规避由于资金投入量过大而导致的风险放大。无论怎样，初段、中段交易者一定要树立一个正确的观念，即多看少动，大赚小赔。通过不断地对市场进行观察分析，制定合理高效的交易规则，遵循市场运行的基本规律，提高操作的胜算才是王道。

5.借鉴选股策略

交易者可以借鉴股票投资中选股的操作方法，例如，选择成交量较大的品种。因为一般情况下成交量较大则说明该市场流动性较好，并且长期来看有更多的主力和资金投入，有更多的交易机构进行关注，而且这类品种更加适合做长线。另外，也可以借助股票选择中的趋势线、波浪线、均线系统等技术指标进行选择。

应该注意的是，无论是根据自己所熟悉的品种、市场的活跃程度，还是根据自己的资金投入量，亦或是根据各种技术指标进行选择，有一个总的前提是一定要通过科学合理的止损设置来控制所选品种可能出现的亏损，只有在亏损可控的前提下才能够展开其他一切操作，这是金融交易的根本，也是金融交易的生命线。另外，选出符合自己交易思路的期货产品后，不建议将全部资金投入同一品种中进行操作。业内对于通过多个品种分散风险的操作方法有两种见解：一种是不要把所有鸡蛋都放到同一个篮子里，如果一旦出现风险，则交易者往往血本无归。还有一种说法是，可以将所有鸡蛋都放在同一个篮子里面，但一定要细心看管好它，即做好止损。对于初段、中段交易者，建议通过多个品种的持仓方式来分散风险，为自己的持仓提供更多的盈利可能，通过盈亏间的互补来规避大幅亏损对于交易账户的破坏性。对于高段位的交易者而言，多数情况下，交易大师往往只持有为数不多的几个品种，因为他们对这些品种的品种特性、自己的交易风格、市场走势的特点已经了如指掌。在对市场可能出现的任何走势都胸有成竹的前提下，他们只要做好寥寥几个精选出来的品种就可以收益不菲。

此外，在期货品种的选择过程中，一定要规避一些经过实际分析或是模拟操作验证后不适合自己的操作风格、不适合自己的交易计划甚至是不符合自己交易系统的交易产品。例如，经过一段时间的充分模拟之后，如果发现在操作鸡蛋合约时几乎从未挣到过钱，那么很有可能鸡蛋合约的走势特征、运行规律和宏观面上的产品影响因素都不符合你的交易思路和交易系统，那么这类产品应该果断从自选列表中摒弃掉，你与鸡蛋合约无缘。同样道理，如果经过充分的模拟、实操或者长期的推理验证，我们的系统适用于某一产品或者某几个产品，那么我们就可以大胆地放开去做这类产品，甚至与其密切相关的替代品都可以参与。例如，豆粕和豆油具有一定的相关性，它们的走势在一定阶段内也会呈现正相关或者反相关的技术特征。因此如果我们的交易系统符合豆类品种的走势特征，或者这类品种的走势与我们善于做波段或者善于做长线趋势的交易性格相契合，那么可以重点切入这一品种。简而言之，适合自己的交易品种就是最好的。就我个人而言，最初选择的是农产品中的玉米、菜籽油，工业制成品中的螺纹钢、玻璃，化工原材料中的甲醇、聚氯乙烯等，后来逐步扩展到黄金、白银、燃料油、焦煤、焦炭等贵金属和燃料类的大宗产品。

（八）使用资金

对于进入期货市场的新手而言，他们考虑更多的是投入资金的多少。首先，进行期货交易的投入资金主要包括保证金、结算费用、手续费、交割费用等。其中，所要缴纳的保证金金额与你所选择的品种有重要关系。不同的品种其单位报价、最小价格变动金额、保证金比例、合约时间长度都不相同。因此对于每一手不同产品而言，其保证金金额会相差很多。自己可以根据合约简介页面（多数交易软件中是在K线图页面点击F10进入产品详情页）中的合约价格、交易单位、保证金比例等项目，粗略计算交易某一品种大约需要的保证金金额。

从事期货交易所需要的资金量还与你所使用的交易系统、技术指标以及止损止盈的设置有关。例如，如果你的交易系统设置的止损空间相对较大，止损价格距离建仓价格较远，则持仓所需要的资金量往往较大。此外，你所参考的周期级别越高，应对窄幅震荡所需要的资金就越多，你所使用的资金量越大。在技术分析中，如果你使用的是价格与相关技术指标背离或者三重顶、三重底等K线形态的分析策略，往往需要较长时间的持仓才能够体现出具有指示意义的走势形态，此时所需要的资金量也较大。最后，市场行情所处的阶段以及其波动的频繁程度都会在一定程度上影响入市所需的资金量。例如，如果总体走势处在频繁的横盘震荡阶段，则持仓合约的震荡普遍较大，此时极易导致频繁的止损止盈操作，此时所需要的资金量就比较大；如果总体走势处在多数看多或者看空的趋势阶段，则此时相对较小的资金投入量就可以长期持有一定的仓位。

期货经纪公司所收取的相关费用则与期货经纪公司的入市制度、开户要求和手续费标准有关。应该注意的是，不同期货经纪公司所收取的交易费用是不同的，因此大家在开户时可以甄选出几个规模较大，在期货行业比较权威的经纪公司进行比较，选择其中费率相对较低的经纪公司进行开户。随着网络技术的不断发展，现在多数期货经纪公司可以进行网上开户申请，但是由于在网上无法直观准确地了解期货公司的规模、权威和可信度，因此依然建议大家到自己所中意的期货公司进行实地的探访和考察，从而确保自己的资金安全和顺利交易。

（九）操作方式

关于期货这种金融产品的交易方式，可以简单将其整个过程梳理为以下几个步骤。第一是品种的选择。前面已经有所介绍，我们重点选择成交量较大、备受关注的主力合约进行交易。第二是开仓。我们可以在充分参考基本面和消息面的基础上，把握大的行情方向，然后充分利用高级别周期、中级别周期和小级别周期的对应关系来建仓进场，具体操作是使用大级别周期反映基本面和消息面所推测出的总体趋势方向，在中等级别周期中则应使用相关的技术手段，如趋势线、通道线和黄金分割等来寻找高级别周期趋势方向上的压力位和支撑位。第三是在低级别周期中使用金叉、死叉、K线组合形态、背离、多指标共振等技术手段来研判具体的进场点位。当我们新建的仓位符合我们所研判的总体趋势方向时，我们可以在多方仓位回撤到上升幅度的45%~55%内，执行与大体趋势同方向上的加仓操作。反之，如果我们的建仓符合空仓方向上的总体趋势方向，我们可以在空仓反弹到下跌幅度的45%~55%时，执行与空头同方向上的加仓操作。

应该注意的是，这里所执行的加仓操作应该是有梯度的金字塔形的加仓，以避免具体仓位在组建过程中呈现出头重脚轻的错误仓位结构。最重要的一点是加仓操作一定是在所持仓位已经获利的前提下进行的加仓，如果当前仓位已经产生亏损，则应该尽快在既定的止损金额或者止损条件达成时止损离场，而不应该采取任何加仓操作。交易者切忌在有亏损的仓位上加仓来摊薄成本，否则会对仓位和交易账户造成毁灭性的打击。最后是止损、止盈离场的操作。就止损标准和止盈点位而言，我们可以将某一技术指征突破某一特定数值（或价格）水平作为止损点位，也可以规定，如果实际走势在建仓后的几根K线或几个小时之内尚未证明自己的方向判断是正确的，则果断离场。这里的止损操作与交易者的交易风格、风险偏好和不同品种的走势特征息息相关。同样道理，止盈点位也可以设置在持仓已有盈利已经达到某一特定金额或者依照技术指标出现某种技术特征时执行止盈操作。但是应该注意的是，如果实际走势证实自己总体趋势的方向判断是正确的，则建议持仓策略以长持为主，不要轻易被频繁出现的震荡调整清洗出场。

（十）关于浮动止损

1.浮动止损的概念

浮动止损，也被称为跟踪止损，是期货交易中一种常用的动态止损策略。它根据市场的实时走势和投资者所能承受的风险来动态地调整止损位置，从而减少潜在的亏损和保有一定的既得盈利，是一种可以灵活根据市场行情变化来进行自动调整的止损方法。

2.浮动止损的操作原理

浮动止损以交易者所设置的止损高度为底线，以设置浮动止损时的实时市场价格为基础进行浮动，当市场价格向着投资者有利的方向变动时，浮动止损设置会自动提高止损高度，从而减少亏损或锁定部分既得利润。反之，如果价格向交易者预期的反方向运行，则交易者预设的止损高度不变。当反向走势继续延伸，或者市场价格突然反转，直至触及浮动止损提升到的价位时，止损触发，系统将自动平仓，从而在一定程度上限制损失。

浮动止损多数用于趋势交易中。一方面，可以帮助交易者在市场有利的趋势走势中保有持仓，同时保护已经获得的收益。另一方面，尽可能地通过同步提升（多头仓位为例）止损高度来降低仓位潜在的转向风险。在使用过程中，交易者需要在经纪商的交易软件中设置浮动止损参数，主要包括初始的止损价位和价格同步正向移动时止损价位的调整幅度。

以多头仓位为例，如图5-9所示：假设交易者买入玻璃（FG2411），进场时的成交价为1 180，交易者在价格上涨20点，即最新价格为1 200时进行了止损和止盈设置，此时设置的止损价为1 150，浮动止损单位为10，止盈价格设置为1 350。在后期的价格走势中，如果市场的最新价格向着交易者最初预期的市场走势方向发展，即从1 200点上涨到1 210点时，由于此时的价格上涨幅度等于交易者所设置的浮动止损调整跨度，因此此时的止损价格也同步向多方调整10个点位，即从1 150点调整为1 160点。这样就能够尽可能地通过止损高度的同步提升为交易者减少亏损和保有更多的既得收益。反之，如果最新的价格变动并没有到达10个点，甚至市场价格走势与交易者预期的走势方向相反，则此时的止损价格保持不变。当价格经过一段时间的抬升之后，止损价格不断提升到1 250点的高度上，此时市场走势出现了大幅的转向，并在极短的时间内下跌至1 250点的止损高度，从而造成了该仓位的止损触发，系统自动平仓离场。

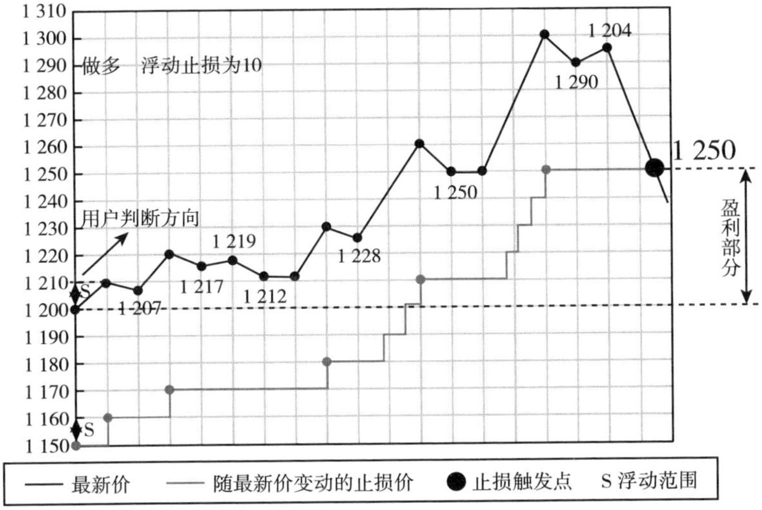

图5-9 浮动止损操作原理示意图

图片来源：博易大师交易平台。

3.使用浮动止损的注意事项

浮动止损是在期货交易中一种常用的风险管理工具。一方面，能够尽可能地减少转向走势所带来的潜在亏损的风险。另一方面，可以为交易者保有尽可能多的既得收益。在使用过程中，浮动止损的设置应该注意以下几点。

首先，止损高度的设置。在进行止损设置之前，投资者应该对市场进行深入透彻的分析，了解总体趋势的走向以及市场价格的波动情况和潜在风险，并且结合自己的风险承受能力和持仓目标来确定安全合理的止损高度。这一止损高度的设置是否合理，对于浮动止损是否能够充分发挥其对仓位的保护作用是至关重要的。一方面，如果该止损点位设置得过高，则极易造成连续的止损触发，导致频繁进出。另一方面，如果止损高度设置得过低，则潜在的风险敞口太大，当止损触发时会对交易账户造成较大的破坏。因此，在浮动止损设置之前对于市场走势的研判以及对于自己风险承受能力的评估应该尽可能客观准确。

其次，浮动止损主要是通过市场的实时价格向交易者预期的方向同向跳动时止损价格以一定跨度的单位同向调整来降低交易者的持仓风险，因此浮动止损主要以交易者设定特定的浮动单位参数以及市场的走向发生反转之后触发浮动止损来进行运作。浮动止损的浮动跨度如果过大，则不能够充分地起到跟随实时市场价格同步跳动的浮动作用。反之，如果浮动止损的跨度参数设置得过小，则由于止损价格跟随市场价格变动频繁，则极易造成提前触发和过早离场，从而较大可能错过后期再次拉起的趋势。当然，在合理的止损高度和浮动止损跨度设置的前提下，我们可以将止盈设置与浮动止损设置配合使用来增加交易者持仓的胜算。

最后，应该注意的是，随着市场走势的不断发展，根据盘面走势所处的不同阶段，我们应该及时对止损价位进行调整。以多头仓位为例，当后期的市场行情对交易者有利时，我们可以相应地降低之前所设置的止损高度，从而捕捉更大幅度的趋势走势。反之，当市场走势即将发生转向或者止损宽度对于交易者不利时，我们可以提升止损高度从而规避可能出现的大幅转向或突发反向跳空。

总之，浮动止损是期货交易中比较有特色，而且较为有效的风险管理工具，浮动止损的操作能够充分发挥对仓位保护作用的前提是合理的止损设置、合理的浮动宽度以及根据市场走势对止损高度做出的及时调整。交易者应该着重从这三大方面进行深入的研究和广泛的模拟，从而使浮动止损这一有利的金融工具能够充分起到控制账户风险和保护资金安全的重要作用。

第六章

分析方法面面观——关于基本面分析、技术面分析与消息面分析

一、基本面分析

（一）概念

所谓基本面，是指对于宏观经济、行业整体或整个公司基本情况的分析，例如，对宏观经济的运行状态，行业布局与产业结构，上市公司的基本情况、市场策略和公司报表的分析等。其中，公司层面的基本面分析与交易者的关系最为密切，它主要反映的是上市公司总体的经营业绩，从而为投资者预判一个公司后期的发展潜力提供依据。上市公司的基本面分析与其所对应的股票价格有着十分密切的关系。对于上市公司的基本面分析主要包括：市盈率、市场占有率、人才结构、财务状况、经营理念和市场管理体制等方面。

（二）特点

从基本面分析的概念我们可以看出，基本面着手对市场进行的分析属于对市场价格形成原因的分析。基本面分析将找出市场波动所产生的

原因和理由，通过对市场构成的各个环节进行细分来得到市场价格的形成原因和市场走势的影响因素。

基本面的分析属于定性分析的范畴。基本面的分析过程中，对于市场经济各个级别的构成要素产生变化时引起价格波动的判断，只是一个方向性的推论，而不会对这一变化所产生的影响进行具体的量化分析。例如，当政府工作报告指出失业率下降4个百分点时，基本面分析只能得出国民收入总体增加、社会福利性支出减少、整体社会环境向好等方向性的结论。但失业率的降低具体能够促进经济增长的百分比无法由基本面的分析给出。最后，由于基本面分析的侧重点更加注重对于国民经济影响因素总体上、全局上的分析和把握，因此基本面分析属于长期投资分析的范畴，使基本面的分析结果更加侧重于对总体趋势运行方向的判断。基本面的分析一般具有比较强的前瞻性，其评判结果对于长期投资和长线持有的金融产品具有重要的指示意义。相比于技术面分析，基本面分析的这一重大优势可以在很大程度上规避短期内市场所出现的频繁波动，从而为交易者提供良好的指向性判断依据。

（三）常用工具

基本面分析重点考察宏观经济、行业现状和上市公司具体指标3个层面。

1.宏观经济层面

（1）经济政策。宏观经济政策是经济发展的关键性因素，一般着眼于影响整个国家经济全局的相关因素，例如，货币的发行量、信贷规模、利率水平、财税政策、投资环境等诸多方面。宏观经济政策的调整会对整个经济的诸多方面产生影响，进而影响到金融产品的具体走势。

（2）政治和法律环境。投资者应该注重政府的政策法规、法律法规以及政治的稳定性等因素对于公司未来发展潜力评估方面的决定性作用。

例如，政府的行业政策、税收和进出口政策都会对上市公司的业绩和发展产生重要的影响，进而在一定程度上影响上市公司的股票价格。另外，例如，政治形势的改变、突发的政治事件、国家间关系的变化、重要领导人的变更等，都会对股价产生重大的影响。

（3）利率。在影响股票走势的众多因素中，利率相对比较敏感。当利率上升时，资金持有者更偏向于将资金存放在银行中，这样银行系统能够吸纳更多的资金，使用于市面流通的资金相对变少，进而引起用于生产的资金和生产资料减少，产品产量降低，从而使价格上升。反之，当利率下降时，资金的持有者更倾向于将资金投入市场中用于扩大生产，购入生产资料，同时产品的产量增加，进而引起价格降低。

（4）通货膨胀。通货膨胀因其严重程度不同以及经济所处阶段的不同，会对价格走势产生不同的影响。如果经济处于市场繁荣阶段，此时经济的扩张形势明确，通货膨胀率处在一个可以容忍的范围内。正常范围内的通货膨胀又在一定程度上促进了产业的增加，带动就业和促使股价抬升。随着通胀率的不断增加，通货膨胀会引起相对价格的变化，从而增加了企业对于未来生产经营安全方面的不确定性，对于商品价格产生一定影响。同时，由于通胀率的上升会在很大程度上影响投资者的市场预期和投资心理，从而间接影响上市公司的股票价格。如果通货膨胀率持续上升，形成比较严重的长期通货膨胀，就会使货币严重贬值，推动股票市场的泡沫成分加大，从而增加了市场经济的不确定性，导致市场经济的扭曲发展。此时，过高的通货膨胀率主要表现为对于正常经济走势的破坏作用。因此，世界各国都把通货膨胀率严格控制在合理的运行区间内作为重要的长期经济目标。

2. 基本面的行业分析

（1）市场环境。市场环境是行业分析首先应该考虑的主要基本面因素，它从总体上影响着金融产品的价格走势。例如，市场上聚集在某一行业中消费者的数量、人口结构、地域分布、人口素质等方面，都会从基本面的需求方面影响价格走势。同样道理，一个地区或者一个行业的物价水平、消费者的消费能力、货源供应链是否完整等因素在一定程度上影响着产品的供给。另外，技术因素对于行业的发展产生着日益深刻的影响。

（2）科技进步。科技进步在很大程度上推动着新产品和新的服务形态的出现，开发新的消费者需求，为市场带来全新的发展机会，从而推动企业销售额和利润的增长。科技进步也引起了产业结构的升级和产业布局的巨大变革。这些变化都在很大程度上影响着上市公司的投资方向和投资者的投资决策。

（3）行政政策。行政政策即国家或政府通过一定的经济手段或者政策规定对一个行业进行的管理和约束。国家出台的行政政策和法律法规对于保护消费者权益、维护市场稳定、避免行业间的不正当竞争和维护社会公共秩序、保持市场价格相对平稳等诸多方面都具有重要作用。

3.基本面对于公司层面的分析

基本面对于公司层面的分析相对更加细化，主要包括以下几个方面。

（1）公司规模。从公司规模角度对企业的划分是最直观，也是最常用的划分方法。例如，一个企业的占地面积、办公面积、企业员工数量等，在一定程度上彰显着一个企业的实力，同时也代表着该企业在这一行业中的行业影响力，从而直接影响投资者对于这一行业的投资信心，影响该上市公司的股票价格。

（2）股东情况。与上市公司的基本情况息息相关的是上市公司的股东情况，例如，股票持有人的结构构成、股东的出资额以及股东所承担的法律效力等方面，都会对投资者对于公司基本情况的判断起到重要的参考作用。尤其是股东方面的出资方式，例如，股东是以货币形式支付公司的启动费用以及运营费用，还是以设备、原材料、厂房或者零部件等实物的形式参与生产，亦或是以个人的知识产权等智力劳动成果来参与生产，都会在一定程度上影响资金持有者对于企业发展潜力和市场预期的判断，从而直接影响投资者的市场选择。

（3）盈利能力。一个公司的盈利能力是投资者对于一个上市公司所关注的最直接的判断依据。例如，可以从公司的主营业务内容、行业利润指标等方面来了解该公司是如何取得收入的，从其完整的产业链及其上下游的相关产业来判断一家公司在行业中所占据的位置，通过一家公司在这个行业中的总体利润水平和所处行业的景气程度来判断企业的市场前景等。这些对于企业盈利能力的判断与评估，又在很大程度上影响着投资者的市场预期和对一家上市公司的总体判断，从而直接影响投入资金的流向和上市公司的股票价格。

（4）运营能力。企业的运营能力属于会计学的指标范畴，是指通过计算相关企业的资金周转指标及其资产利用率，对企业经营者的管理水平以及资产运用能力进行的评估和分析。主要包括应收账款、企业存货、流动资产和总资产的周转率等指标。这些统计数据在一定程度上量化和揭示了一个企业总体的资金周转情况和运营情况，反映了一个企业对于经济资源进行统筹管理和运用的效率高低。一般而言，一个企业的资产周转速度越快、资金的流动性越高，那么该企业能够获取利润的速度就越快，该企业的偿债能力就越强，此时投资者对于该企业的市场预期就越好。

（5）管理水平。企业的管理水平是投资者决定资金投入方向的另一重要依据。一个企业管理水平的高低，会直接影响整个企业日后的运营和发展。一般情况下，投资者可以从以下几个方面对企业的管理水平做出评估。首先，管理水平高的企业往往其员工具有很强的专业素养、很高的企业归属感和责任感，而且这类企业总体上的员工人数相对稳定，表现为员工流失率相对较小。如果一个企业的管理水平较低，管理有缺陷，则往往会导致员工流失人数过多或在职时间较短，从而导致流失率升高。其次，一个企业管理水平的高低，也可以在企业的外部形象上很好地体现出来。管理水平较高的企业，往往客户口碑做得非常好，企业整体的对外形象是积极向上的，其投资者的未来预期是向好的。管理水平较低的企业，往往其客户口碑评价较差，在一定程度上反映了该企业的总体水平。此外，从企业业绩方面进行考察，一个优秀的企业其管理者往往能够带领团队创造出更好的业绩，能够创造出更多的社会价值，从而在本行业中获得较为有利的竞争优势。最后，从制度层面判断，一个管理优秀的企业，其规章制度往往严格符合该行业的发展需求，在制度上也表现出明显的人性化和体系化的特征。

（6）财务数据。一个上市公司的财务数据能够最直接、最客观地反映一个企业的总体水平。因此，基本面十分注重对一个企业财务报表和年度或半年度公司报告的分析。一般来讲，能够体现上市公司总体实力的常用财务数据有以下4点：

①资产负债率，又称为举债经营比率，是一个企业利用债权人所提供的资金从事经营活动的能力，也在一定程度上反映了债权人向社会发放贷款的安全程度。资产负债率由负债总额与资产总额的百分比得出，可以简单理解为一个企业其总资产中有多少是通过负债的方式来筹集的。该指标是反映公司总体负债水平的综合指标，对于资金持有人的资金投向具有重要的参考价值。

②每股收益，也称为每股盈利（EPS），是指上市公司发行的每只股票的税后利润与总股本的比率，也就是股东每持有一只上市公司的股票所能享受的企业的净利润或者所承担的企业的净损失，用以衡量一个企业的获利水平以及预估可能存在的市场风险。它可以直观地反映企业的经营成果，是投资者用来评估企业盈利能力，预测企业增长潜力，决定资金投向的重要财务指标。

③市盈率，即市场盈利比率的简称。在金融交易中所使用的市盈率的概念往往指静态市盈率，是比较不同价格的股票是否存在高估或者低估的重要判断指标。例如，当一家公司的股票其市盈率过高时，则说明该上市公司的股票已经被高估，此时极易形成股价的泡沫，导致该公司

的整体价值往往被高估。如果一个上市公司的市盈率相对较低，则此时该上市公司的股票有被低估的可能，此时资金持有者可能更倾向于这类价值被低估的股票，以期在后期企业的发展中获得红利。但应该注意的是，使用静态市盈率对企业未来发展方向和盈利能力的评估应该在同一行业中进行，因为在同一行业中运行的各个企业之间的每股收益比较接近。如果在不同行业之间评估，则其产品性质和功能都相差甚远，两者之间的市盈率没有可比性。

④现金流量表是财务数据的重要内容，也是财务报表中的3个基本报告之一，一般用来表达每个月或每个季度企业现金的增减变化。一般而言，一个企业的现金流应该与其净利润相匹配。对于一个管理成熟、经营得法的上市公司而言，其现金流往往高于其净利润。若出现现金流低于其净利润的情形，则往往说明应收账款或者产品存货有所增加。现金流量表往往体现的是企业短期内的生存能力，特别是企业短期内交付账单的能力。相比传统的损益表而言，一个企业现金的流入或者流出对于评估一个企业的盈利水平、财务状况、财务管理水平和市场发展前景都更加客观，也更加准确（见表6-1）。

表6-1　上市公司公布企业现金流出流量表（样表）

项目	2015年	2014年	2013年	2012年
购买商品、接受劳务支付的现金	12 997 942.48	9 523 183.23	12 865 695.28	8 732 365.23
支付给职工以及为职工支付的现金	504 630.00	513 263.27	347 269.57	290 887.69
支付的各项税费	2 504 007.11	2 304 018.68	2 121 391.65	1 808 156.77
支付其他与经营活动有关的现金	3 495 321.82	2 019 814.63	2 040 931.70	954 937.04
经营活动现金流出小计	19 501 901.41	14 360 279.80	17 375 288.20	11 786 346.74

续表

项目	2015年	2014年	2013年	2012年
购建固定资产、无形资产和其他长期资产所支付的现金	206 300.13	183 074.56	243 939.19	15 066.76
投资支付的现金	1 171 343.40	261 246.52	655 418.72	50 045.00
取得子公司及其他营业单位支付的现金净额	516 258.33	68 320.78	123 862.37	286 084.30
支付其他与投资活动有关的现金	565 412.86	517 049.61	—	12 100.00
投资活动产生的现金流出小计	2 459 314.72	1 029 691.47	1 023 220.28	363 296.06
归还投资支付的现金	202 466.27	319 938.11	—	—
偿还债务支付的现金	2 502 857.64	4 293 620.98	4 843 025.68	2 686 441.75
分配股利、利润或偿付利息支付的现金	1 318 100.74	1 099 721.87	875 548.82	731 853.02
其中：子公司支付给少数股东的股利、利润	242 440.36	34 639.55	65 534.19	183 074.56
筹资活动现金流出小计	4 023 424.65	5 713 280.96	5 718 574.50	565 412.86
现金流出合计	25 984 640.80	21 103 252.20	24 117 083.00	2 019 814.63

可见，通过基本面的分析，我们可以从与经济状况相关的财政政策、货币政策来判断经济的总体走势；通过某一行业的行业地位、品牌影响力来判断一个行业的发展潜力；还可以从微观层面来判断公司的市场价值，评估上市公司的经营水平、管理能力和发展前景。但应该注意的是，基本面对于经济走势的分析与预判只是方向性和总体上的判断，并不能准确地预测和分析具体的入场时机。另外，基本面所采用的分析数据多数来自政策报告或者上市公司所披露的公司文件，一旦出现信息滞后或统计样本偏颇，则基于这些数据的基本面分析将失去意义。因此，基本

面分析重点应用于大方向上的把握，必须有技术分析的辅佐和论证才更有实践意义。

二、技术面分析

（一）概念

技术面分析是以价格分析为核心，应用市场最本质的供求关系寻找能够反映市场变化规律的一种金融分析方法。常用于预测市场走势以及识别和捕捉具体的进出场机会。

（二）特点

技术分析作为金融交易者的核心工具，具有以下几个明显的特点。

1.以价格分析为核心

技术分析以价格分析为核心，多采用定量的量化指标，并结合成交量为平仓合约及内外盘和市场均价等丰富的盘口信息进行量化层面的判断。

2.分析结果更加直观和客观

技术分析往往将量化的数据与平面图形、图表相结合进行分析和判断，从而使技术分析法比基本面进行的分析更具有直观性和客观性的特点。

3.体现重要点位

技术分析由于采用的数据和样本资料是量化的，因此可以在一定程度上揭示和体现走势的转折、支撑和压力等重要点位。

4.灵活的交易周期选择

技术分析可以根据市场分析者不同的交易习惯，采用适合自己交易风格的周期级别。小到以分钟为界限的分时图，大到以月度、季度或年为单位的高级别周期，甚至交易者可以选择在任何时间尺度下进行操作。另外，技术分析法不仅适用于股票交易，也适用于商品期货、期权、外汇、股指、债券等众多金融产品及金融衍生品的交易。因此，技术分析法成为了金融交易者数据资料最易获得、分析方法最直观、分析结果最客观的核心分析方法。

（三）技术分析法的常用工具

1.量价关系

在交易平台丰富的盘口信息中，成交量是技术面分析中最常采用也是最重要的指标。成交量与价格的关系最为密切，而且数据在多数情况下也更加真实，因此技术分析者利用量价关系对于市场未来走势的判断也更加稳妥。一般而言，成交量的突然萎缩或是突然放大，往往预示着市场走势可能发生大幅的转向。根据与价格相对应的成交量的变化，我们将量价关系抽象出量增价平、量增价升、量平价升、量减价升、量减价平、量减价跌、量平价跌、量增价跌8种类型（见图6-1）。

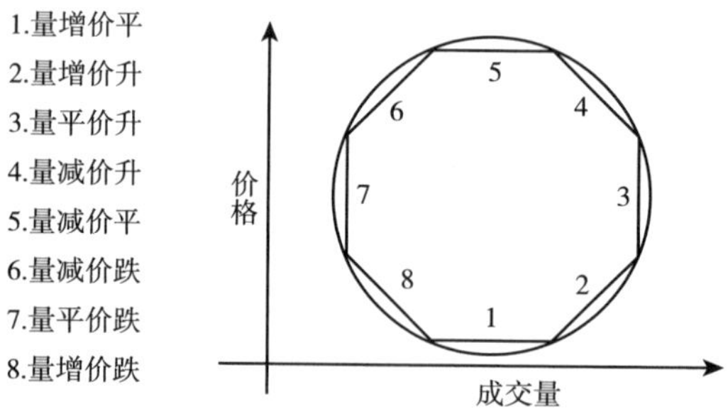

图6-1　8种形式的量价关系图

第一阶段：量增价平，提示转阳（见图6-2）。

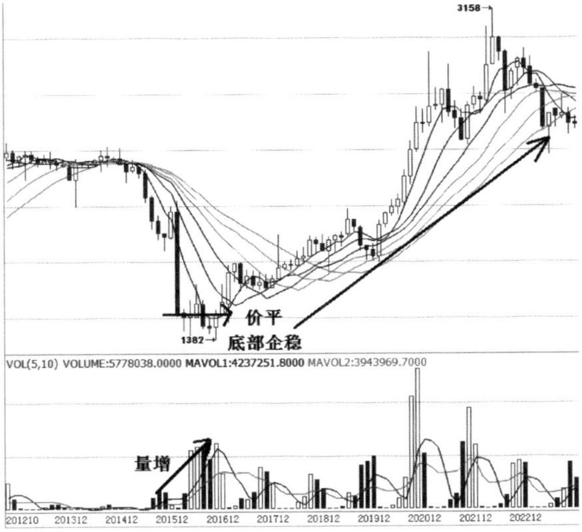

图6-2　量增价平

在这一阶段，股价经过一段持续的低位下跌之后，成交量在底部企稳。此时多表现为成交量中的阳柱多于阴柱，说明底部聚集了一定的上涨动力，一般指示主力在进货，此时通常被视为转阳信号。这一量增价平的阶段也会出现在上涨趋势的横盘中继阶段，只要总体的上涨趋势未变，经过一段时间的横盘整理，当量增价平出现之后，后期行情仍会有一定的拉起。

第二阶段：量增价升，提示买入（见图6-3）。

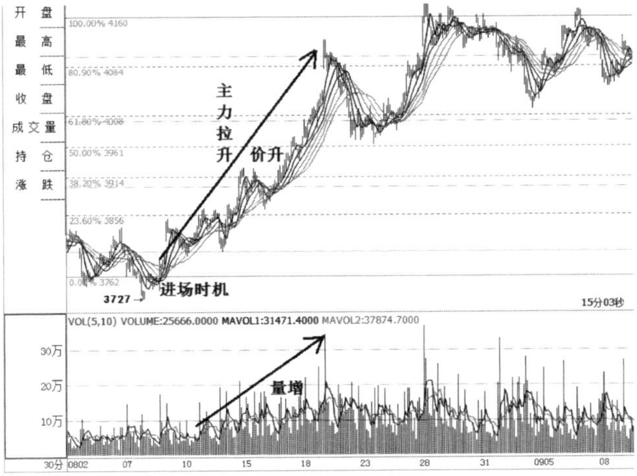

图6-3　量增价升

在这一阶段，成交量持续上升，市场价格也不断向高位拉升。这一阶段多数是中短线交易者的进场信号，应该积极参与其中，与庄家共进退。

第三阶段：量平价升，持续跟进（见图6-4）。

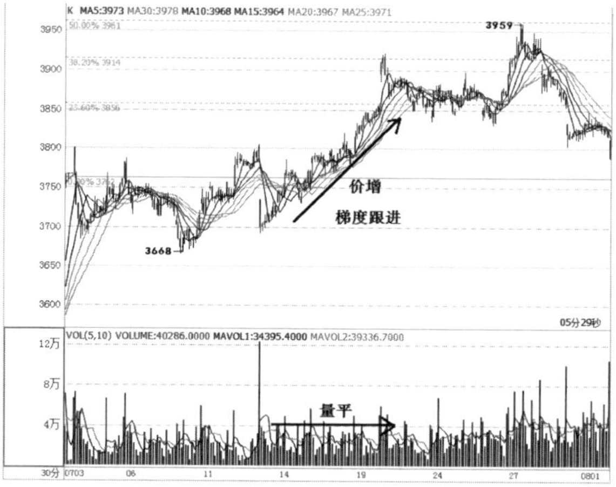

图6-4　量平价升

这一阶段是在前期成交量有拉升的基础上所保持的维持在一定成交量水平之上的惯性增长。在这一拉升阶段，资金持有者可以选择拉升初段、中段，按照仓位规模由多到少的顺序进行有梯度的建仓进场。

第四阶段：量减价升，持仓观望（见图6-5）。

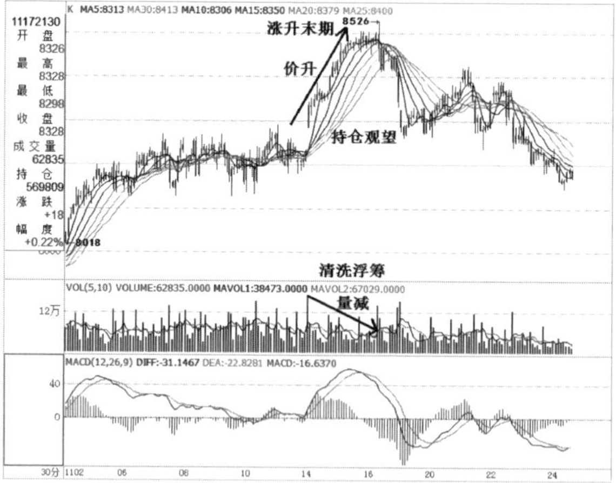

图6-5　量减价升

这一阶段经过了前期多空双方的不断对峙，在此过程中浮筹逐渐被洗出，使成交量具有一定幅度的减少，但此时的筹码锁定性较好。加之该阶段依然属于前期涨升阶段的一部分，从而形成了典型的量价背离的走势特征。此时应该继续持仓，由于前期走势已有较大幅度的涨升并不断趋近于上涨阶段的末期，因此该阶段建议资金持有者主要以小资金的短线参与为主。

第五阶段：量减价平，警惕转向（见图6–6）。

股价经过一段时间的涨升之后，维持在一个大致相当的水平上，但与之相伴随的成交量逐渐减小。这主要是由于市场的交投意向减少，前期的利好多数已经兑现，且新的资金尚未入场，使整体的上涨动能衰退导致市场的总体发展势头得到修正甚至转向。应该特别注意的是，若交易密集区后期出现突发的天量或者巨量，无论此时形成的是大阴线还是大阳线，此时都应该尽快减仓或者清仓，甚至应该忽略此时的消息面是利好还是利空。

图6–6　量减价平

如图6–6所示，在经历了前期一段上升趋势之后，入场的资金多以观望为主，此时再次进场的资金较少，使交投并不活跃，进而引起了成交量的减少。股价上方则形成在8 247~8 281这个区间内横盘震荡的头部区域，后期则在13日开市后放出巨量，对应的股价放量下跌，开启了一段幅度较大的转向走势。

第六阶段：量减价跌，指示卖出（见图6–7）。

当股价经过前期的涨升，并随着成交量的缩减而出现盘整做头之后，由于此时流通筹码的锁定性较为稳定，使多头主力持仓拉升信心降低，股价开始有计划的回档。此时价格的下跌使浮动筹码进一步被洗出，伴随着成交量的进一步减小和萎缩，形成阴跌不止的空头走势，甚至可能形成遥遥无期的无量阴跌，直至满怀信心的多头对上升走势完全丧失信心，并在底部斩仓认赔爆出巨量或者天量时才肯停止。持仓者应该在量减价跌的跌势初期尽可能地减仓或者止损出局。此类转向走势都会持续一段时间，直到新的入市资金介入为止。总体而言，出现这一量价特征后其后期走势多数不容乐观。

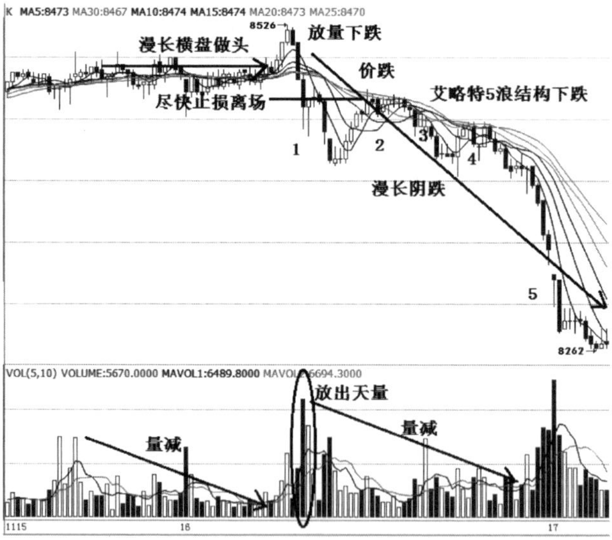

图6–7　量减价跌

如图6–7所示，在经过前期15日—16日中午休市前的一段量减价平的横盘震荡走势之后，在16日中午放出天量，价格由8 526点放量下跌。由于此时的筹码锁定性较好，多头持仓者的信心受挫。随着浮筹进一步洗出，股价进一步下跌，最终形成长期阴跌的走势。整个下跌过程构成了一个较为完整的艾略特五浪结构，直至第五浪结束时，整个下跌过程才伴随着底部的放量结束。因此在前期出现放量下跌的情况下，应该尽快减仓或止损离场。

第七阶段：量平价跌，持续卖出（见图6–8）。

这一阶段主要量价特征是股价继续维持下跌态势，与之相匹配的成交量虽然处于较低水平上运行，但总体的多空双方力量均等，成交量没有出现明显的起伏。成交量的这一运行状态主要是由于控盘主力利用持筹散户交易者的侥幸心理，逐步派发清仓并退出市场。散户交易者应该识别主力庄家在这一阶段逐步退出市场的出仓行为，尽快止损减仓直至清仓离场，从而避免长期阴跌对自己交易账户所造成的严重影响。

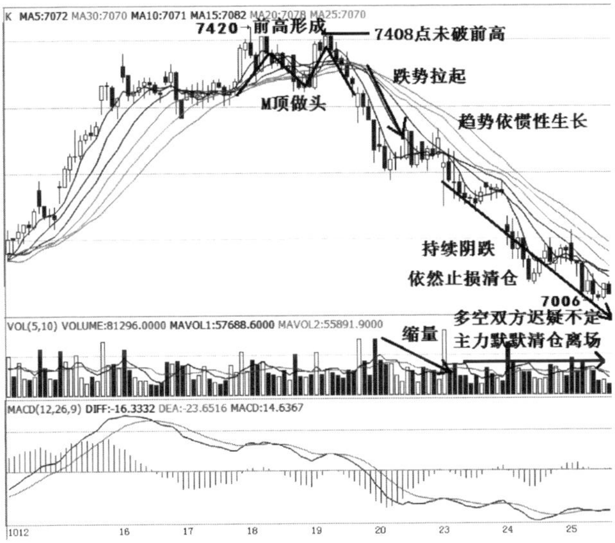

图6–8　量平价跌

如图6–8所示，股价在18日—20日的走势中以M顶做头，在19日开盘后的7 408点高度上未能顺利突破前高。经过前期的缩量下跌之后，23日—26日总体的成交量处在一个比较平稳的水平上，而这一段所伴随的是股价的阴跌不止。一方面，该阶段主力借助相对稳定的市场情绪默默出仓直至抽身离场。交易者应该洞察主力的出仓行为并紧跟主力脚步尽快清仓离场。另一方面，下跌走势的这一漫长延续也是道氏理论关于市场价格依惯性运行这一假设的印证。

第八阶段：量增价跌，空仓观望（见图6–9）。

随着股价的大幅下跌，一方面散户交易者对多头仓位彻底失去了信心，从而转向建立空头仓位。另一方面，庄家和主力借此机会疯狂出逃的举措进一步压低了股价，使跌势看似遥遥无期。交易者此时应该尽可能地空仓持币。与此同时，另一部分资金持有者则认为股价已经处在相对低点甚至是底部位置，恰恰是大举入市的好机会，因此有部分看多资金流入市场，表现为多方力量的增加以及成交量的增量，从而使偏向于多方的交易者看到了希望。因此这一阶段在空仓等待的同时，应该密切观望后期是否有放量拉升的走势端倪，从而捕捉难能可贵的拉升底部。

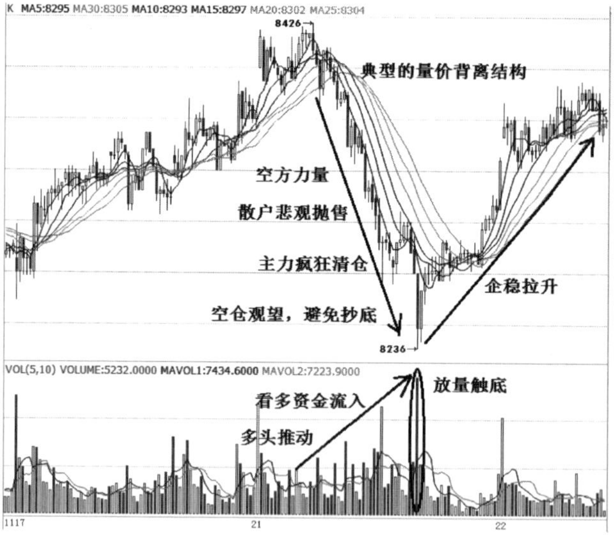

图6–9 量增价跌

如图6–9所示，在经过前期由8 426点到8 236点的大幅下跌之后，整个市场的看空情绪严重。一方面，由于前期的大幅下跌给多头持仓者以沉重的打击。另一方面，主力和庄家则借此机会疯狂清仓。与此同时，场外的空仓观望者或者期望抄底入场、背水一战的多头力量开始进入市场，从而使看多资金增加，进而推动成交量的上涨。可见，这一阶段多空双方的力量均等，对峙焦灼，因此散户交易者在该阶段应该以空仓观望为主，直至市场走势明晰之后再进场也不迟，避免陷入抄底摸顶的误区之中。如图6–9所示，我们也可以等待后期走势放量企稳之后再行进场。整个价格的下跌过程和对应成交量的上升过程构成了典型的量价背离结构，这为我们预判阶段底部和后期企稳的拉升走势提供了重要的技术面判断依据。

可见，这8种类型的量价对应关系是量价关系分析法的重要评判依据。但应该注意的是，量价分析虽然具有盘面视图清晰直观、分析资料获取方便、分析方法具有较强的理论支撑等优点，但由于成交量的影响因素较多，且短线及低级别周期中有庄家和主力所刻意制作的各种假象，引诱散户投资者频繁进出市场的骗线较多，因此使量价分析在短线交易和低级别分析中极易产生误判。相反，在中长线的持仓中，由于主力和庄家极少具有捏造巨量成交量的资金实力，因此量价分析在中长线持仓的分析中较有优势。根据我个人的实践和观察，在中长线交易中，量价背离的走势特征对于阶段顶部或底部以及涨升趋势的回调结束或下跌趋势的反弹结束的转向判定，具有较高的准确率，读者朋友们可以根据自己的研判习惯着重加以观察和使用。

2. 支撑与阻力

技术分析中经常用到的支撑与阻力位往往是指在走势发展过程中，持续向上或向下的核心转折点位，一般我们把在一定时间段内一段走势的最低点所在的水平高度称之为支撑位，而把一段走势中最高点所处的价格水平称之为阻力位（见图6–10）。

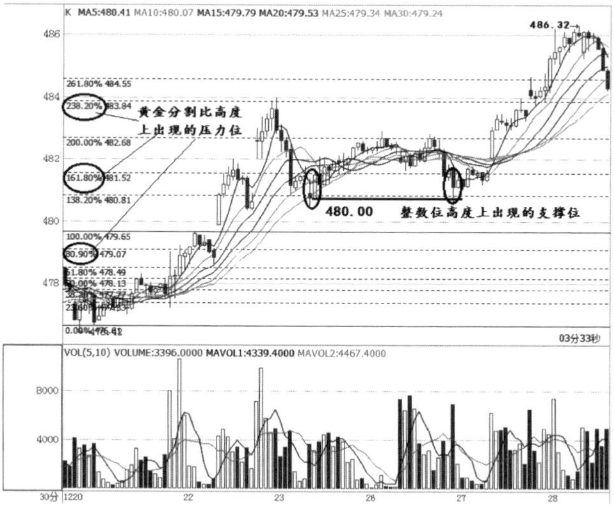

图6-10　整数价位或黄金分割价位上的阻力与支撑

由于市场参与者的从众心理或者对整数价位或黄金分割价位较为敏感，因此建仓价位、止损价位或挂单价位都多集中在这些前期的高点或低点上，从而使这些价格水平上易于形成对市场走势的支撑或阻力作用。但应该注意的是，这一支撑或阻力价格水平一旦被打破，则这一价位往往起到相反的障碍或支撑作用。例如，当向上的上涨走势突破前期高位所形成的压力位时，则此时的阻力线往往在后期的价格涨升中起到一定的支撑作用。反之，当下跌走势跌破了前期低点所构成的支撑位时，则此时的支撑线多对后期的下跌走势产生一定的阻力作用。因此，价格对于一定水平上的支撑位或压力位的突破，往往也预示着后期走势的继续和同向延伸。

3.平均线

金融交易中所使用的平均线，往往是指移动平均线MA（Moving Average），移动平均线展示的是在某一特定周期内的平均价格。之所以把它称之为移动平均线，是因为它所采用的每一组数据都是跟随着时间不断推移的。但应该注意的是，由移动平均线的计算方法决定了它相对于市场走势的变化具有一定的滞后性，即时间跨度越大的移动平均线其反映在盘面上K线系统的转向走势往往越滞后于市场实际走势。而且，计算时所使用的时间周期级别越高，其滞后性越明显。反之，如果我们充分利用小级别周期的价格参数对小周期内的平均价格进行计算，此时的移动平均线走势虽然更能准确地反映当前的市场情况，但也会出现更多的频繁震荡和虚假突破。为了尽可能地规避长期和短期移动平均线在使用中的弊端，我们可以结合两个或两个以上不同级别周期之间移动平均线的对应位置关系来判断后期的市场走势。例如，当5日平均线上穿20日平均线时，则预期短期走势将向上拉升。又如，当30日移动平均线下穿200日移动平均线时，则预期中期内市场看空。

在金融交易中所涉及的移动平均线中，除了简单的算术移动平均线，还有线性加权移动平均线和平方系数加权平均线两种。其中平方系数加权平均线中对于近期的数据赋予了更高的权重，并且在分析周期的整个周期跨度中进行考虑，其预测结果也相对更加客观和准确。

4.线条与通道

技术分析中所提及的线条与通道，往往是指趋势线以及与其平行的通道线。在盘面走势中，使用趋势线与通道线对平面图形的绘制与分析具有简单易操作和直观易于观察等特点，从而使它们成为了盘面分析中最常用、最便捷的分析工具（见图6-11）。

图6-11　技术分析中的趋势线与通道线

如图6–11所示，上升趋势中与多个回撤低点相切的直线构成了上升趋势线。反之，下降趋势中与多个反弹高点相切的直线构成了下跌趋势线。以上升趋势线或下跌趋势线为基准，做与对应趋势线相平行的平行线，且平行线尽可能多地与前期走势的拐点相切，由两条平行线构成了一组预估短期内趋势方向的通道线，后期走势将大致在这一区间内运行（这是由道氏理论中走势沿惯性运行的特性所决定的），直至K线及均线系统明确地突破这一通道为止。

5.K线组合与形态

在技术分析过程中，我们常常会用到由K线组成的不同排列组合以及由这些排列组合所构成的具有一定形状特征的形态。一根短短的K线可以准确地标明在某一时间点上的开盘价、收盘价、最高价和最低价等4个重要数据。由于市场上的参与者所进行的激进和从众的交易，使人们在特定价位上往往做出大致相同的买卖决定，从而使K线系统在不同阶段和不同价位上呈现出多个有规律的形态，我们可以借助K线系统所呈现出来的形态对后期走势做出预判（见图6–12、图6–13）。

应该注意的是，由于市场走势的不确定性，使K线技术形态对于市场预期走势的判定只能起到一定的辅助作用。也就是说，当市场走势出现对应的图形特征时，仅表明市场向某一方向延伸的概率较大，但并不说明出现这一形态时方向必然向多方或空方发展。多数情况下，K线系统的技术特征及其对应形态如果结合系统所提供的线型技术工具，如趋势线、通道线和轨道线等，或者结合黄金分割比所指示的重要点位上的支撑位和压力位，则对于走势方向判定的准确率较高。K线组合及K线形态属于K线理论部分的内容，我将会对常用的看多和看空K线组合和K线形态在技术分析工具及K线理论的相关章节中进行详细的归纳和阐述。

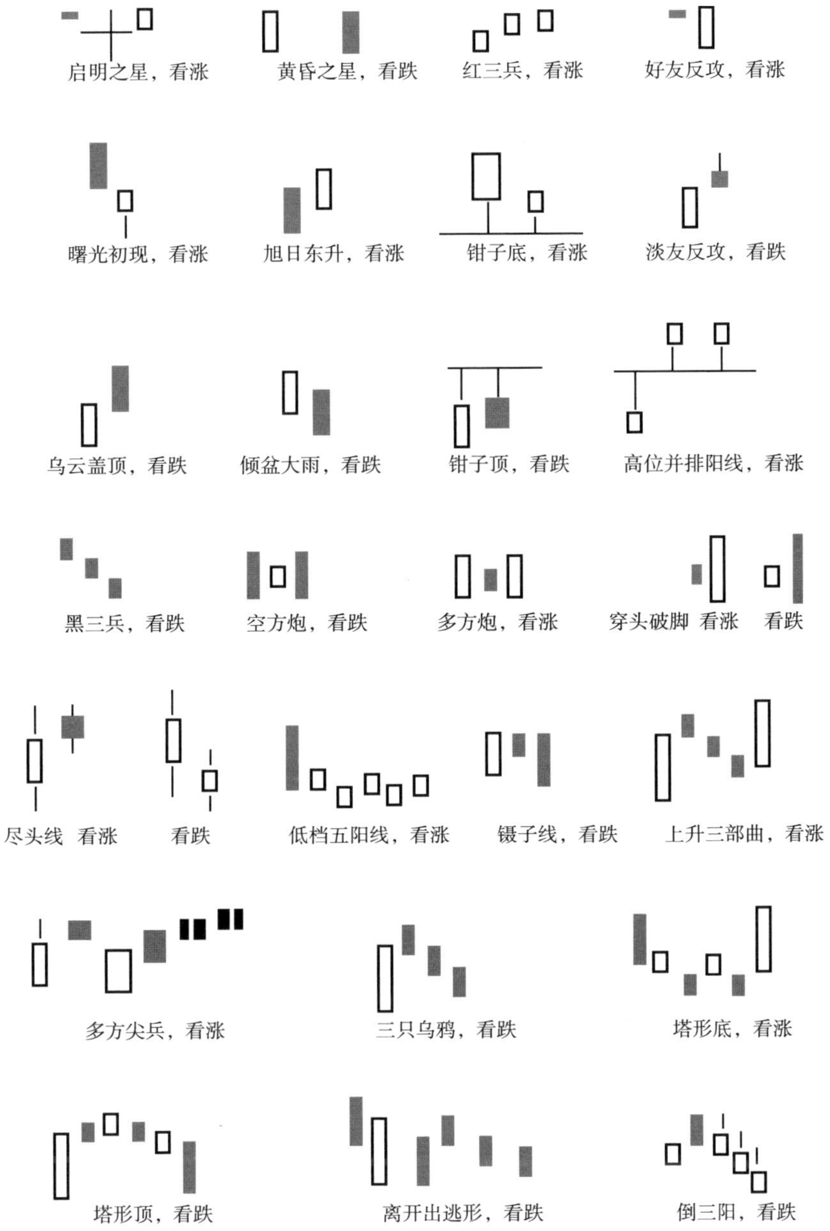

图6-12 常见的K线组合

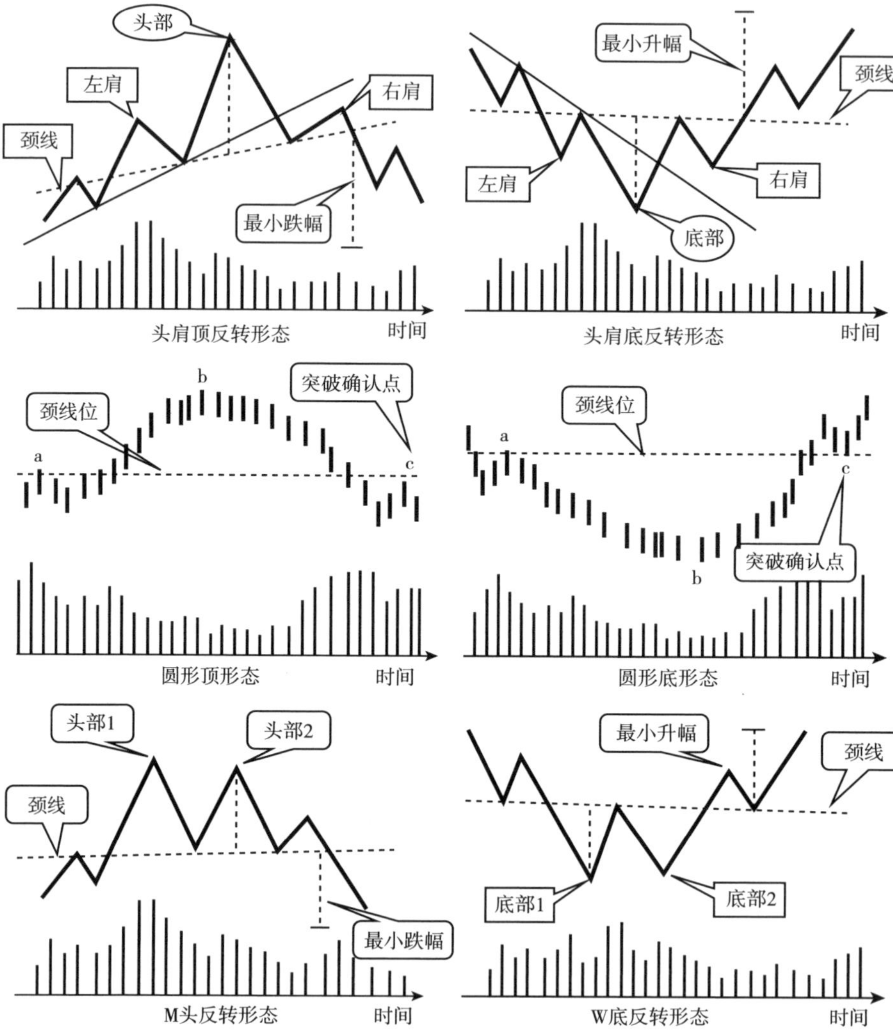

图6-13　常见的K线组合形态

6.经济运行周期

经济运行周期是技术分析中另一个较为直观和实用的分析方法。影响经济走势的多种因素持续不断地相互作用，根据经济周期影响因素的不同组合及其所产生的主次作用，经济走势表现出了一定的阶段性特征。这一具有一定共性的阶段性特征我们称之为经济周期。

经济周期理论种类繁多，最常用的结构划分有以下3个类型：

（1）根据时间长短划分。按照时间长短划分，将经济周期划分为短期、中期和长期3种。短期周期一般时长为3~5年，形成这个时间跨度的经济周期多是由库存商品和投资规模的变化而造成的经济走势的规律性变动。中周期期限的经济周期一般时长为8~10年，这个时间跨度的经济周期多是由资本流向的变化以及生产设备的更换所决定的。我们把周期跨度为40~60年的经济周期定义为长周期，其中康德拉季耶夫周期是长周期的典型代表，也是经济周期理论中最为著名的周期理论。该理论认为长周期的经济走势本质上必须依赖于社会生产力的不断发展和社会整体的进步来促进该经济周期的自行循环。

（2）根据不同运行阶段划分。根据经济周期的不同运行阶段，我们大致可以将经济周期划分为繁荣、衰退、萧条和复苏4个阶段。它所表现的是经济运行过程中收缩、扩张不断往复出现的经济循环（见图6–14）。

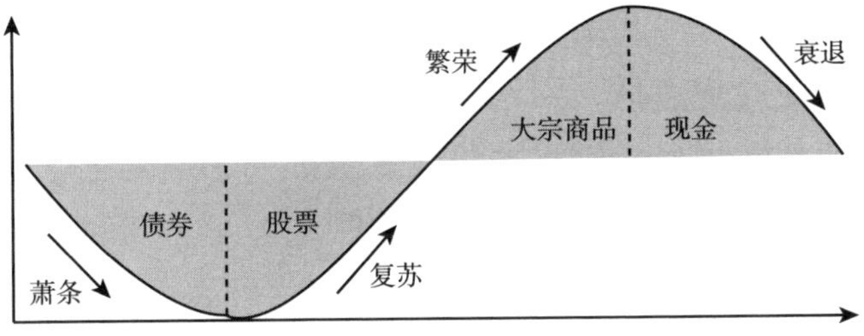

图6–14　经济发展的四大阶段及其影响的相关金融产品

一般情况下，在经济运行的繁荣阶段，生产资料充足、投资氛围浓厚，并且与投资相关联的信贷扩张迅速。因此，产品价格水平上升，并促使生产扩大就业增加，投资者在该阶段对于市场总体发展趋势持乐观态度。当经济发展到一定阶段就会出现停滞增长，商品价格回落，生产能力下降，失业人数增加，利率下降，消费预期降低。此时投资者对于金融交易行业普遍比较悲观，资金持有者多将手头的资金投入债券或者高科技产品等重要板块。这一阶段我们称之为衰退阶段，是经济从繁荣阶段到萧条阶段的过渡阶段。当国民收入继续降低，失业率继续增加，生产资料萎缩，投资和信贷水平降低，资金持有者对市场走势几乎陷入绝望，此时经济处于萧条阶段，并在谷底出现企业产出和就业的最低点。由于在萧条阶段社会总资产缩水，失业率普遍较高，社会总生产水平降低，此时政府一般会出台一揽子的宏观调控政策来拉动内需，促进生产，增加就业，减少社会恐慌，稳定社会情绪以及增强人们对未来的市场预期，从而在很大程度上推动社会经济在触底之后出现一定的复苏迹象。复苏阶段是经济发展由萧条阶段到繁荣阶段的过渡时期。在政府所出台的一系列刺激政策的作用下，经济发展水平开始由谷底缓慢回升，宏观调控的市场效果开始逐步显现，需求增加，生产活跃，物价稳定，资金持有者的投资信心增加，市场预期看好。此时经济步入前景看好的上涨区间。

（3）根据不同形态特征划分。根据经济周期的盘面走势形态特征，可以将其分为上升周期、下降周期和横盘震荡周期3种类型。我们将市场走势中的低点一点比一点高，同时高点一点比一点高的技术特征称之为上升周期。反之，若后期出现的低点一点比一点低，后期出现的高点同样比前面所出现的高点低，则这一走势我们称之为下降周期。上升周期和下降周期的判断可以借助于趋势线来更加明确地判定。如前所述，趋势线会经过两个或两个以上的高点（下跌趋势线）及两个或两个以上的低点（上升趋势线）间的连线（见图6–15）。

如图6–15所示，该产品在3 727的长期低点处触底（对应高级别周期的前期低点），我们在3 733点上进场，中途在经过了3 751、3 807两次下探之后，都未能成功突破趋势线，因此我们可以假设该段走势是高点一点比一点高，同时低点也逐点升高的上升趋势，并由3 733、3 751和3 807这几个低点的连线来界定一段上升趋势，标画出一条向右上方倾斜的趋势线。我们沿趋势线所指示的多方方向持仓，当16日开盘后价格下探趋势线时在3 872点未能实现对趋势线的突破，因此我们有理由相信该段上升趋势仍然会继续。同样道理，在8月23日价格下探到4 012点时，价格在触及趋势线后经过短暂的反弹，在23日午盘开市后以3 977点成功向下突破趋势线，并在24日早盘开市时以4 028点高开再次试探趋势线，但未能顺利恢复原来的趋势方向。因此我们判断这一上升趋势即将结束，下一阶段偏空方向的转向走势或横盘震荡走势开启。

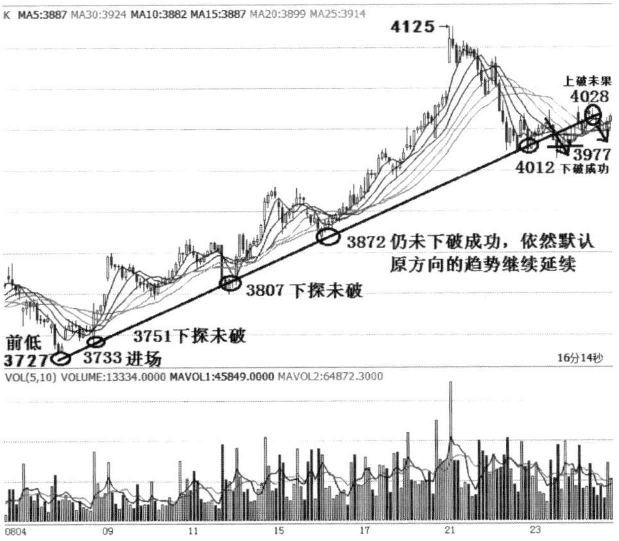

图6-15　趋势线对上升趋势的界定与预判

应该注意的是，趋势线所经过的最高点或最低点的个数越多，则趋势线对于未来预期走势的指向作用越强烈。另外，在使用趋势线对总体走势所处的阶段进行定性时，应该尽可能选择级别较高的时间周期，从而尽可能过滤掉中途出现的频繁震荡，从而对于上升周期或下降周期所指示的趋势方向的判断更加准确和客观。在上升周期和下降周期中间起到过渡作用的是漫长的窄幅震荡阶段。窄幅震荡阶段是最让绝大多数交易者头疼的走势阶段。当市场走势进入到这一阶段时，多空双方力量相当，K线走势上下两难。在多空双方力量焦灼对峙的过程中，往往会连续不断地出现虚假突破。因此，在这一阶段以趋势为主导的交易系统往往会陷入瘫痪，趋势持仓往往会频繁触发止损和止盈设置。最可怕的是这一阶段往往会相当漫长，使多数基于市场价格所研发的技术指标和技术工具在这一阶段失灵。为避免窄幅震荡阶段所造成的频繁亏损，交易者在进入交易密集区或者趋势的中继调整阶段时，可以着重选择超买超卖型的震荡指标来使用（见图6–16）。

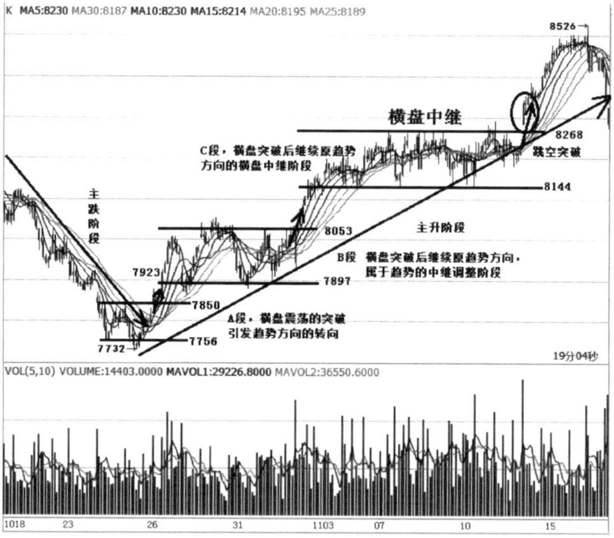

图6–16 横盘震荡对于转向和趋势中继的体现

应该注意的是，窄幅震荡阶段可以以趋势结束之后的横向调整走势来出现，也可以以原趋势方向不变的中继调整形式出现。

如图6–16所示，在24日—26日的盘面走势中，价格主要在7 756~7 850的横盘区间内进行震荡。在26日早盘开市时，价格拉出7 923点的高位顺利突破横盘震荡区间，从而拉起了一段上升走势。这一区间内对横盘震荡的突破引起的是阶段底部的转向。与该段走势突破方向相同的B段和C段则属于从10月26日—11月16日这段上升趋势的中继调整阶段。如图，B段在7 897~8 053区间内往复震荡，最终在11月2日早盘开盘时完成向上突破，维持原趋势方向拉起。C段所体现的横盘中继阶段的走势特征则更为明显。如图6–16所示，价格在8 144~8 268区间内持续了较长时间的横盘震荡，迟迟未能实现有效的突破。最终在11月14日早市开盘时，以突发的大幅跳空顺利突破横盘中继区间，继续原趋势方向拉起。

无论横盘震荡是以哪种形式出现，该阶段的基本特征都是此时的平均成本趋向于当前的市场价格。当价格对这一漫长的横盘整理阶段突破之后，往往意味着走势对新的行进方向的选择。

在实际操作中，我们可以借助于量价关系和走势所处阶段对横盘整理的突破做出预测。例如，当震荡过程中上升有成交量的配合而下跌没有成交量的配合时，走势多向上突破。另外，涨升的过程中上升幅度不宜过大。若涨升走势在短期内实现大幅增长，即此时在技术形态上表现为大斜率的同向拉升，则此时往往很快进入下一个横盘整理阶段甚至直接转向。另外，若横盘整理阶段持续时间较长（通常已达两个月以上），此时依然没有向上突破，则该走势向上突破的可能性将会很小。反之，当振荡过程中上升没有量的配合，但是价格下跌有成交量的配合时，则后期向下突破的可能性较大。应该注意的是，此时下跌幅度不应太大。因为若下跌幅度已经较大，主要表现为大斜率同方向的空方趋势，则此时极易再次进入漫长的横盘整理阶段甚至是大幅回补。另外，通过量价关系或者走势所处阶段对于漫长横盘震荡阶段的突破方向进行预测，仅是在多数走势的经验基础上进行的大概率预测，而非一定会产生的突破方向。因此，在窄幅震荡中应该时刻谨慎走势可能出现的虚假突破，避免频繁出现的止损触发造成连续亏损。

走势的涨升趋势、下跌趋势和横盘震荡走势的划分，是与金融交易关系最为密切的周期划分方法。可以说这一周期的阶段划分方法贯穿于金融交易操作的整个过程之中，对于我们所设计的交易系统针对的侧重点以及个人的交易性格和风险偏好都具有决定性的作用。

总之，相对于基本面分析而言，技术面分析为我们分析市场走势、预测趋势方向提供了一个全新的观察视角。这是因为市场参与者在制定决策时，面对相同或者类似的走势会产生相同或者类似的心理机制，从而使市场走势在相同的市场环境中会出现特定的反应形式。这一特定的反映形式表现在盘面上就是大致相同的K线走势或形态特征。技术分析法正是以价格为核心，以数学模型为依托，为我们提供了研究这一交易心理与市场走势之间对应关系的重要方法，在一定程度上扩展了我们对于市场的认知，并且能够从这一角度捕获我们原本无法通过基本面来洞察到的更加微观的进出场时机和获利机会。

技术分析是基于数据的分析，是整个金融交易体系的核心，经过模拟验证的技术方法和系统，是在金融交易中取得成功的必备保障。我们对于技术分析的态度也应该尽可能地保持客观和现实，而不应该把技术分析的分析方法神化。因为当前所广泛使用的绝大多数技术指标都是根据数学原理和统计学原理进行测算和设计出来的。但他们的研发和设计的前提是在市场具有成交量推动下的价格涨升或下跌。因此，这类技术指标在判断市场走势的预期方面必然存在着一定的滞后性。而且在市场行进方向不明确的横盘震荡阶段，主力往往会利用这些技术指标的滞后性来发出虚假的买卖信号。这就形成了一个比较抢手的技术指标许多人都在用，但许多人都在亏钱的尴尬结局。另外，一些比较好用的技术指标，如斐波纳契序列、螺旋线、江恩时间窗、缠论、螺历等技术工具对于普通交易者而言掌握起来较有难度，往往得不到普遍和广泛的应用。总体而言，长期从事金融交易的交易者应该选择适合自己交易风格和产品性格的技术指标，并把这些指标分析好、研究透，成为自己进行技术分析的核心工具。

三、消息面分析

（一）概念

所谓消息面，可以简单理解为对于市场价格产生重要影响的各种渠道信息的总和。例如，我们所听到的关于市场走势的新闻内幕消息、公司公告、政策传闻，甚至是流言蜚语和上市公司所编造的故事等。这些消息在一定程度上影响着资金持有者的短期投资行为，对于绝大多数投资者而言，随着网络技术的高速发展和市场信息日益透明化，想要获得丰富的媒体消息和行业信息根本不是什么难事。例如，我们可以通过上市公司管理层所发布的年报、季度报告或者由上市公司所定期披露的公告信息，或者是在财经平台自媒体甚至个人消息页所发布的市场信息等来获得信息。

从消息面着眼进行的市场分析可以培养我们在市场分析中的世界观和全球视角，有利于全局和长期的投资部署。另外，在了解影响市场的各种消息和获取信息的过程中，能够让我们时刻了解国内市场甚至是世界市场所发生的各种变化，从而增加投资的趣味性。对于绝大多数市场参与者而言，真正能够理性科学地分析自己所获得的市场信息，抽丝剥茧、去伪存真，尽可能地过滤出对自己有用的真实信息，并且能够尽可能地不影响自己的操作初心，才是最难的。相比较而言，消息面的影响更多地体现在对于经验不足，资金量较少，对自己交易水平缺乏信心的散户交易者身上。首先，消息面对于市场价格的影响多数只是暂时的，真正具有增长潜力的股票或者其他金融产品在长期内受到消息面的影响相对较小。因此，为了在纷繁复杂的消息面中筛选出含金量较高的有用信息，我们可以先对自己获得信息的渠道进行优化和筛选，尽量摒弃那些小道消息或新闻故事，从而尽可能避免不实的虚假消息或者滞后的“新闻”影响我们对市场的判断。因此，着重强调的一点是，我们经过消息面的分析和判断所得出的结论，应该尽可能地结合技术面分析来进行佐证，从而提高对市场预期走势判断的准确性。

（二）关于消息面与技术面相矛盾时的处理

解答这个问题，首先我们要弄清楚消息面与技术面分析的原理。消息面是根据市场上出现的既定情况在经过不同的部门、不同的机构，甚至不同的个人主观化的处理之后，再通过媒体、新闻网站、自媒体等渠道发布出来的信息。通过这些信息对市场走势进行预判，或者对市场价格进行预期。而技术面分析则是根据通过多种因素形成的市场价格，通过这些客观的数据，结合经过理论验证过的技术指标，最终所呈现出来的数据结论或者图形标志。从消息面和技术面两种分析方法的原理可以看出，消息面具有普遍性、主观性和滞后性的特点。而技术面分析则具有客观性、实时性和唯一性的特点。消息面分析对于绝大多数散户交易者而言，首先要想从多种多样的信息渠道中获得有效的信息已经很难，更何况在这些纷繁复杂的信息中还要去伪存真，能够有自己的分析和见解就更非易事。

应该注意的是，消息面最大的缺陷在于它的滞后性，就是当市场上的一个市场现象出现后到被人们所了解，要经过机构、媒体或者个人信息处理，然后通过网络社交平台、媒体平台发布出来，最后再传达到我们眼前这样一个过程，在这期间，市场的实际变化可能已大相径庭，甚至已是反向运动。因此，当一条消息展现在我们眼前时，其实质已经是历史。此时消息的参考价值已经大打折扣。绝大多数普通人肯定没有能力和条件去获得第一手市场资料和真实信息。因此市场信息建议只作为着眼于大局的参考，而不作为具体的进场建仓和出场依据。大家所熟知的“消息传播时买进，消息成真时卖出”的说法，就是基于消息面的这个特点。有心的交易者可以注意到这样一种现象，无论市场向何种方向运动，网络上的“大师”、荐股专家或者媒体上的评论员们总能给出合理且完美的解释。当市场向着反方向出现剧烈变动时，市场分析人员仍然能够给出合理的解答。这主要是因为消息的主观性和不确定性。因此当消息面与技术面的分析结论不符时，建议大家依照技术面的指示去做短线，依照消息面的指示去看大的趋势方向。最高效的做法则是将消息面与技术面相结合，使用消息面判断大体趋势的走向，同时使用技术面寻找和确定最有利的进出场时机和加仓位置。当然，在此过程中收集有效的市场信息并进行客观、合理和贴近实际的分析处理是正确运用消息面分析的先决条件。

因此，建议大家无论是从渠道获取信息还是参考相关专家的分析评论，建议忽略一些哗众取宠的小道消息和主观性太强的分析，找一些相对专业且客观的正规媒体或平台去获取市场消息，从而为自己能够研判出正确的总体走势方向做好充足的信息方面的准备。

第七章

工欲善其事，必先利其器——知识体系与经典分析理论

一、概述

毋庸置疑，金融交易行业是专业性要求非常高的行业，这就要求我们尽可能多地掌握必要的分析工具、理论知识和研判策略。它们是我们从事金融操作执行具体进出场及加仓操作的重要判断依据。由于我们从事金融交易更多的是综合使用著名分析师所研究的经典结论和推导结果，因此重点学习和掌握大家普遍使用的理论知识就可以，不必专门研究一些比较冷门或者偏激的技术指标和交易策略。虽然金融交易中市场研判和交易计划的制订过程是交易者在根据自己对市场的理解和对市场的预期"标新立异"，但是在技术指标的选择上应尽可能地力求简单实用。大多数的技术交易者往往只针对最多三到四种技术指标进行深入分析与研判即能收到比较好的效果。每一种技术指标自从它研发以来已经经历过数以万计交易者的再三验证，在分析和使用过程中，无论哪种技术指标，都必然会对我们的操作起到一定的指导作用。因此，有一种说法：任何一个技术指标，只要能够恰当地使用都能稳定盈利。这种说法虽然有些极端，但也能够从一个侧面说明我们掌握技术指标和分析方法应该

求精，而不应求多。在技术指标的具体学习过程中，有些艰深的理论和公式我们不必去做深入了解，只要能够掌握这些理论的主旨和原理就可以。

二、关于道氏理论的三大公理

三大公理的由来：查尔斯·道（Charles Henry Dow，1851—1902）是《华尔街日报》的首任编辑，在1895年，查尔斯·道编辑了一直沿用至今的道琼斯工业指数，该指数与纳斯达克指数和标准普尔指数并称为美国股市三大指标，与德国的法兰克福指数、英国的富时100股指数、日本的日经225指数和香港恒生指数共同组成了世界总体经济形势的风向标。道氏技术分析理论使查尔斯·道成为了技术分析的鼻祖。他指出股市是市场走势的晴雨表，并在道氏理论中体现了深邃的市场洞察力和丰富深厚的市场哲学。道氏理论最突出的贡献就是道氏理论的三大公理，也就是我们经常提及的技术分析的三大假设。

（一）市场行为包含和消化一切

这一假设体现了市场包容性的特点，即在市场活动中所有可以参考的指标因素、人为因素、社会经济因素等都被市场消化、容纳，并最终反映在价格上。这也使价格成为了所有技术分析的核心。无论是各种指标的研发和使用，像威廉指标（Williams%R或简称W%R）、ADX等指标的黄白线、金叉与死叉，VOB和MACD中的量价背离等分析，还是横盘震荡中前期高点、前期低点的突破，都是基于价格为最终参照的。因此我们侧重于技术分析手段来评估走势，就应该死死咬住价格这个核心。在指标的选择和系统的设置上，都应该围绕价格这个核心。因为价格是各种分析要素中最直观、最现实、最客观的要素。把握好技术分析中的价格分析，是构建分析模型和打造交易系统的重中之重。

（二）市场走势按照趋势形态惯性演变

走势的这一特征使我们在长线交易中能够稳定获利成为可能，并为我们在长线持仓中获得可观的收益甚至是暴利提供了有力的依据。市场走势反映在图表上，是以K线及其他技术指标的不断生长和演变来推进的，是由供给和需求（即卖出和买入）的相对力量对比来决定的。当双方力量持胶着状态，多空双方不相上下时，K线系统则表现为无规律的漫长震荡，此时均线系统相对平直，没有任何趋势特征可言。当买方力量或者卖方力量积攒到一定程度，到达爆发的临界点时，趋势即将拉起。由于绝大多数人的跟风操作，使市场上的买力或者卖力普遍积聚一方，此时市场的多空力量将出现明显的偏向性。在此过程中，无论是做市商抬高价格推波助澜，还是散户交易者的冲动追高以求获取暴利，都使突破之后的力量方向延续，不断生长，最终使市场走势依照惯性进行演变。

在实际交易中，极少数具有即时资讯和先进交易设备以及最有利的市场席位的高频交易者（也被称为极短线交易者）可以在很小的利润出现时即选择获利平仓，并在出现极小的亏损时可以不用担心低廉的交易费用而及时止损离场。除此之外，绝大多数的交易赢家都是充分利用市场走势沿惯性趋势演变的这一特征在长期获利。其中一个重要的因素就是极短线交易者由于资金量庞大，持仓量惊人，因此可以争取到更加低廉的交易费用（有时甚至可以忽略不计）。而散户交易者的每笔交易都要扣除印花税和手续费，每笔都有8元到50元不等的交易费用。看似不起眼的交易费用，累积起来可能会对持仓量小、资金少的中小级别交易者造成致命的打击。因此在实际交易中，我们尽可能规避漫长连续亏损的震荡阶段的操作，重点捕捉宽幅的震荡或者大幅拉起的趋势。这是我们所有交易的重点，也是整个比特交易体系后期放大盈利和稳定绩效的关键。

（三）历史可以重演

从长期来看，无论是建立仓位之后可以一直持有的股票，还是阶段结束的期货合约，我们将多个同品种的关联合约连接起来构成总体走势图，或者与长期K线走势图进行分析比对，都会发现任何一种走势都曾在之前一段时间范围内出现过类似的走势。这是由市场供求双方周期性力量变化、散户与做市商多空操作方向的变化，以及不断冲动追高或是冷静空仓观望的周期性变化所导致的，从根本上说，就是想赢怕输的人性所决定的。市场基于政治、经济、政策等多种因素共同决定，并通过核心价格来体现在盘面上。市场供求之间的相互制约与平衡、价值与价格之间相互约束和不断趋近于价值的价格走向、人性中追涨杀跌的冲动情绪以及在连续亏损后冷静空仓的观望心态等都决定了市场走势会在一定时间范围内不断重复出现。市场的这一特征也为我们对前期相当长度的市场资料进行分析和处理，并推导出符合自己交易个性的交易系统，以及对于后期交易数据的模拟测试和对交易绩效的评估都提供了重要依据。

应该注意的是，交易的历史走势可以在一定时间范围内重演，但绝不是简单相同的重复。在这个过程中，市场情绪的变化、不可抗因素的出现等都会对实时走势产生重要影响，从而使得市场走势在一定程度上存在着变异。尤其使用艾略特波浪理论进行数浪的交易者一定要注意驱动浪和调整浪之后的修正浪的变化及其多种组合之间的变异。

总而言之，查尔斯·道对于市场走势所提出的三大公理为我们之后的技术分析奠定了理论基础和指明了研究方向，从而确立了道氏理论在技术分析中的鼻祖地位。我们在后期的交易系统设计和分析操作中都应该死死咬住道氏理论的这三大市场公理，以确保自己在交易过程中的数据处理、系统设计、数据回测和绩效评估都始终保持在正确的方向上，这是我们长期从事金融交易活动能够取得成功的最有力保障。

三、K线理论

（一）K线的由来

K线通常也被称为日本线、蜡烛图或酒井线，是一种用于记录价格变动的简单图形。K线最早起源于18世纪中叶的德川幕府时代，用于记录大米的价格浮动。其发明者是日本的大米商人本间宗久。当时的日本历经战乱困扰之后社会相对稳定，因此农业生产获得了较快的发展，与之相伴随的商业活动也在这样一个较为宽松的环境下逐步发展起来。其中最为兴盛和繁荣的交易市场则是大米市场。随着米市交易的不断活跃，人们不仅满足于交易当前已有的大米现货，而且对未来即将收获的大米（在日本称为“空米”）进行买卖。本间宗久作为当时的大米商人为了能够更好地了解米价的走势和波动，甚至分析和预测后期价格的方向，便使用一根类似于蜡烛一样具有阴阳两种颜色的图形来记录米价的波动，并逐步从中发现了米价波动的规律和切入市场的最佳时机。因此在大米的现货和“空米”交易中屡屡成功，一跃成为了当时日本的最大米商，并最终挣得了约合今天600亿元的巨额利润，本间宗久也因此一度被称为“米商之神”。

1990年，美国人史蒂夫·尼森通过《阴线阳线》一书将日本的蜡烛图引入西方金融界，引起了西方金融界的巨大轰动。由于K线图的图形类似于一根蜡烛，因此在英文中将其称之为“Candle”（蜡烛），因为单词中的“c”发“k”的音，因此我们习惯地称之为K线图。

K线图具有形象直观、立体感强，并且携带了丰富市场信息的特点，充分体现了东方人的形象思维。由于K线图便于标记、识别和使用的特点，其迅速被广泛应用于证券市场和金融交易中，成为一种被普遍认同的记录和研究价格波动的技术分析工具。

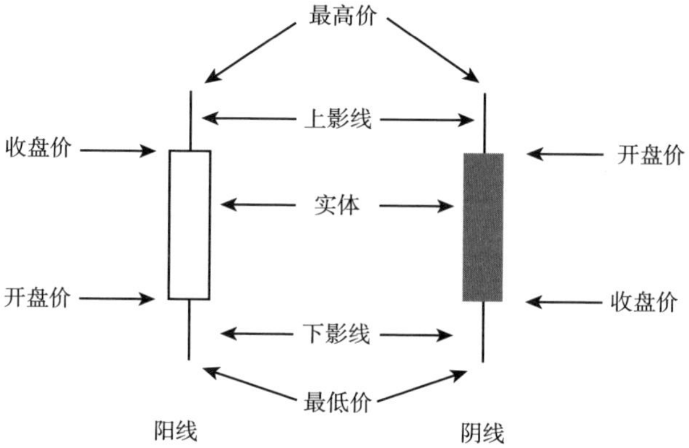

图7-1　单根K线所包含的丰富的市场信息

如图7-1所示，单根K线可以同时显示在一定时间或一定周期内的开盘价、收盘价、最低价、最高价、价格实体、上影线、下影线和上涨或下跌的方向等8种重要信息，从而为我们对价格波动的研究和方向预判提供了重要的市场信息。

（二）K线组合

经过上面的介绍我们可以看出，K线是技术分析中最核心也是最根本的分析工具，K线本身就包含了开盘价、收盘价、最高价、最低价等几个重要价位。而两根或两根以上K线所构成的K线组合则更能够非常直观地体现多空双方的力量对比以及预示价格的发展方向。

1. 常见的看多K线组合

在实际的盘面分析过程中，常用到的几类看多K线组合有以下几种。

（1）长柄锤形线。如图7–2所示，长柄锤形线因其具有较长的上影线或下影线，形状像一把长手柄的锤子而得名。当此类锤形线出现在下跌趋势的底部，并且伴随有较长的下影线时，则后期走势以看多为主。若后期走势的收盘价能够稳定地超过锤形线的实体部分，则此时是多头进场的较好时机。由于我们把锤形线预设为阶段走势的最低点，因此建议将止损价位设置在下影线的低位高度上。

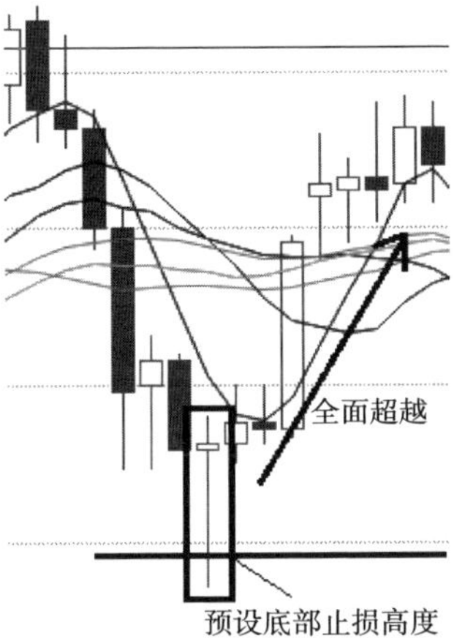

图7–2　底部长柄锤形线

图7–3中的低位十字星是在此基础上所出现的垂形结构的变形。在实际走势中，下跌低位所出现的下影线与上影线都较长、实体部分较窄的K线，其形状像一颗十字星，因此称之为底部十字星或低位十字星。同样道理，当后市的收盘价均高于十字星的K线实体部分时，则构成较好的多头进场时机。对应的止损位置，也应该设在十字星的下影线底部。

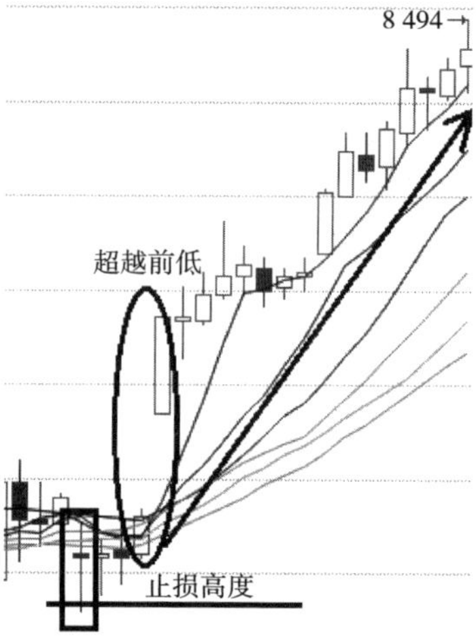

图7-3　底部十字星

（2）启明星。如图7-4所示，这一K线组合的构成特征是在前期一段具有一定规模的下跌过程之后，空方大幅放量形成一段实体部分较长的阴线，紧跟着多方做出反抗并在底部形成一根实体部分较短的下影线，然后再次出现一根实体部分较长的阳线，则此时构成启明星的K线组合。若后期走势收盘价多数高于长阳线的实体部分，则此时为较好的多头进场时机，如黎明前的星辰预示着天量的开启。其止损高度应该在预设底部的十字星线或垂形线的下影线高度上。

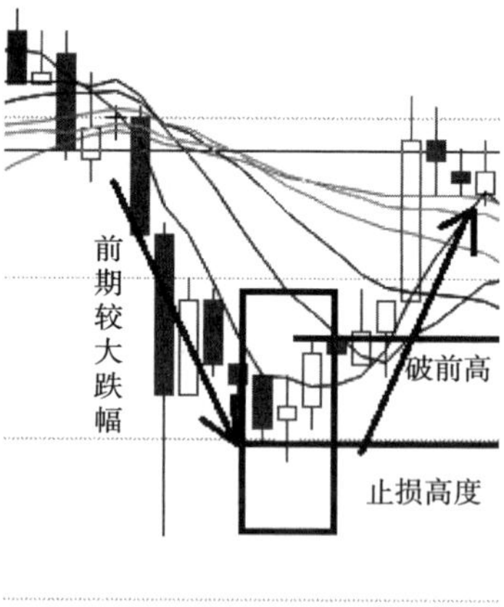

图7-4　启明星

（3）吞没线。如图7–5所示，吞没线是指在前期经过一段持续下跌过程之后，空方形成一根实体较长的阴线。次日，多方以一条实体部分较长的大阳线进行反攻。其主要组合特征是后期拉起的阳线实体部分超过了前期阴线的实体部分长度。从构成上看，类似于阳线实体将前期的阴线实体吞没。若这一K线组合之后的每日收盘价均高于阳线实体部分高度，则可将这一形态预设为阶段走势的底部，后期以看多为主。应该在后期价格突破阳线实体部分时及时进场做多，对应的止损位应该设在吞没线底部的下影线高度上。

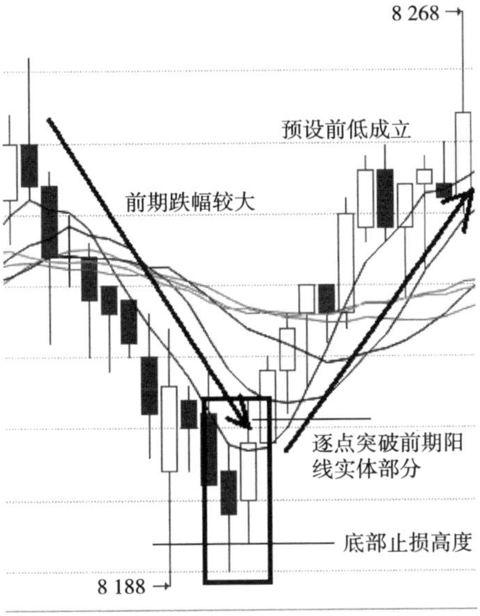

图7–5　吞没线

（4）初现曙光。如图7–6所示，这一后期看涨的K线组合多出现在前期具有一定跌幅的预设底部，其构成特点是前期空方以一根实体部分较长的阴线做底，后期阳线进行反攻，直至收盘于阴线实体部分1/2以上的高度，意为多头后期开始发力，但此时尚未稳定占据优势地位，只能作为相对看多的多方走势前的一线曙光，因此我们形象地称之为初现曙光。

若后期多方拉起的态势趋于稳定，则此时应视为看多走势做多头的择机进场操作，对应的止损高度应设在预设底部的长阴线下方或长下影线下方高度上。

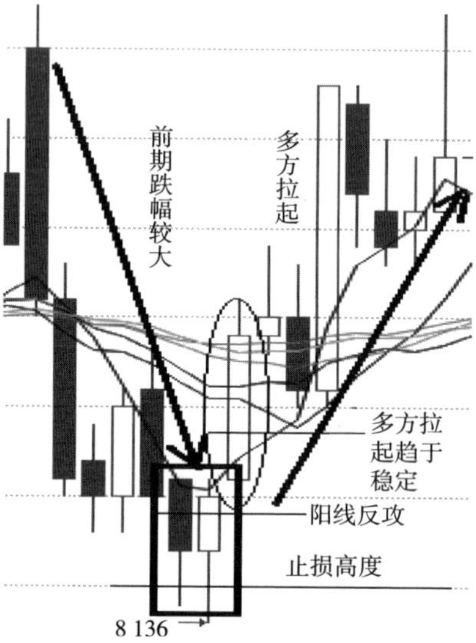

图7-6 初现曙光

（5）旭日东升。这类组合多出现于前期具有一定幅度的下跌之后，例如图7-7中所出现的大幅反向跳空。由于此时市场情绪普遍悲观失望，因此多以实体部分较长的阴线做底，或伴随着长度较大的下影线。空方结束冲动的跟风杀跌操作后，多方以长阳线进行反攻，并且其阳线实体部分高于前期阴线的实体部分。确认后期出现的收盘价多数高于前期阴线的预设底部时，后期多方拉起的概率较大。建议在后期高于前期阴线的高度上进场做多。止损高度应设在预设底部长阴线的下影线高度上。由上面的分析可见，旭日东升的K线组合的实质是初现曙光K线组合的一个变形。相比较而言，旭日东升中阳线的反攻力度要稍大于初现曙光的K线组合。

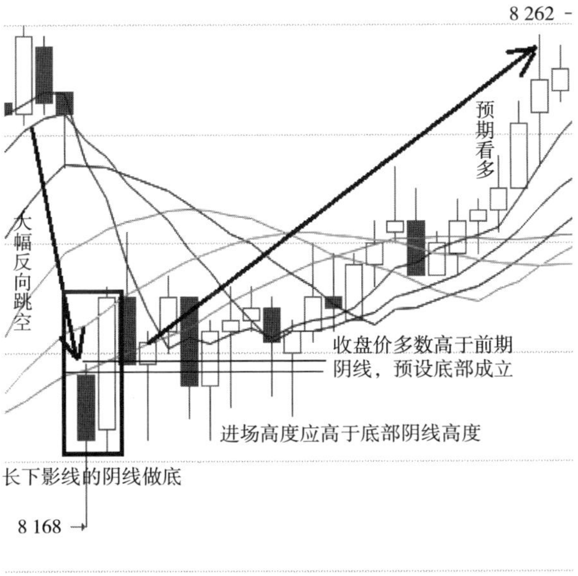

图7-7　旭日东升

（6）多方炮。多方炮K线组合的结构特征是前期一段有序地下跌过后，在底部形成一根实体部分较长的阳线进行反攻，然后出现一根阴线做最后的挣扎，但阴线的实体部分未能超过阳线的实体长度，第三根K线则以实体长度较大的阳线进行上攻。总体来看，三根K线构成了以小阴线为底部的炮形结构，从这一K线组合中我们可以感觉到空方的最后挣扎和多方的有效突破。如图7-8所示，在前期一段下跌过程之后最终以8 194点做底，然后多方以第一根阳线进行反攻，阴线则未能破掉前低，则后期以看多为主。随后，第三根阳线将前期预设底部的阴线全部吞没，并最终以高于前期阴线的价格收盘。若后期整体抬升的价格继续超过前期阳线的实体部分，则预期后市看多。图中该品种在预设底部的第三天继续向多方拉起，并且收盘价均高于前期阳线的实体高度。后期在有效拉起前进行了一个横盘震荡的整理过程，并最终在8 233点处以跳空的方式突破横盘大幅拉起。在多方炮的K线组合中，我们可以在预设底部的第三到五天多方继续拉起并高于前期阳线实体部分时择机进场。止损高度应不高于预设底部的第三根阳线实体部分。

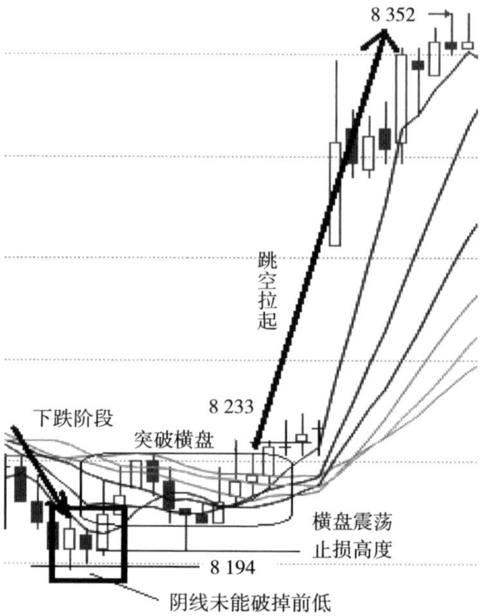

图7-8　多方炮

（7）红三兵。红三兵一般对应着比较平滑顺畅的多方拉起走势。其构成特点是连续出现的三根阳线，且其排列较为整齐有序（其间没有跳空高开的情况出现），则后期多数看涨。如图7-9所示，当前期经过一段较大幅度的下跌之后，空方最终以8 188点做底，阳线以较长部分的实体进行吞没反攻，并在后期形成规则有序的红三兵排列。在这一K线组合中，若后期的收盘价高于前期K线实体部分，则后期的看多走势更加明确。红三兵的K线排列进场高度应该选择在价格超越第三根阳线之后，对应的止损点应不低于第一根阳线的实体部分。

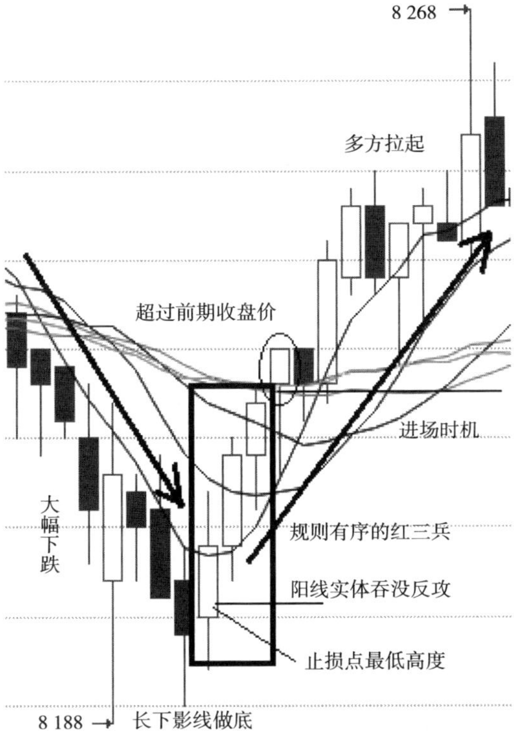

图7-9 红三兵

2.常见的看空K线组合

（1）空方吞没线。如图7-10所示，空方吞没线与前面所讲的看多吞没线相反，其构成特征是在一段较大幅度的涨升过后，空方以一根长阴线反攻，且长阴线的开盘价高于前期顶部阳线的高点，但收盘价低于预设顶部阳线的底部。从图形上看，后期的阴线将前期所出现的阳线吞没。这一K线组合多代表多方在顶部的最后挣扎以及空方的强烈反攻，一般视为多头趋势的结束和空头趋势的开启。若后期所出现的低价能够破掉前期阴线实体部分的低位，则后期看空概率更大。我们选择在空方破掉上升趋势线或者前期低点时进场，对应的止损高度应该不高于前期阳线实体部分的高度。

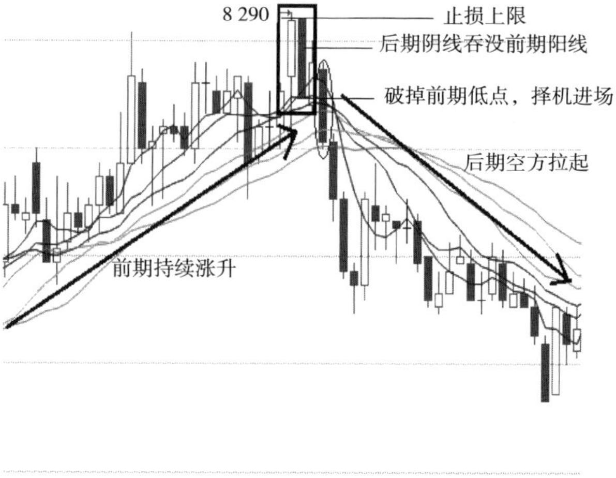

图7-10 空方吞没线

（2）上吊线。上吊线，顾名思义，这根具有特殊形态的K线就像一个向上吊起的砖头，它的形成特点是K线的实体部分相对较短，上面多数没有上影线，而下影线则较长，其长度一般为实体部分的两倍以上。这一特点主要是因为在一段K线的形成过程中，价格高开后经过多空双方的激烈对峙，开始时多空双方力量悬殊，价格明显走低，但经过多方的不断挣扎和双方不断博弈，最终收盘价趋于开盘价附近，形成较短的K线实体和较长的下影线。多数情况下，上吊线对于转向的指示作用并不区分阴线上吊线和阳线上吊线，也就是说，当走势经过一段较长时间的涨升之后如果形成明显的上吊线，无论是阴线还是阳线，后期走势多数以看空为主。

如图7-11所示，在经过前期一段震荡的攀升之后，该走势在8 426点做头，并在预设顶部形成一根阳线的上吊线。由这根上吊线开启了一段较为顺畅的下跌走势。在这一空方逐渐占据主动的过程中，我们不仅可以使用上吊线对即将拉起的转向走势做出预判，上图中阶段顶部出现的几根K线所体现的多空双方力量对比也可以为上吊线的转向指示提供一定的判断依据。如图7-11，顶部的四根K线中从左至右分别是：第一根具有较长实体部分的阳线代表着多方上攻力量较强大，然后经过空方的对峙使多空双方力量均等，形成第二根十字星。之后空方力量继续增强，并在打破星线之后将股价继续下压，从而形成具有较长下影线的上吊线。第四根K线空方完全占据主动地位并大幅进军，从而最终形成具有较长实体的大阴线。整个过程可以明显看出多方力量的衰减和空方力量逐渐反攻并占据上风的过程。

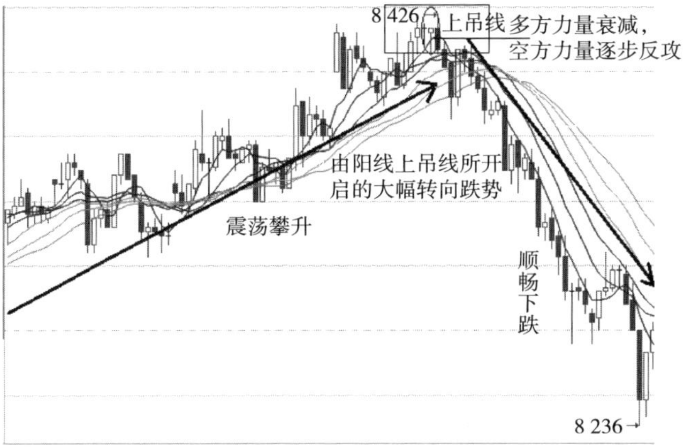

图7-11　上吊线

（3）空方炮

空方炮是与看多K线组合中的多方炮对应来命名的，也可以称为两黑夹一红，或者是两阴夹一阳的K线组合。由此可见，空方炮的构成特点是由两根实体较大的阴线夹杂着一根实体部分相对较小的阳线，小阳线的实体部分几乎可以被两根大阴线的实体部分覆盖。从位置关系上来讲，左边一根阴线的底部与小阳线的中部和右侧大阴线的顶部大体处于同一高度上。这一K线组合的形成多是由于庄家在长期上涨顶部大量出货时，打压市价形成大阴线。由于前期漫长的上涨过程所构成的上涨惯性，使多方仍有余力继续抗争，从而形成中间的小阳线。最终庄家再次出货，并推动卖盘疯狂抛售，从而酝酿出右侧的大阴线，并最终发起一段具有一定规模的下跌走势。

如图7–12所示，经过一段漫长的震荡上升过程之后，多方放量上升并在8 290点以一根具有较长下影线且实体部分较长的阳线做头。然后阴线自8 286点开始反攻，最终以8 135点完成两阴夹一阳的空方炮结构并最终确立了空方的主动地位。应该注意的是，空方炮中间的小阳线可以呈现为在空方炮基础上的变形形态。例如期间所出现的小阳线是由多根小阳线连续抗争所构成的变异图形。但无论怎样，在两根实体部分较长的阴线夹攻下的小阳线反抗能力终归较弱，因此空方炮对于走势转向的指示作用比较明确。另外应该注意的是，空方炮若出现在下跌走势的中途，则后期依然看跌。

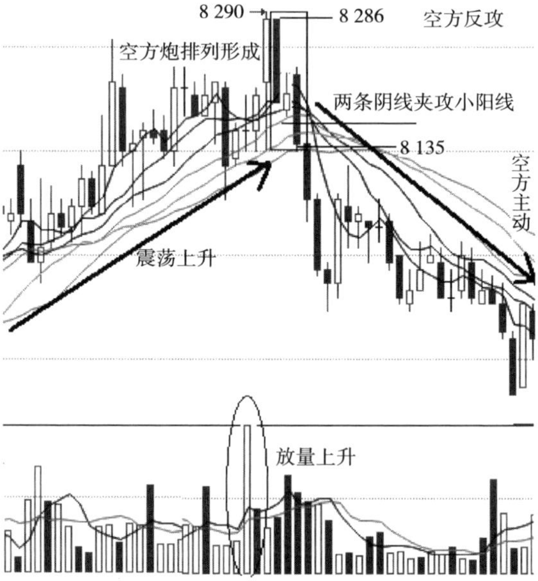

图7–12　空方炮

（4）黄昏之星。黄昏之星与上面所讲的空方炮类似，也是由三根K线组成，其构成特点是第一根K线由还在上涨的小阳线组成。第二根则是由实体部分很短的K线组成，这根K线甚至可以是十字星，多表明此时多空力量在焦灼地对峙，市场仍然没有选择明确的方向进行突破。一般情况下，黄昏之星中第二根小K线往往高于前期K线实体部分，形成一颗在顶部高高在上的闪耀明星，预示着即将发起的跌势。第三根K线则代表空方进行完全的进攻并取得最终的主导地位，最终形成一根实体部分较长的大阴线。由此可见，黄昏之星的形成过程代表着多头力量的不断退让和空头力量的不断反攻，是空头逐渐介入并控制市场的较好进场时机。

如图7-13所示，该产品在经过前期一段横盘震荡之后，伴随着成交量放出的巨量，在12月4日21点夜盘开市时，以跳空的方式突破交易密集区，并在5 042点实现有效的突破后正向拉起一波走势。在12月27日前后，多方与空方出现了激烈的对峙，并在顶部形成了两个多空力量均等的十字星。27日早盘开盘时，该品种以5 070点的高位高开，但是由于空方的持续打压，使得走势持续走低，并在当天收盘于5 059点的低位。最终在12月28日发起了稳定的下跌走势。在此过程中，空方一直处于主导地位，并最终以5 035点的低位做底。从黄昏之星的形成过程可以看出，整个过程实际上是多方力量逐渐耗尽、空方力量逐渐占据主导地位的过程。

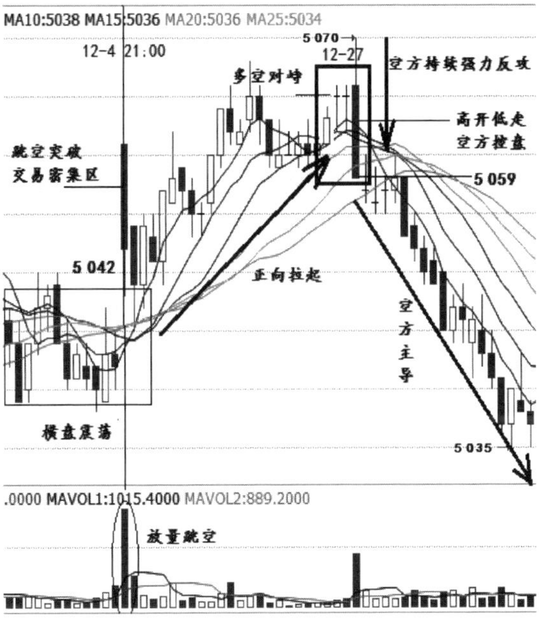

图7-13　黄昏之星

（5）乌云盖顶。乌云盖顶是一种常见的看跌组合，其构成特征是：在一段相对稳定的涨升过程之后，多方形成一根大阳线，继续承接着之前的上涨行情。此时空方进行有力的反攻，并以一根深入阳线实体部分的大阴线占据了主导地位，此时的收市价格多深入到前期阳线实体一半以下的位置，由此构成乌云盖顶的K线组合。这里应该注意，该K线组合所构成的顶部特征受第二根K线下探深度的影响，下探深度越大，其转向的指示意义越明确。如果空方的下攻力量较小，并未顺利下穿多方实体部分的中间高度，则此时应该以观望为主，等待后市继续出现下跌信号。在实际操作中，这一K线组合出现的频率较高，因此建议结合成交量的放大或者均线系统的共振来明确其转向的指示意义，以避免该K线组合仅是由庄家单方面所设计的骗线陷阱。

如图7-14所示，该产品前期经历了一段较长时间的窄幅震荡，在该交易密集区之内，多空双方不断对峙，市场迟迟没有选择方向。经过在8 526点高位出现的虚假突破之后，最终在横盘震荡通道的下边沿实现有效突破，并最终拉起了较大规模的下跌走势。在这一段走势中，巨幅的下跌是由顶部一组乌云盖顶的K线组合所构成的。在8 526点的高位，多方低开高走持续上攻，形成一条实体部分较长的阳线。但次日阴线发起有效反攻，并顺利进入阳线实体1/2以下的位置，说明空方的反攻较有力度。伴随着成交量的巨幅放量，空方占据了主导地位，并且在后期的走势中所产生的阴线不断创出新低，使空方在后期的走势中优势地位明显。如图7-14所示，后期多方在16日14时左右进行的反攻最终以失败告终，未能突破交易密集区以及空方的均线束，从而进一步确立了空方的主导地位，并最终形成了幅度较大的下跌走势。由此可见，在乌云盖顶的K线组合对于转向的判定中，由于其出现的频率较高，因此尽可能结合高位放量、均线系统以及有效突破等多种技术手段来确认由乌云盖顶所发起的转向走势。

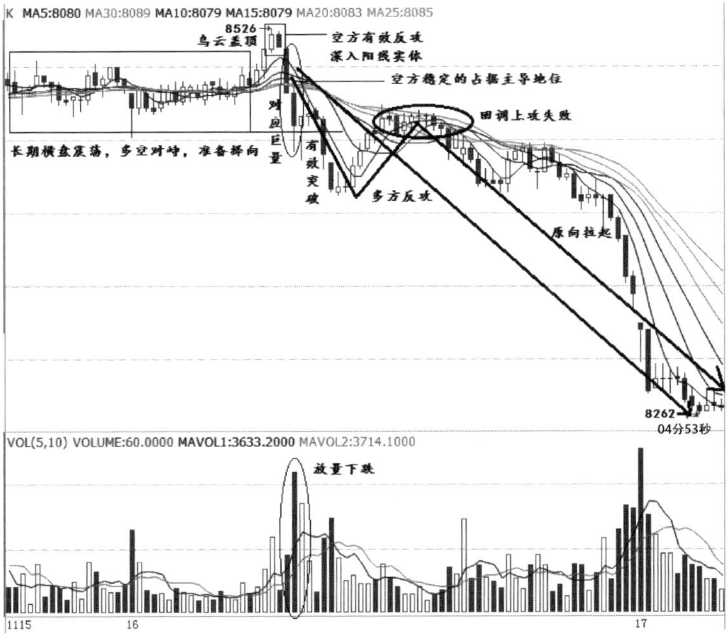

图7-14 乌云盖顶

（6）三只乌鸦

所谓三只乌鸦（有时也称作绿三兵），是与看涨K线组合的红三兵相对应的K线组合。其构成的K线特征是由3根逐次下跌的阴线构成。这三根阴线多数没有影线或影线较短，且每根阴线的开盘价都处于前一根阴线实体1/2以下的位置。由此可见，在三只乌鸦的看跌K线组合中，空方表现出了坚决的转跌意愿，多方经过每次的高开挣扎之后，都被空方无情地打压下去并最终失去上涨动力，形成多方力量耗尽的看跌K线组合。这一K线组合多数产生于前期已有一段相当的涨幅、多方在上攻表现出明显体力不支的情况下见顶回落的初期。虽然此时对于持仓者尚未形成较大的恐慌，但从K线走势图上看，明显破坏了大好的上涨趋势，给人一种大厦将倾的感觉。

如图7–15所示，该产品前期经过稳定的涨升之后，以长期的横盘震荡作头，形成一段漫长的交易密集区，并在11月30日夜盘开市时，以一根长阴线在8 241点处向下突破横盘震荡区间最终择向，由于多方前期稳定上涨的惯性，使得多方依然对这一突破进行了抗争，但由于空方下跌意愿明确，最终在12月1日开盘时空方以开市跳空掌握了主动。然后伴随着成交量的放大，空方产生3根逐次降低的大阴线，构成了坚决做空的三只乌鸦K线组合。其间多方虽然经过了短暂的挣扎，但明显回调无力，最终空方依然破掉前期低点形成坚定的转跌走势。在这一过程中，一方面空方以大幅反向跳空奠定了其主导地位，另一方面，空方多次突破多方的封锁破掉前低也进一步巩固了空方占优的总体下跌格局。应该注意的是，三只乌鸦的看跌组合可以出现在上升走势的顶部，也可以出现在相对稳定的下跌过程中，且其具体的构成K线会有一定变异，但其总体的排列结构和强烈的空方指向是不变的。而且在使用三只乌鸦K线组合对走势进行预判的时候，要充分结合成交量、有效突破或大幅跳空等现象来确认其看跌的指示意义。

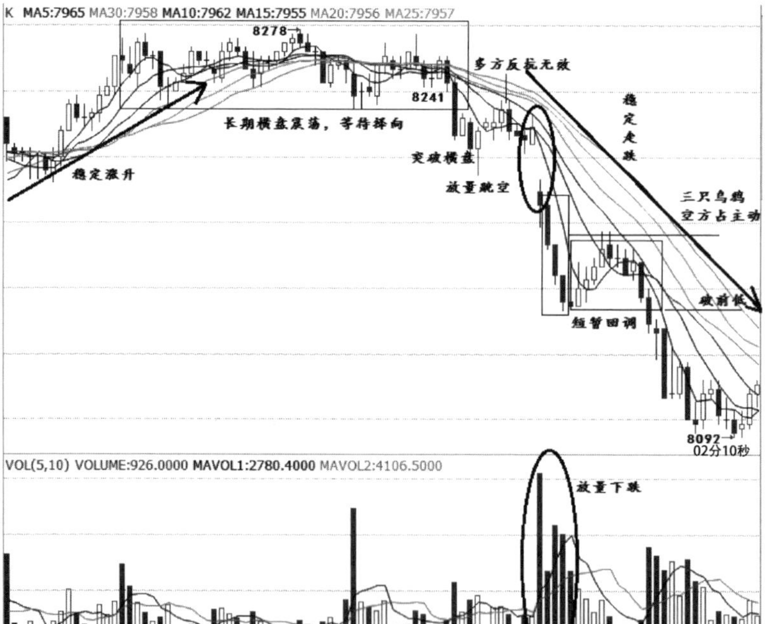

图7-15 三只乌鸦

由以上对几种常见的看多和看空K线组合的分析可以看出，不同的K线组合的形成过程本质上是多空双方力量不断对峙的过程。而多空双方的对峙正如敌我双方在战场上的拼杀，无论对方多么狡诈，也一定会留下诸如成交量的变动、交易密集区的突破、均线系统的排列以及开市的跳空突破等等蛛丝马迹。要充分利用这些典型的转向K线组合，并结合以上提出的种种迹象来印证我们的判断，从而提高对后期走势预判的准确率。

（三）K线的形态

K线形态是指连续排列的多根K线所表现出来的总体布局状态，相比少量几根K线所构成的K线组合，K线形态所关注的分析视角更大一些，因此其对后期走势的指示意义也更趋于长期。从判断结果上看，K线形态特征对于后期走势的预判结果相比于频繁出现的K线组合的指示作用更加稳定，K线形态也因此被作为中长线走势的顶部或底部特征，在技术分析中得到普遍的运用。

1.几类常见的底部形态

（1）W底，也被称为双重底，是指价格在走势中连续两次下跌到同一低点所构成的走势图形。其中，两个低点的连线我们称之为支撑线，价格反弹至高位后继续下跌，在高点处的水平线称之为W底的颈线。这一K线形态多形成于一段长期下跌行情的底部。长期的下跌过程使股票的出货量逐渐减少，股价在跌到一定程度之后转为上升，因此后期的市况多转为看多。

如图7-16所示，在一段较长时间的阴跌之后，多方在7 740点进行反攻，但未能直接拉起成多头趋势，在7 795点高度上受挫后继续下跌。由于多方的反抗，空头未能在此延续前期的下跌走势，而是在7 732点触底反弹，并在该低点附近形成下跌底部的支撑，因此后市总体方向看涨。在26日开盘时，多方以一个放量跳空突破7 795点的前期高点，并同时突破W底的颈线高度，从而印证了我们后期看多的总体判断。随着成交量的不断放大，多方走势顺利拉起，并在后期经过一段宽幅震荡之后突破交易密集区，继续多方走势。可见，一旦W底的形态特征得到印证，其对后期走势的指示作用是比较明确的。另外应该注意的是，在使用W底对后期走势进行研判的过程中，应该充分参考价格走势是否有足够的意图突破前期颈线高度，也就是"W"顶部的阻力线。如果能够顺利突破，则说明多方拉起的意图比较坚定，后期看涨的意愿则更加明确。此外，应该有足够的成交量作为支撑，配合转多走势得以稳定持续下去。

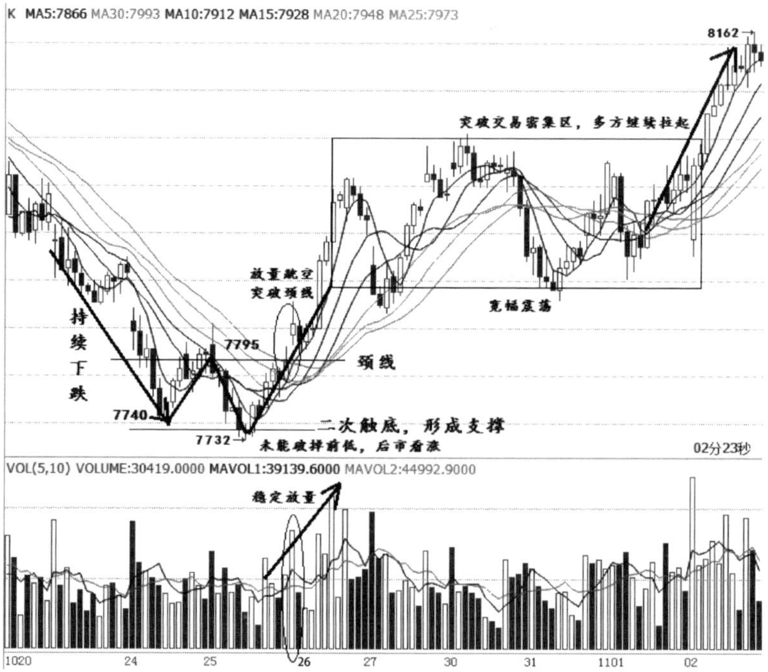

图7-16　W底

（2）头肩底。头肩底的形态特征是其主体部分由左肩、右肩和中间底部构成。这一形态结构多数出现在前期具有一定幅度的下跌趋势之后，价格的总体运行过程是股价经过3次探底后形成3个错落的低谷，第一个和第三个低谷（即形态中的左肩和右肩）的底部高度大致相当，而中间的低谷则明显低于两侧的最低价格形成头部。另外，左肩和头部冲高的阶段高价大致相当，并把这一连线作为后期右肩是否能够实现有效突破的判定高度。通常情况下，由于前期大幅下跌过程使得多数持仓者普遍对后市看淡，前期在头肩底的形成过程中成交量总体变化不大，依然持续萎缩。当右肩向多方坚定地突破颈线时必须有成交量的放量配合，否则多方的突破力度以及后市拉起的有效性将值得商榷。

如图7–17所示，该品种在前期有一个较大幅度的下跌过程，从5 133点的高位持续下跌至4 835点，空方在这个高度上进行了一定程度的反攻，并在4 890点继续被空方打压下去，从而形成了4 835点水平上的左肩。空方继续下攻，直至4 824点做底，形成头肩底的头部。当空方再次打压多方的反攻时，价格跌至左肩的低点价格水平上形成右肩，并在这个高度上形成强有力的底部支撑。最后在成交量持续放大的配合下，多方一路涨升并突破颈线高度顺利拉起到4 947点。虽然空方在这一点位上进行了反攻，但效果并不明显，只是阶段性的空方回调。当走势突破4 947的前期高点后便继续多方拉起，持续涨升至5 130点的前期高点位置后才结束了这段具有一定规模的涨势。

（3）弧形底。弧形底也被称为圆弧底，因这一形态多出现在一段长期下跌走势之后，在其跌势末期形成一个类似于圆弧的底部形态而得名。这一形态的具体形成过程多数是因为在前期的长期下跌过程之后，卖方的抛压消耗殆尽，空方基本没有能力再将价格继续向下打压，而高位套牢的持仓者多数改变了自己的持仓策略而改为锁仓观望，此时的多方尚没有能力启动低位的多方走势，因此价格处于底部的僵持状态，行情表现为明显的极弱走势，最终形成了长期走势图中的弧形底形态，该形态也可以视为价格在经历前期长期下跌之后的一段休整时期。

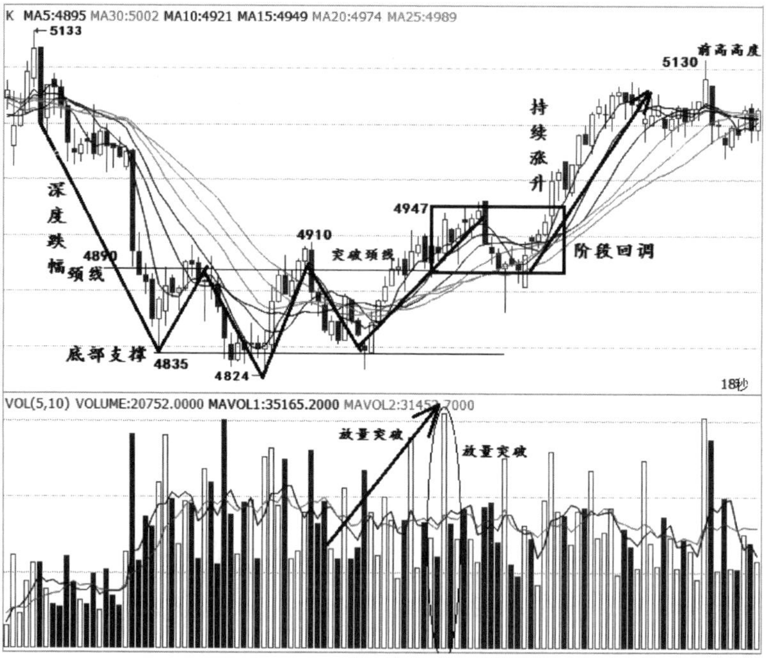

图7-17　头肩底示例图

如图7-18所示，该产品在经过前期一段较大幅度的下跌之后，多数的空方已经卖出了自己手中的筹码，高位被套的多方则已经失去了对市场再次走多的信心，从而造成底部锁筹严重。多方在这一阶段尚没有能力聚集力量组织有效的反攻，因此此时的市场总体表现为成交量萎靡，市场死气沉沉。当市场最终在4 167点的低位做底之后，多方进行了一次跳空突破反攻但未能成功。在14日早市开盘时，多方以一个低开高走的多方跳空大举突破底部区域，从而确立了多方的主动地位，然后多方顺势拉起，直至4 419点的高位做头才结束了这一轮涨势。由此可见，弧形底多对应着较大规模的下跌和酝酿着较大规模的涨升，持仓者应该耐心等待漫长的底部结束，并在多方明确占据主导地位和顺利完成底部突破之后，尽快顺势上车。

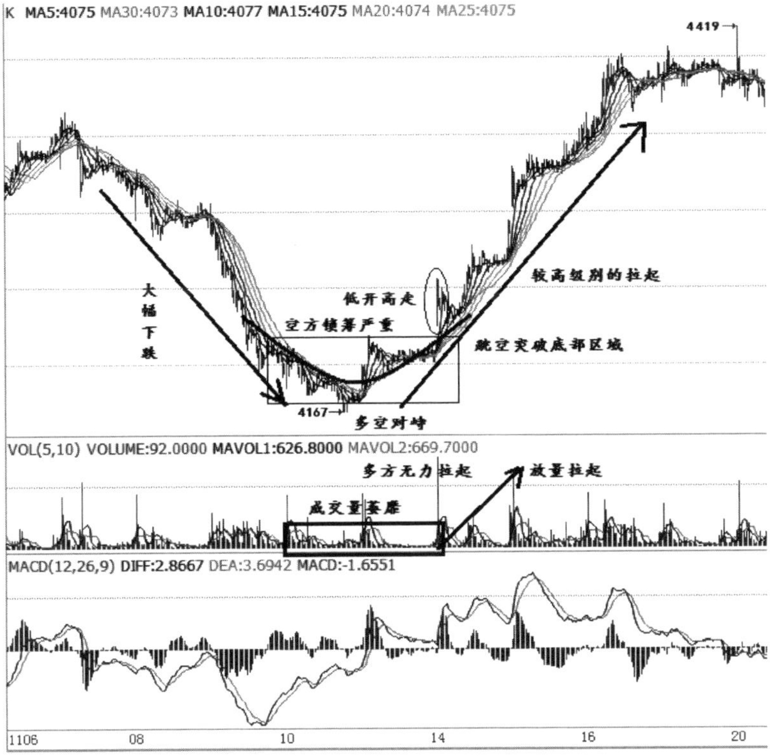

图7-18 弧形底示例图

（4）V形底，顾名思义，是前期一段较大幅度的下跌之后，在底部形成的一个巨大的V形底部结构。其结构形态不像弧形底那么圆润平滑，而是一个尖尖的V形。其主要形成过程是由于前期漫长的阴跌使投资者普遍看淡市场，而主力机构则借助这种惨淡的人气在低迷的市场中连续抛售，形成几根威力巨大的阴线，使投资者极度恐慌并借机在低位抛出筹码。当投资者争先恐后清仓离场时，主力机构则借机疯狂低位吸筹，拉出长阳上攻，并在底部加速建仓过程。这一过程进展得异常猛烈，且结构简单，易于辨认。因此，V形底是一种常见的强势下跌和强势反弹的底部形态。

如图7-19所示，在前期已经具有较大跌幅的基础上，庄家进行了大量的抛售，从而制作了放量下跌的骗线引发市场恐慌，持仓者则纷纷抛售筹码，从而造成了新一轮的下跌。直至7日上午早盘即将休市时，庄家的再次抛售引起多数多头筹码的出清，从而形成7 814点上的底部价位。紧接着庄家风格突变，疯狂在底部买进仓位，极力进行吸筹，从而转为强势上攻，并最终发动了一个较为稳定的多头走势。该走势在8日上午开盘时以一个高开低走的开市跳空突破前高，到达8 056点的高位，延续前期的多头趋势。

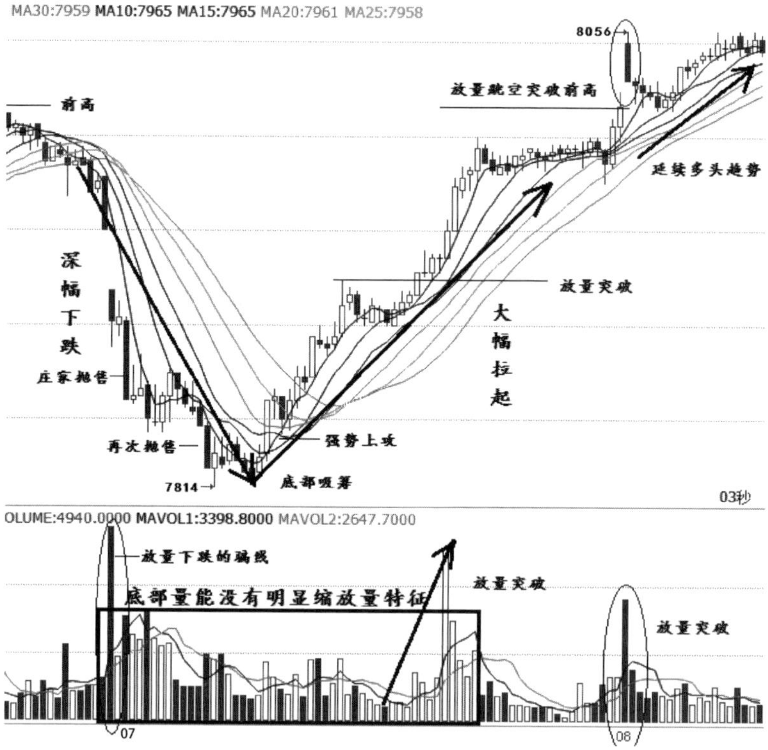

图7-19　V形底示例图

但应该注意的是，由于V形底的筑底过程比较急切迅速，因此成交量多数尚未能够出现具有规律性的缩放量特征。但是当庄家在底部筑底吸筹完成之后决定大幅拉升时，必然伴随着一定的放量突破。这个过程可以明显看到成交量大幅上升并放出巨量。另外，V形底的形成是一个变化剧烈的过程，使V形底在反转当天多数是以阳吞阴或者底部星线呈现的，这一特点也可以作为长期下跌走势底部形成的重要提示性因素。

2.几类常见的顶部形态

（1）M顶，是在盘面分析中较为常见的顶部形态，因其形态类似于一个大写的“M”而得名，它是与W底相对应的顶部形态。M顶在形成前有一段相当幅度的涨升，并且这段涨升伴随着成交量的同步增加，经过高位滞涨之后价格转为下跌，同时成交量减少。紧接着多方开始组织反攻，使成交量再次增加。但这次多方的进攻多数未能突破前期高点或大致与前期高点相等，之后价格进一步下跌并突破前期股价下跌的低点，从而形成一个具有两个顶部的M形头部形态。这一顶部的形态特征通常指示趋势的逆转和预期市场走向看空。通常情况下，该形态右侧的头部相对低于左侧的头部，表示多方的进攻势头已经有所衰减，但右侧头部高于左侧头部的幅度在3%~5%区间时，一般不会影响M顶作为走势反转的认定。

如图7-20所示，该品种在盘面的左侧有一段震荡上升的过程，然后多方持续发起进攻直至3 443点高位做头，而后成交量开始萎缩，表示多方进攻势头有所减弱。最后在3 443点的高位，空方开始发动强力反攻，并以一个高开低走的大幅反向跳空突破了3 424点的前期低点。随后多方继续进行第二轮上攻，但未能破掉3 443点的前期高点。总体走势再次转为空方占据主导地位的下跌走势，并在3 424点位置上再次向下突破前期高点，最终持续保持稳定的下跌趋势，直至3 381点的低位做底才得以结束。如图可见，M形顶部形态在空方进行反攻时未必有成交量的配合，但当多方进行上攻时一定会有成交量的放大进行配合。M顶的形成时间越长，走势转向的可靠性越高。若M顶的形成时间较短，则多数只是中期走势的一次调整。最后，对于空方形成的跌势，我们可以借助颈线到最高点的垂直距离作为一个衡量标准，这段价格水平是M顶作为头部转向特征转向后预期能够发起的最小跌幅。

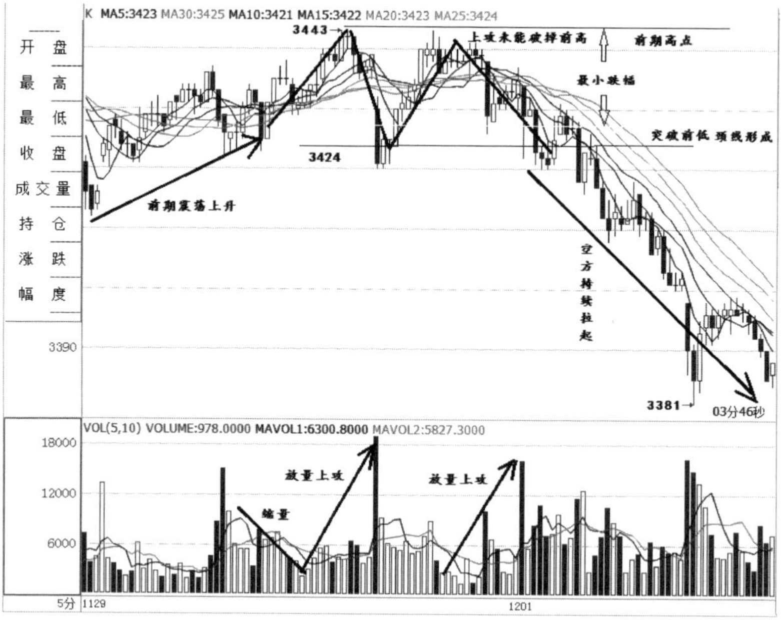

图7-20　M顶示例图

（2）头肩顶，是与头肩底相对应的顶部形态，也是在实际盘面分析中较为常见的一种转向形态，多出现在上涨行情接近尾声时的看跌走势。顾名思义，它由上升途中出现的3个错落有致的峰顶构成，分别称为左肩、头部和右肩。具体的形成过程是在长期的上升走势中成交量有所放大，并在左肩高度上形成成交量的高点，随后空方进行反攻，其中也不乏有一部分已经买进的持仓者获利出货。经过短时回落以后多方有一次强力的上攻，但此时所伴随的成交量较左肩部分的成交量有所减少。当价格继续上升并突破前期高点时，空方继续组织反攻，形成成交量随之同步减少的下跌段落。当价格下跌到前期低点时再次获得多方的有力支撑，但此时经过反复调整的市场投资者明显情绪受挫，使右边的成交量无法抵达前期多方反攻时的水平，最终形成右肩部分。总体上看，头肩顶是由三个峰顶组成的，左肩和右肩相对较低，中间属于高出的头部位置。从成交量上看，左肩的成交量最高，后面依次是头部和右肩，成交量呈逐渐缩小的态势。主要是由于随着多空力量的不断对峙，多方上攻的力量逐渐衰竭，市场情绪普遍低迷，并且空方在后期跌破前期低点的颈线高度时发起大幅的下跌走势。总体而言，当右侧的右肩部分下跌攻势攻破由前期低点的连线所形成的颈线高度时，宣告了头肩顶转向形态的最终形成。这一顶部形态一旦形成，其阶段转向的指示意义将较为明确。

如图7–21所示，该产品以一个低开高走的跳空走势强势上攻，随后空方进行了强烈反攻，使左肩形成时市场放出巨量。然后多方继续上攻，直至3 590点的高位做头。在15日早盘开市后不久，空方继续反抗，多方力量明显衰减，持仓者普遍看淡市场，成交量随之递减。在16日午盘前后，多方展开了最后一轮反抗，但其势头明显低于左肩和头部。由于整个市场持仓者的看空情绪明显，使多数多头持仓者信心动摇，并随时准备沽出。16日夜盘开市时，空方以一个大的放量跳空突破颈线，并最终完成了头肩顶的转向布局。空方在17日前后发动大幅下跌趋势，其预期下跌的最小幅度至少应该等于3 590点的头部高位到前期颈线的垂直距离。这里应该注意的是，为避免右肩向下突破前期回撤低点所构成的颈线为虚假突破，只有右肩向下突破颈线的幅度超过市价的3%~5%时，才可以做出比较明确的向下突破的判断，从而避免多方以前期颈线为支撑位进行强势反攻。如图7–21所示，当空方大幅跳空突破颈线时，表明空方的主导地位已经确立，因此此时构成多头仓位出货的最佳时机。头肩顶的形态也会出现诸如复合型头肩顶的变异形态，但由于此类头肩顶形态的后期往往还会有比较频繁的剧烈波动，多数情况下应结合趋势线或通道线作为箱体整理或者交易密集区来处理。

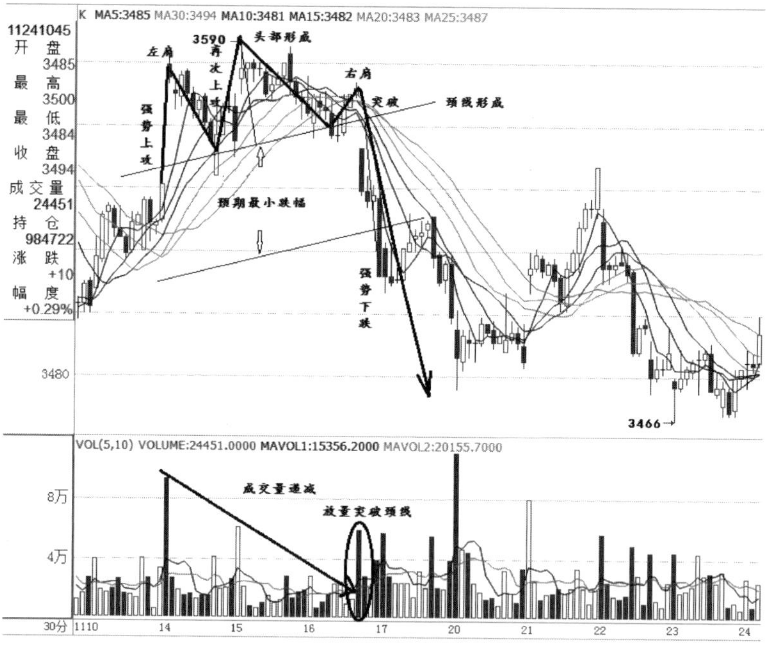

图7-21 头肩顶示例图

（3）弧形顶，是与弧形底相对应的逃顶形态，其总体的形态特征犹如一根弯曲的圆弧。其形成过程是在前期一段强劲的上升过程末期多方力量有所衰减，随着多方力量的减弱和空方力量的相对增强，多空双方在弧形的顶部产生了较长时间的对峙。由于在顶部高位持仓者对后期走势多持观望态度，因此使顶部锁筹严重，量能降到最低。在弧形顶的右侧，空方开始发动反攻，并且伴随着成交量的放大，最终以长阴线或者大幅跳空突破前期颈线位置，最终占据了主导地位，顺利发起空方走势。弧形顶的走势多数要经历一个相对漫长的对峙过程，因此弧形顶一般多用于较长周期或较长时间跨度的盘面分析中。另外，当弧形顶右侧向下突破颈线高度达5%以上时，空方占据主动的概率相对较大，此时是多头逃顶的最佳时机。

如图7-22所示，该产品在前期有一段相对稳定的震荡上升，但这一过程伴随着多方在7 975点的高位以一个放量上升做头。之后随着多方力量的衰竭，空方发起频繁的反攻，从而使多空双方在圆弧的顶部位置产生了多空对峙。最终空方逐渐占据了上风，并在12月1日开盘时以放量跳空的形式大幅向下突破圆弧顶的颈线高度，从而发起了顺畅的下跌走势。如同头肩顶转向形态对预期最小跌幅的判定方法一样，我们可以自圆弧顶的顶部向颈线做垂线，自空方下破颈线时算起，预期的最小跌幅至少等于这一垂线的长度。由于圆弧顶多指示较长时间内的转向走势，因此多数情况下只要圆弧顶的右侧向下突破颈线达到5%以上，后期能够拉起大幅转向走势的可能性就会较大。应该注意的是，圆弧顶的左侧量能相对较大，在顶部由于多空双方的对峙出现量能的萎缩，右侧空方所发起的反攻多以长阴线或者放量跳空的形式出现，最终使空方占据主导地位。

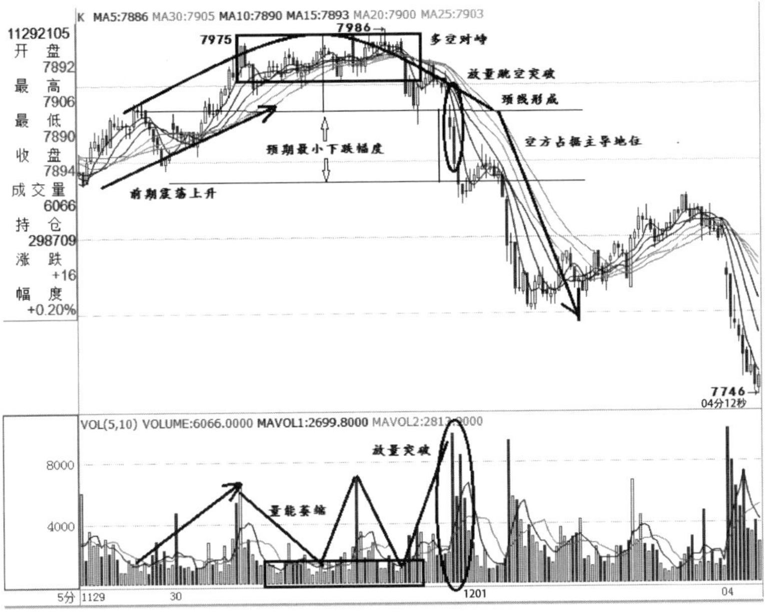

图7-22　弧形顶示例图

在实际看盘过程中，K线形态的分析方法以其具有形态直观、简单易操作、模型构造易拆分等特点深受广大金融交易参与者的喜爱。但应该特别说明的一点是，根据K线形态所做出的判断，仅是在走势过程中根据

K线形态出现的价位以及多空双方的力量对比对预期走势方向做出的概率性的推测，并不说明走势方向必然如此。在实际操作中，K线形态之后的具体走势还会受到总体趋势方向、横盘震荡区间、虚假突破、量价背离甚至市场情绪等诸多因素的影响。也就是说，仅使用K线形态孤立地对市场走势方向进行的预判往往准确率较低。

四、格兰威尔八大法则

（一）人物介绍

格兰威尔（Joseph E.Granville，又音译为格兰维尔或葛兰碧），美国著名投资专家，他创立了耳熟能详的移动平均线理论和量价分析理论。格兰威尔在1960年公开发表了格兰威尔八大买卖法则，用以判定技术层面的具体进出时机。这一理论的提出在当时引起了金融分析界的巨大震动。在格兰威尔的鼎盛时期，他对市场的预测性指令受到了众多市场参与者的追捧，在很长一段时间内，格兰威尔对市场的预测足以撼动整个股市。例如，当他宣布看空市场时，甚至能够引起道琼斯指数在一天之内产生暴跌，可见这一分析理论的巨大魅力。直到现在，格兰威尔八大买卖法则对于我们研判具体的进出场点位仍然具有重要的指导意义。

（二）理论概述

格兰威尔八大买卖点主要划定依据是价格与均线间的相对位置关系。格兰威尔认为，当价格突破一定日期的均线之后，多伴随着均线的黄金交叉，此时价格走势向多方拉起的概率较大。当价格经过一定回撤之后会不断地趋近于均线附近，并受到均线的阻力而被同向弹出，则此时多对应着涨势的后半段。当价格偏离均线距离较大时，表现为乖离率较大，则此时价格回归均线附近的趋势较强烈。反之，当价格跌破某日均线时，多伴随着均线系统的死叉，则此时下跌趋势较为明显。经过一段时间的反弹之后，价格会不断趋近于均线附近，受到均线系统的压力作用价格被迫向下弹出，从而形成后半段的下跌走势。当下跌趋势偏离均线系统幅度较大时，价格将转而看多并不断趋近于均线附近（见图7-23）。

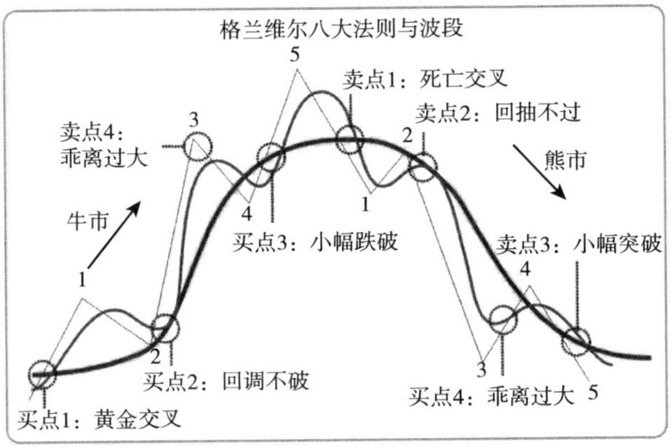

图7-23　格兰威尔八大买卖点

（三）格兰威尔八大买卖点

1.四大买点

具体来看，格兰威尔八大法则所对应的重要买点主要有以下四个。

（1）黄金交叉突破。该买入点多数出现在前期已有一段幅度的下跌或者长期在底部横盘震荡之后，多方发起攻击并顺利向上突破移动平均线形成的。这一买点的出现多数为多方拉起的初级阶段，但后市能否持续前面的涨升，其判断的准确性相对较低。这里主要是利用K线向上突破均线之后形成的黄金交叉对初步拉起的走势进行的判定（见图7-24）。

图7-24　黄金交叉突破示例图

（2）多方同向弹回。格兰威尔提出的第二类买点是股价在一段上涨之后，当空方对多方的进攻进行反抗时，由于空方的力量相对较弱，其向下突破的力度相对较小，未能顺利向下突破均线的阻挡，多头则经过阶段性的回撤和调整重新蓄积力量，向多方拉起。从盘面走势来看，K线受到均线的支撑向多方再次弹回。这一阶段多与艾略特波浪理论中的第3段主升浪相对应，其后期涨升幅度相比较而言多数是最大的，因此第二类买点是相对有利的进场时机（见图7-25）。

（3）空方突破不力。格兰威尔提出的第三类重要买点是当价格向下突破均线之后，再次企稳上升占领均线以上时所产生的买点。这个点位的产生主要是随着上升走势的不断发展，多方力量相对衰减，空方力量相对增强，此时空方得以向下突破均线。但多方进行了有力的反攻，并再次占领均线之上，最终空方仅是小幅的跌破而未能顺利拉起为空方的走势。这一点位的形成说明此时虽然多方力量有所衰减，但总体走势依然延续了前期的上涨力量，所以此时依然是一个相对稳妥的买进时机（见图7-26）。

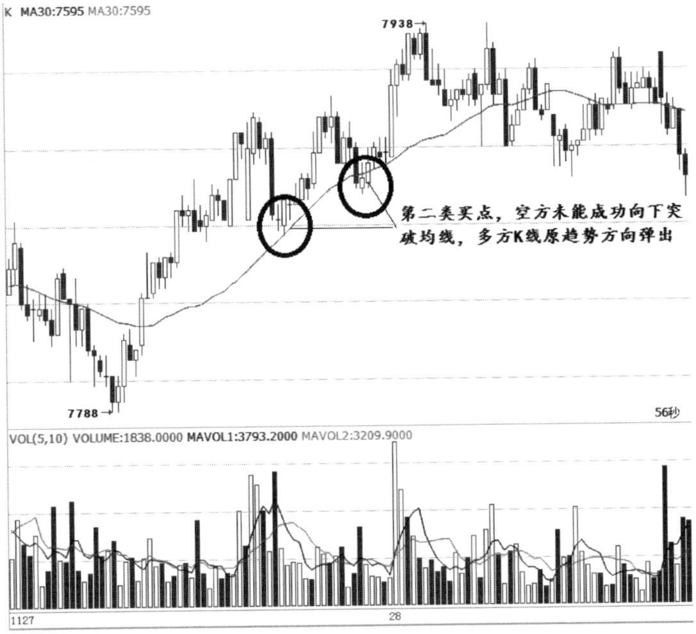

图7-25　多方同向弹回

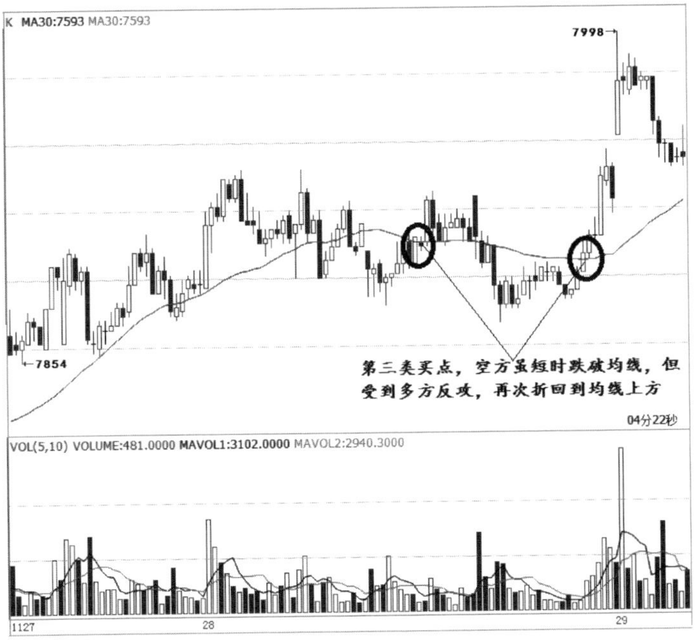

图7-26　空方突破不力

（4）空方乖离过大。第四类买入点出现在前期一段较大幅度的下跌过程之后，当K线偏离均线幅度较大，即乖离率较大时，多方再次靠近均线的倾向较大。此时，格兰威尔将其定义为第四个买入点。应该注意的是，该买入点属于逆势方向上的反弹点位，一般而言只是阶段性的多方反攻，多数不会改变原均线系统的总体走向。因此，在第四类买点进场时，只能期望做小幅的波段进出，不建议长期持有。由于买点4所利用的是乖离率较大时必然倾向于常规值的回归，因此第四类买点如果出现在高级别周期的横盘震荡中，则其强势反弹的概率相对较大。但在均线系统的总体下跌趋势中，在该买点进场的多头仓位应该尽可能做好前期低点上的止损操作，从而避免逆势仓位的亏损扩大（见图7-27）。

图7-27　空方乖离过大

2. 四大卖点

与四大买点相对应，格兰威尔八大法则中的重要卖点主要有以下几点。

（1）死亡交叉突破。格兰威尔提出的第一类卖出点位是当K线向下突破均线时所形成的死亡交叉。该点位多数出现在前期已有一段较大幅度的涨升顶部或者多空双方在相对较高的点位上长时间的对峙后，空方开始组织较有成效的反攻，并且顺利向下突破均线所形成的卖出点位，是一种比较典型和常见的下跌初期走势。这一点位一旦形成，多数代表多头力量的衰竭和空方力量的有力反攻，并最终发展为空头趋势。因此，持仓者应该在该点位尽快沽出或直接做空（见图7-28）。

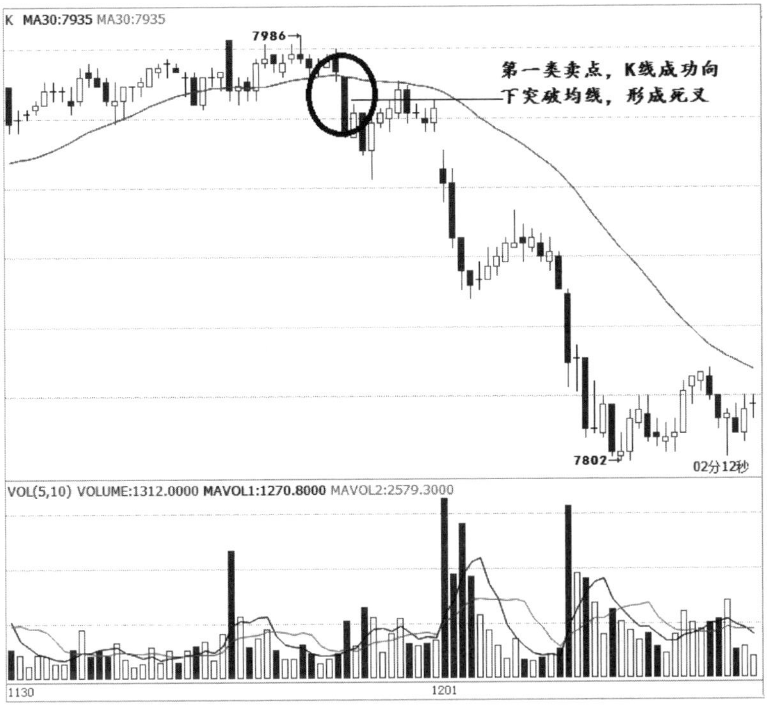

图7-28 死亡交叉突破

（2）空方同向弹回。格兰威尔提出的第二类卖出点出现在空方形成一段下跌走势之后，多方进行了较为有效的反攻，但由于在下跌阶段多方的买力逐渐衰竭，多方的上攻并未能顺利突破总体下跌倾向的均线。从盘面走势上看，表现为K线在上攻右下方倾斜的均线失败之后再次转为下跌。可见，该点属于多方试探性的突破，因此我们也经常将此走势称为回踩不破的走势。空方遇到均线的阻力作用再次弹回，应视为对空方力量占据主导地位的确认，因此这一点位的出现多数被视为相对稳妥的做空机会，并且该点多数对应着下跌走势中艾略特波浪理论的主跌三浪，因此该点进场后做空的预期下跌幅度将相对比较可观（见图7–29）。

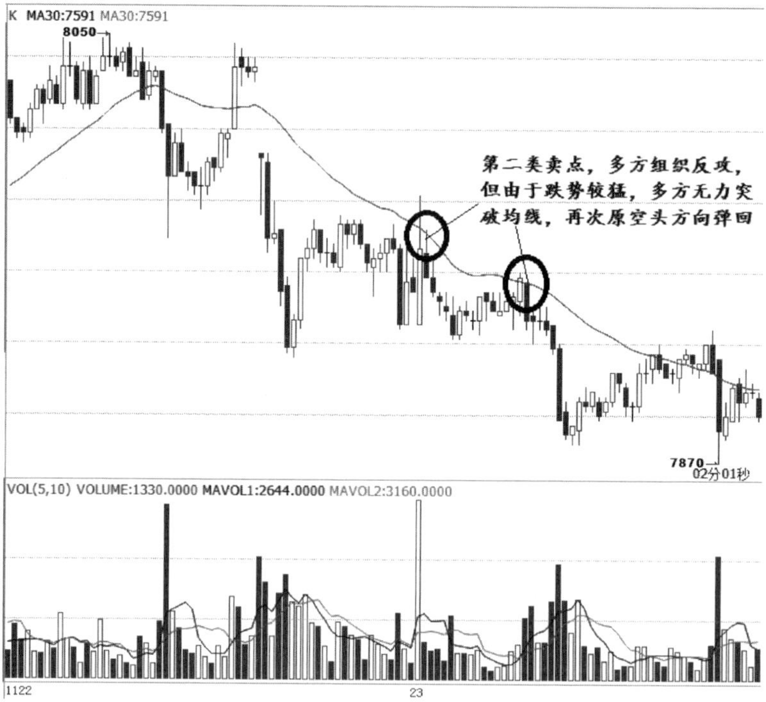

图7–29　空方同向弹回

（3）多方突破不力。随着下跌走势的进一步发展，空方力量逐渐衰竭，多方力量逐渐增强，并在下跌过程中逐渐向上突破向右下方倾斜的均线。但由于此时多方仍然处在恢复和蓄积阶段，因此多方的上攻未能改变均线系统的总体走向，短时向上突破均线之后再次向空方折回，依然延续前期的下跌走势，这一点位格兰威尔将其定义为第三类卖点。但应该注意的是，虽然该点位的进场依然处在总体的下跌趋势中，但由于此时多方力量明显恢复，空方力量相对衰竭，因此在该点位进场的空头仓位不应预期有太大的跌幅。应该充分结合K线与均线系统的相对位置关系和艾略特波浪理论的下跌5浪或三段式的修正浪，密切关注随时可能出现的大幅转向，从而避免前期积攒的浮盈被短暂且剧烈的转向所吞噬（见图7-30）。

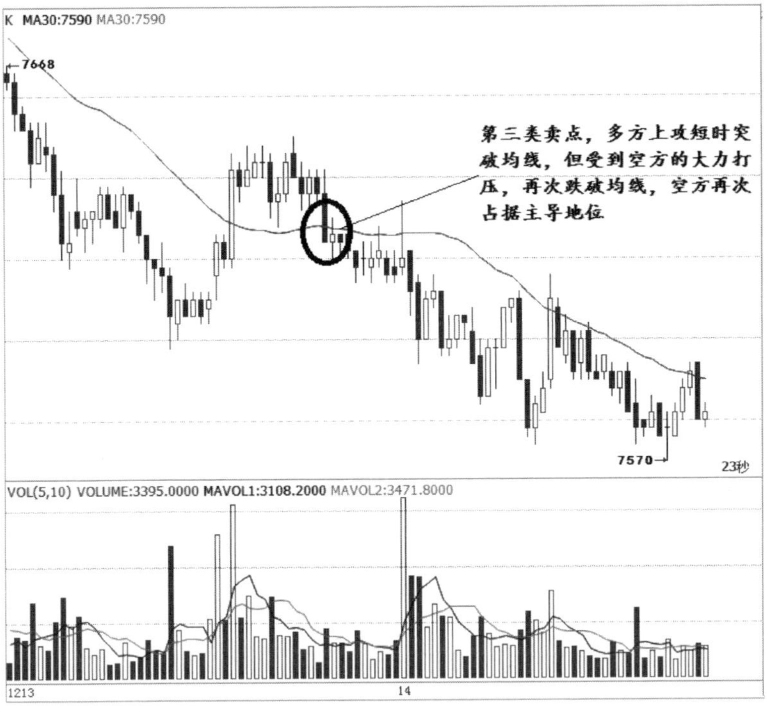

图7-30　多方突破不力

（4）多方乖离过大。第四类卖点依然出现在均线向右上方倾斜的多头走势中，当股价长期在均线系统上方运行时，相对较高的价位代表着买盘力量的不断减少和做空意愿的不断积聚。此时在上涨初期进场的多头持仓者已经获利丰厚，他们随时会在高位获利回吐。因此，当涨升走势偏离均线较远、表现为乖离率较大时，在股价高位上积攒的卖压较大，此时持仓者随时准备卖出。第四类卖点成立的理论基础依然是类似于第四类买点一样“物极必反”的市场原理。短期内在该点位卖出获利的概率相对较高，但从长期或从走势的全局来看，第四类卖点依然处在均线向右上方倾斜的上升阶段，因此该点位的进场仅属于上升走势中阶段回调的一个逆势操作，因此依然应该在进场时做好前期高点上的止损设置，避免走势再次突破前期高点多方拉起，造成空头仓位的亏损扩大（见图7-31）。

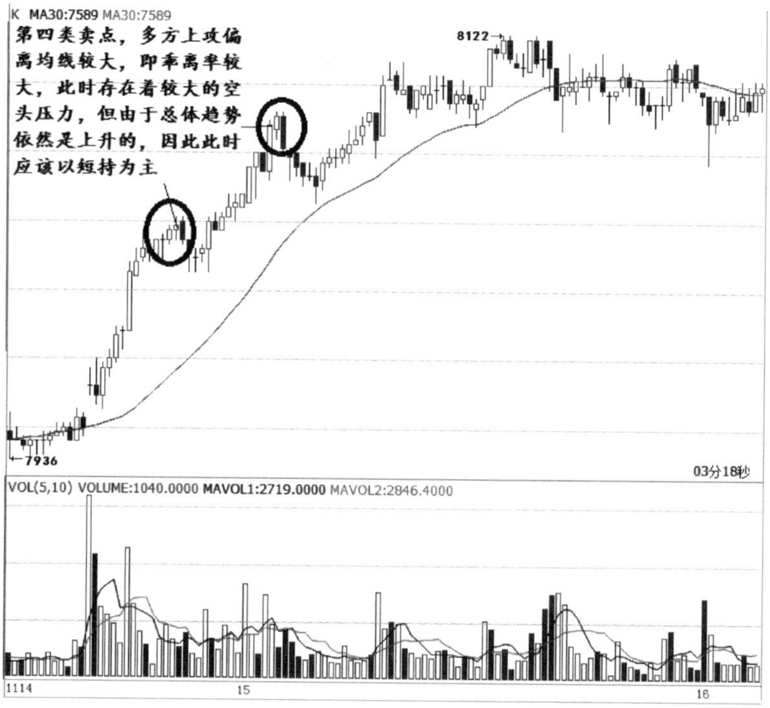

图7-31　多方乖离过大

总体而言，在格兰威尔所提出的四大买点与四大卖点中，黄金交叉与死叉、回调不破与回抽不过、小幅跌破与小幅突破以及乖离率过大等买卖点组合，每两个点之间的形成原理和性质是相同的，只是方向相反。由于这八个买卖点在实际走势中出现的频率较大且所使用的技术分析工具相对简单易于掌握，图形分析清晰直观，使格兰威尔八大买卖法则成为盘面分析中的重要技术工具，而且格兰威尔八大法则的总体点位划分恰恰与艾略特波浪理论上升或下跌的五浪结构相对应，从而使格兰威尔八大买卖法则与艾略特波浪理论的结合判定更具有技术分析上的指导意义。

五、艾略特波浪理论及其浪的划分规则

（一）人物介绍

拉尔夫·纳尔逊·艾略特（R.N.Elliott，1871—1948）是美国著名经济学家、杰出会计师、著名的金融市场分析大师。艾略特可谓大器晚成，其波浪理论的经典分析方法是在充分研究道氏理论的基础上提出的。当时的艾略特已经61岁，他对自己潜心研究的艾略特波浪理论有绝对的信心，为此他出版了介绍波浪理论的专著，并在《研判通讯》和《交易简报》等著名杂志上发表了其关于波浪理论的进一步研究成果。此后，艾略特在1940年继续发表了斐波那契数列应用于波浪理论的相关研究，再一次名噪一时，最终使其波浪理论成为了技术交易者在盘面分析中普遍采用的重要原则和分析理论。

（二）理论根据

艾略特认为金融市场的走势受到时间周期的影响较小，而更倾向于遵循特定的形态和段落。他在研发波浪理论的过程中，参考样本数据至少覆盖了75年的市场信息，并在此基础上得出如下结论：市场的周期性波动源于市场参与者大众心理的周期性波动，是众多市场参与者所构成的市场情绪看多或者看空之间的交替，使市场大致构成一种由五段式的

上升波段与三段式的下降波段或者是五段式的下降波段与三段式的上升波段所构成的基本形态。艾略特将这些市场形态及其相关变异总共提炼出13种形态和波形。这些形态和波形在市场走势中不断重复出现，并且会随着时间的推移不断联系起来，构成更大级别上的相同结构形态。由此提出了由这一方法进一步演绎和推纳市场行为的预测性方法，最终这一研究成果被系统地描述为艾略特波浪理论。艾略特在波浪理论中着重强调，无论一个市场趋势的规模大小如何，每一节周期上波浪所构成的五浪驱动波浪结构和三浪调整波浪结构是不变的，这就为我们在同一周期中判断预期方向和提升到高级别周期中判断波形走势提供了依据。

（三）三大铁律

对于绝大多数技术交易者而言，艾略特波浪理论的使用难点主要在于波浪结构的划分。但总体而言，只要我们严格遵循艾略特波浪理论的三大铁律，对于波浪结构的划分就相对简单许多。

艾略特波浪理论的三大铁律：

●2浪的最低点不能低于1浪的起点。

●3浪不一定是最长的，但一定不是最短的。

●4浪的最低点一定高于1浪的最高点，即4浪其波动范围不会进入1浪波动范围之内。

如图7–32所示，在这一段持续较长的空头走势中，如果我们选择下跌初期的转向高点2 889点作为起点进行划浪，则这一划浪方式显然不符合艾略特波浪理论的3个划浪标准。例如，该划浪方法的2浪已经接近于1浪的起点，并且第3浪在所有浪中属于最短的一段，4浪的高点也已经进入了1浪的区间之内。因此这一划浪方法是错误的。

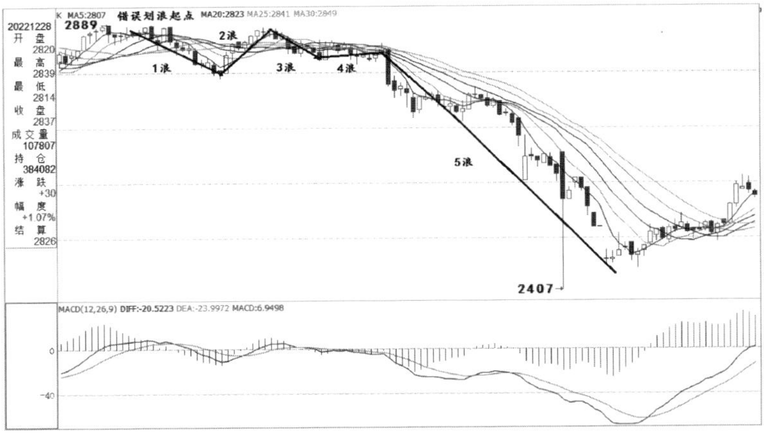

图7-32　错误划浪方法

如图7–33所示，我们可以重新选择一个划浪起点，从而使我们所标划出的每一浪都符合艾略特波浪理论的三大划浪标准。例如，我们选择空方向下突破30日均线的前期高点作为划浪起点，根据艾略特提出的划浪标准所划出的5浪结构，2浪的高点没有高于1浪的起点，3浪不属于最长的但也不是最短的，4浪的高点没有进入到1浪的范围之内。因此这一划浪方法符合艾略特波浪理论三大铁律的所有划浪标准，属于正确的划浪方法。因此这一划浪方法能够为我们后期走势的结构划分提供正确的分析依据。

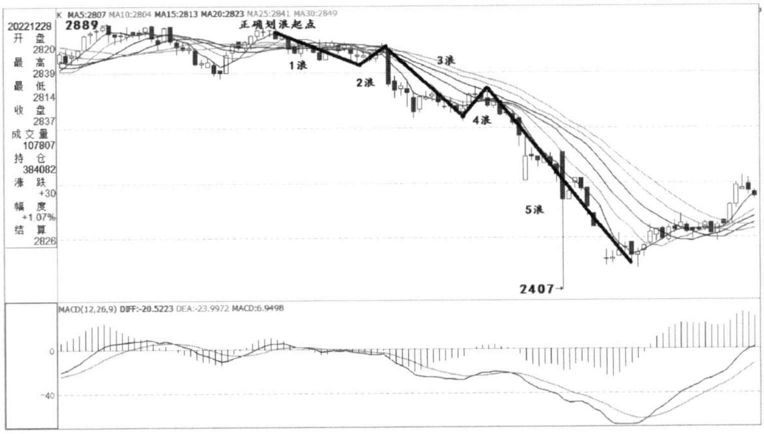

图7-33　正确划浪方法

（四）核心波形

艾略特波浪理论的数学基础是斐波那契数列，在此基础上与市场走势相结合，得出股价会随着主趋势的发展而呈特定结构的运行，并且它是由主趋势方向上对主要走势起到驱动作用和阶段调整作用的五浪和逆势方向上对主趋势进行修正的三浪结构组成。艾略特在此基础上进一步研究发现，纷繁复杂的市场走势无非是这一基础波浪结构的不断重复和变异，每个周期的走势都可以拆分为三个驱动浪、两个调整浪和三个修正浪的八浪结构（见图7–34）。而且，无论市场走势所运行的时间是长周期还是短周期，无论市场波动的幅度大小，都不会影响市场的五浪主升浪和三浪修正浪的主体结构。艾略特得出了惊人的预言：次级调整浪的时间周期相对较短，但长周期的波段时间至少可以持续100年。这一研究结论对于我们分析不同时间周期内的市场波动以及不同级别的震荡幅度都提供了直观和有力的判断依据。

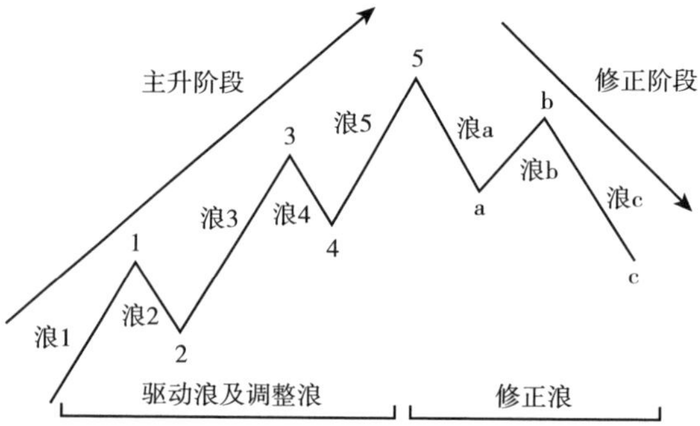

图7–34　艾略特八浪结构简图

如图7–35所示，根据艾略特波浪理论可以将该产品的总体走势划分为五浪的上升阶段和三浪的修正阶段。总体而言，上升阶段的幅度和时间跨度都远大于调整阶段。在驱动浪的形成阶段，1浪多数萌芽于长期阴跌、经济衰退，甚至是大萧条的阶段。此时往往利空消息满天飞，在1浪的形成过程中，价值逐渐回归，市场上的空头持仓者往往将其视为市场有所转机的逃命机会。但随着绝望的市场情绪不断蔓延，市场的基本面再次倾向于看跌，但总体而言，此时的多方力量有所恢复，因此空方的进攻未能创造新低。

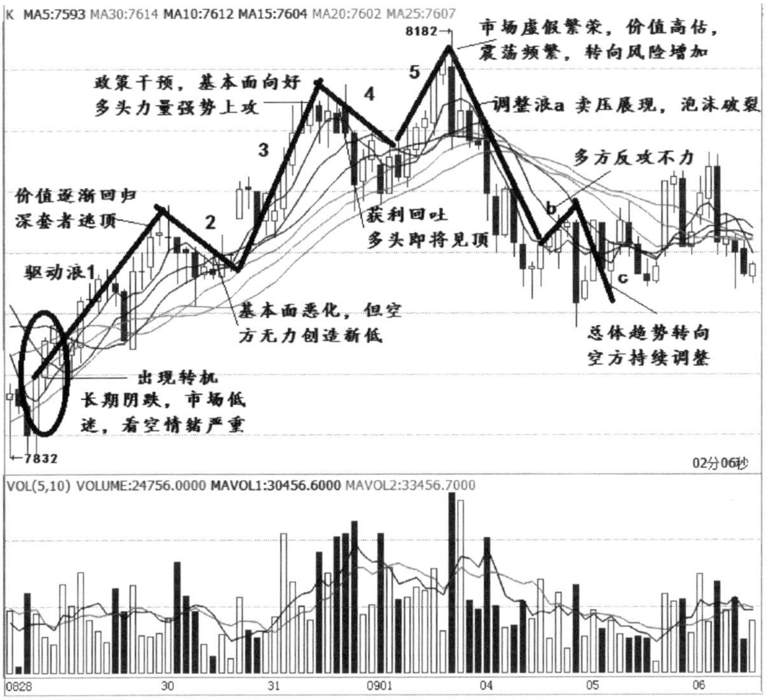

图7-35　八浪结构形成过程

针对市场有所恢复的总体态势，持仓者看到了多方力量逐渐恢复、空方力量逐渐衰减的底部特征，另外加之基本面方面政府采取了一系列的有力措施对市场进行卓有成效的干预，使多方力量得以较显著地向上突破，此时出现了持续延伸的第3浪。在艾略特波浪理论中，艾略特认为第3浪在整个上升五浪结构中，不一定是最长的，但一定不是最短的，因此三浪的出现往往呈现了最有利的基本面。随着经济形势的不断恢复，高位套牢的人们不断解套离场，底部吸筹的买家也不断地在3浪顶端获利回吐，从而形成4浪的短暂回调。在整体的五浪结构中，4浪的出现也预示着经济恢复最佳时机即将告一段落。随着涨势的进一步发展，空仓者逐步开始做多，甚至之前的空头持仓者也积极地转为多方持仓，随之形成了多方最后的攻势（上升5浪）。随着基本面的持续向好和多数持仓者的非理性参与，使市场价格整体被高估，股价震荡频繁，转向风险增加，进而产生了较为有力的三段式修正浪。在市场进一步修正的过程中，多方虽然在b段的修正浪中做出了一定的反抗，但依然无力挽救前期已经过热的经济，并由c段的修正浪继续将总体走势引向阶段性回调。

（五）调整形态

艾略特在波浪理论中指出，市场中的走势无论周期长短和波动幅度大小，市场总会按照最基本的波浪形态发展。在此过程中，波浪可能拉长，也可能被压缩，但其基本的八浪结构不会改变。这一相对稳定的波浪结构也反映了众多市场参与者的投机心理，在实际的操作过程中，市场参与人数越多，该理论所表现出来的规律性越明显。当一轮八浪结构走势结束之后，可以进入另一阶段新的五浪上升结构和三浪修正结构。另外，高级别的八浪结构中会蕴含着次级别的五浪上升和三浪修正结构。次级别的周期中，同样蕴含着更低级别的八浪结构（见图7-36）。

正如前面阶段顶部和底部的分析过程中，多根K线排列的总体结构特征能够构成一定的顶底形态，每一段波浪的次级结构K线排列构成的调整结构在总体上也会呈现出一定的形态特征。根据调整结构所呈现出来的指向性不同，我们可以将波浪所呈现出来的调整形态分为如图7-37所示的几种。

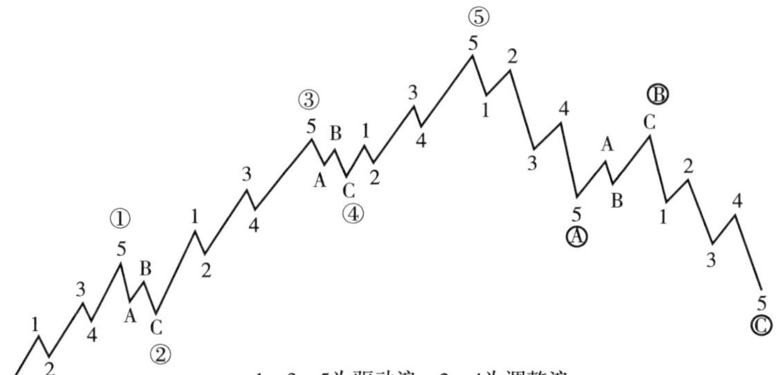

图7-36　不同级别波浪之间的蕴含关系

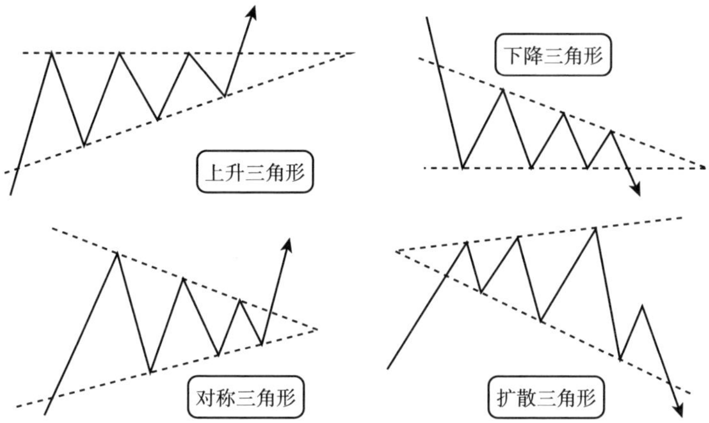

图7-37　几种常见的调整形态

如图7–38所示，在经过漫长的五浪上升过程之后，该产品在顶部形成了由a、b、c三浪组成的修正浪。这一段三浪的修正虽然多空双方均进行了有力的进攻，但在其调整过程中双方力量都逐渐衰减，构成了总体倾斜斜率大致呈对称形态的对称三角形调整形态。应该注意的是，这一顶部的调整形态并不会产生明确的指向，因此对于这一过程的研判应该借助均线系统的发散形态、K线组合特征、量价关系等重要分析方法来明确调整过后的突破方向。随着多空双方力量的不断衰减，市场交投极不活跃，成交量萎靡不振，预示着上升顶部即将出现。伴随着顶部高开低走，带有长上影线的锤形K线组合和一根长阴线向下突破收紧的均线系统，空方发起了猛烈的反攻，并且最终占据了主导地位，从而进一步发起了一段较为顺畅的下跌五浪。

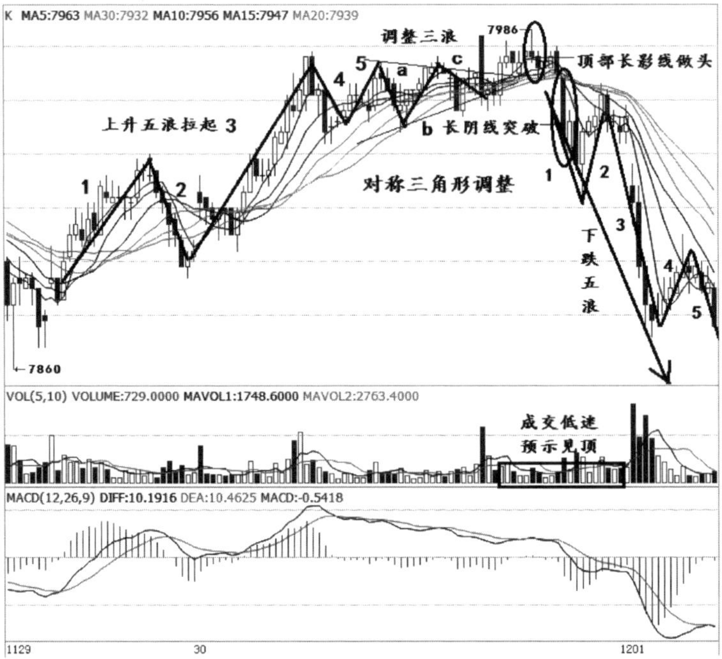

图7-38 修正浪所呈现的对称三角形调整

（六）变异波形

艾略特波浪理论指出了市场在一个长期的变动过程中所体现出来的规律性特征，但其也明确指出在走势过程中交替出现的波浪形态并非一成不变的。在实际的盘面分析过程中，最常见的变异形态主要是针对主升浪或者主跌浪中的1、3、5驱动浪的延伸，我们称之为扩展浪或者延伸浪。扩展浪的产生多是由于多空双方力量相对均衡所产生的漫长复杂的多空对峙。当主升浪或者主跌浪中的某一驱动浪出现延伸时，其波浪的序列结构总体会形成一个大小相似的9浪结构。如果延伸浪的次一级波浪再次出现延伸，则往往会形成13个大小基本相似的浪，以此类推。对于延伸浪进行分析和预测的难点在于是否能够掌握比较准确的数浪方式，我们在盘面分析中可以充分利用黄金分割比、通道线、支撑和压力位等技术方法来辅助完成对扩展浪的划定。

如图7-39所示，艾略特波浪理论中往往只有一个主升浪或者主跌浪出现延伸，这也为我们在实际盘面分析过程中对于浪的不同阶段的划分提供了重要的判断依据。而且我们也可以借此来对几个阶段驱动浪的长度进行预判。例如，多数情况下，在所有波段中3浪往往处于最长或者较长的阶段，如果我们通过分析发现3浪出现了延伸，则其余的两个驱动浪，即1浪和5浪理论上将不再出现延伸。因此，我们有理由相信1浪和5浪是相似的，并且结构简单。这种情况多出现在比较成熟的金融市场中，在这类走势中的3浪往往作为主升浪中的主力承担着主要的拉升任务。反之，如果我们可以观察到1浪和3浪的结构都相对简单，即1浪和3浪均未出现延伸的情况，此时我们有理由相信该阶段的延伸大概率出现在5浪阶段。总体而言，这一类走势多出现在新兴的金融市场中，由于在新兴的市场中各种不确定的经济因素相互牵制，相互作用，使第5浪的延伸多持续时间较短，然后走势再次进入漫长的震荡整理中。

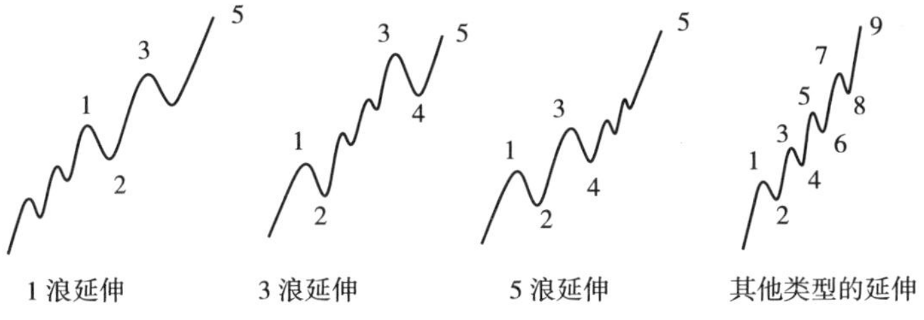

图7-39　艾略特波浪理论中几个驱动浪的延伸变异

（七）艾略特波浪理论与斐波纳契数列的数学关系

由艾略特波浪理论的发现过程可以看出，艾略特波浪理论的数学基础是著名的斐波纳契数列。因此，斐波那契数列的数学特征也必然会在艾略特波浪理论的实际波形中有所体现。我们可以充分地将斐波那契数列所揭示的数学规律应用于艾略特波浪理论不同级别周期的数浪操作中，从而增加对后期市场走势预判的准确性。

如图7-40所示，对于艾略特波浪理论中的驱动浪和调整浪的每一段向更小级别上的3个驱动浪和2个调整浪进行细分。我们发现可以将一个完整的涨跌过程划分为最高级别上的上升和下跌过程，即形成第一组斐波那契数列1，1，2。紧接着，我们对于走势的第二级进行继续划分，可以划分为上升中的五浪和下跌中的三浪修正浪，从而形成斐波那契数列中的第二组数字5，3，8。然后我们继续对波浪的第三级进行划分，我们可以将第一个主升浪划分为更小级别上的5个小浪，同理，2浪可以划分为更小级别上的3个小浪。以此类推，五个主升浪可以细化为5+3+5+3+5=21个更小级别上的小浪。同样道理，a、b、c三个修正浪可以划分为5+3+5=13个更小级别上的小浪。这样就构成了第三组斐波那契数列的数字，即21，13和34。同理，我们可以再向下继续划分第四个更小级别上的波浪，并且得出第四组斐波那契数列的数字：89，55，144…… 这样进一步细化下去，从而为我们对于更低级别走势的划分提供明确的数据引导和理论依据。

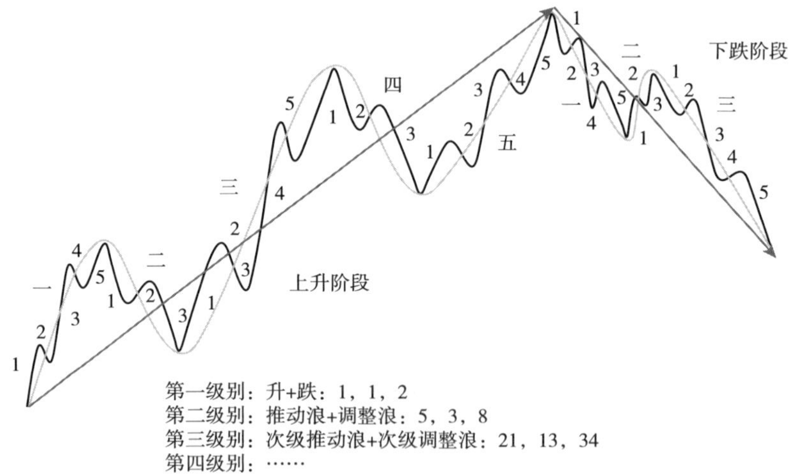

图7-40　艾略特波浪理论与斐波那契数列的数学关系

（八）对于波浪理论的评价

艾略特波浪理论揭示了股价在运行过程中所出现的交替变动的规律，即几种波浪形态交替往复构成的不同走势结构，从而为后期走势的预判提供了可能。另外，艾略特波浪理论与传统技术分析方法不同的是，传统的技术分析方法多以已经既定的数据作为样本参与到技术分析的计算中去，因此，其指示结论往往具有一定的滞后性。艾略特波浪理论则能够提前对后期的走势进行一定的预测和推断，并评估不同的具体阶段，解释为什么能够出现特定的形态以及此形态将会在何处出现等预测性的问题。因此，艾略特坚信自己的波浪理论属于制约人类活动的普遍适用的自然法则的一部分。

当然，任何一套经济分析理论都不会是完美无瑕的，艾略特波浪理论也存在着例如对同一波浪数浪方法不统一、没有明确说明延伸浪出现的必备条件以及艾略特波浪理论如何应用在股票选择中等一系列问题。但艾略特波浪理论无疑是技术分析法中的一个重大突破，它为我们进行盘面分析提供了一个全新的视角和相当有力的分析工具。因此，中高段交易者应该在持仓过程中高度重视并充分利用这一经典的技术分析方法。

六、缠论

（一）创始人介绍

缠论的创始人是就读于广州中山大学数学系、极富传奇色彩的李彪，也是当年中国A股市场中第一只百元股（亿安科技）的主操盘手。李彪在大学毕业后，主要从事股票操盘工作。他与绝大多数顶级操盘手相似，性格果断，反应敏捷，眼光独到，在操盘时极具杀气。他创建了跌停板洗盘法，即先使用自己手中的大量股票连续多日杀跌，使绝大多数散户误以为庄家在出货，从而大量抛售手中的筹码。当市场价格被下砸到一个较低的水平之后，李彪则一边少量杀跌，一边大量吸筹，采用低吸高抛的方式获得了巨大收益。

2000年2月，亿安科技突破了100元整数大关，从而成为了中国股票史上第一只百元股票。2005年，李彪在天涯论坛上开通微博。其发表文章多数标题醒目，内容别具一格，一时间以其个性独特的形象在天涯论坛上红极一时。2006年2月以后，李彪的博客转到新浪网并创建了“缠中说禅”博客。在这一博客账号中，其所发表的文章涵盖范围极广，包括政治、经济、宗教、哲学、数学、诗歌、历史、音乐等众多方面。其中，缠中说禅有83篇，诗词歌赋有95篇，涵盖文史哲学的文章有110多篇。李彪在“缠中说禅”中曾经预测2005年波澜壮阔的牛市，并预言2007年下半年美国的次贷危机。更是在2007年预测股市即将见顶，并奇迹般地预测了见顶的具体价位，从而在网络上被大量粉丝封神。

或许是天妒人杰，李彪于2008年10月因病去世，年仅39岁。他在“缠中说禅”中所表述的核心思想以及他众多微博中的文章被后人整理为《市场哲学的数学原理》和《市场哲学的力学原理》两部著作，并在2019年出版（力学部分的理论因其英年早逝而未能完成，使得缠论体系成为未能完成的著作）。

虽然李彪的理论晦涩难懂，但对其理论的核心分析方法和主旨，我们应该尽可能地去体会并加以运用。

（二）理论概述

缠论理论中将走势大致分为趋势与盘整两类，并指出无论任何级别的走势都可以分为横盘震荡及趋势走势，趋势又分为上涨趋势与下跌趋势。缠论有关于走势的分解、中枢的判定、三类买卖点的关系、背驰的识别等几个核心分析方法。

1. 横盘走势和趋势的延伸

缠论理论重点阐述了横盘走势的延伸和趋势的延伸两类主要结构。在缠论中，若一段走势中只包含一个走势中枢，则定义为盘整走势。反之，若一段走势包含两个或两个以上的走势中枢，则定义为趋势走势。缠论认为，在横向盘整走势中，走势围绕着中枢不断往复地延续下去，直至三个重叠的次级别走势完成之后，横盘整理将会趋向于结束。对于趋势延伸方面的论断，缠论指出，当趋势产生时，形成两个或两个以上中枢走势之后，趋势将趋于结束。在这一趋势延伸的过程中，可能会形成更多的中枢，但其走势终将趋于完美。由此可见，缠论中对趋势与震荡走势判定的核心就在于中枢的判定。

2. 中枢的判定

缠论中关于中枢的判定由以下三大定理来定义。

定理一：在趋势走势中，连接两个同级别缠论中枢的必然是次级别或者其下级的走势类型。

定理二：在横向盘整走势中，无论是突破还是折返回缠论中枢的走势，必然是次级别以下的级别。

定理三：只有当一个次级别走势从一个级别的缠论中枢走势离开后、其后产生的次级别走势回抽没有再次返回到该缠论中枢时，一个级别的缠论中枢才得以遭到破坏。缠论的这三条定理将走势划分为“趋势+盘整”“盘整+反趋势”和“趋势+反趋势”三种组合，而其中多以“趋势+盘整”走势的力度最大。

3. 缠论中的三类买卖点

缠论中的三类买卖点是将缠论理论体系当中的级别、背驰以及走势终将完美三个核心要素紧密联系在一起的关键。缠论认为，前一个本级别向下走势的背驰终结点为第一类买点。一买经过第一次回抽但并未突破一买低点的则称之为二买。若走势继续向上延伸，其回抽不进入与其相邻最近的中枢的边沿定义为三买。反之，当前一个本级别周期上升走势出现背驰的终结点时，该点定义为一卖。一卖点第一次反弹不破前面一卖高点的时候，称之为二卖。当空头走势继续下行，向下延伸的回撤不进入与其相邻最近的中枢边沿时，则定义为三卖。由三类买点和卖点的定义可以看出，第二类买卖点与第一类买卖点是紧密相连的，因为第一类买卖点与第二类买卖点是前后出现的，两者不可能产生重合。换言之，第一类买卖点出现后，依然会出现横盘整理或者与其对应的下跌或上涨走势，此时可以择机进场。第一买卖点出现后，当次级别走势低点或者高点所定义的第二买卖点出现时，根据走势必完美的系统原理，其后面必然会产生第三段向上或向下的次级别走势，因此在该阶段的进场也是相对安全的。

4.缠论中的背驰

缠论中的背驰，其实质讲的是走势力量衰竭的表现，属于《市场哲学的力学原理》中的内容。缠论中判断背驰的方法，最常用的是使用MACD中红绿柱的面积来判定。我们所使用的绝大多数技术分析指标，往往引用的是背离的概念，背离的概念与缠论中背驰的概念差别在于，多数技术指标中所讲的背离是由两类技术指标线的指向方向和相对数值的增减方向来定义的。例如，在MACD中，我们所说的背离往往是指指标线的走势方向与价格走势方向相反的情形，或者是用红绿柱的相对高度来定义背离。但在缠论中则使用MACD中红绿柱的面积来定义背驰。应该注意的是，缠论用于判断具体走势时必须结合区间套才能提高其判断的准确性。因为单一级别动能层面的比较只是一种辅助手段，想要准确地判断背驰，还需要结合多个级别进行综合判断。

（三）理论分支

《市场哲学的数学原理》和《市场哲学的力学原理》是缠论理论体

系的两个主要分支。其中，《市场哲学的数学原理》是缠论理论的主体结构，是以数学方法来研究市场波动的一套完整理论。其主要包括微观经济学的数学原理和宏观经济学的数学原理两部分。微观经济学主要将经济活动的个体参与者作为研究对象，研究其价格形成、资源分配和相关消费行为等方面问题。宏观经济的数学原理则更侧重于经济活动的整体变动，包括投资组合的优化、经济组织的研判以及经济发展的影响因素等。

在缠论理论中，市场哲学的数学原理在其分析和研判过程中具有重要应用价值，是市场行为研判、市场走势预测以及预估市场行为所参照的基本原理。这一理论更侧重于用数学方式所表达的形态学方面的分析，即借助于走势在不同阶段所呈现出来的各种基本形态，在不同形态中寻找买卖点。《市场哲学的力学原理》这一部分理论最初用于判断由一组低点不断抬高，同时高点也不断抬高的走势所定义的线段上涨的延伸。同理，一段高点不断降低，低点也在不断降低的形态则定义为下降趋势的延伸。在缠论理论中所使用的趋势线，也是缠论体系中力学方面的内容。笔的定义、线段的定义、中枢的定义以及后期背驰等重要观点的提出，也都基于缠论中力学方面的考虑。令人唏嘘的是，李彪的英年早逝使其力学部分的内容并未充实和完善，从而为缠论体系的构建留下了巨大的遗憾。

（四）核心理念——走势终将完美

缠论中关于走势终将完美的论述，是对缠论基本分析原理的高度概括与总结。缠论认为，任何级别的任何走势类型终将完成。也就是说，缠论将实际走势所体现出来的十分抽象且较难应用在实际操作中的“所有级别的不同走势都能分解成盘整与趋势”的论断使用一个动态的语言进行描述，从而使其更具有可操作性。也使我们对于缠论的整体理解更加核心、更加全面。在缠论理论的表述中，所有级别的走势都能够被分解成盘整与趋势的结论是“不患”的，也就是不依赖于其他外在因素而必然存在的。这就使缠论中的分析方向聚焦到一段走势类型何时完成的问题上，即如果我们能够判断一段下跌趋势的结束，那么后期就必然会产生与之相对应的横盘震荡或上涨趋势，进而由此串联了缠论中笔、线段、中枢以及背驰等一系列核心概念。

（五）小结

缠论理论关于点、线段、中枢、分型、周期级别之间的层次及关系，抽象、深奥、晦涩难懂。除非有较高的悟性、丰富的看盘经验和深厚的理论基础，否则缠论对于多数初中段交易者而言较难理解和运用，建议读者们了解其主要的组成概念和核心理念即可。就我个人而言，在实际操作中，使用缠论的相关知识对走势直接研判的情形较少。但是缠论中所提及的“走势终将完美”的经典理念一定要深深地刻入脑中。在具体市场走势的研判过程中和交易系统的设计过程中，都要紧扣这一市场中极其珍贵的、能够在众多的不平衡中体现平衡的特性，从而在不断变幻的市场中把握其核心和相对稳定的东西。

第八章

无坚不摧的技术指标——经典技术指标推荐与使用方法

一、概述

形形色色的技术指标是我们在进行金融交易过程中最常用、最直观、也是最便捷的分析和判断工具。正规交易软件的交易平台中至少植入200多种常用的技术指标。在这两百多种技术指标中，被大家所熟知的大约有50多种。一个技术指标从其发明之初能够一直流传到现在，为大众所接受并沿用至今，一定有它存在的道理。换句话说，每个指标都有它的准确性和科学性。我们要做的就是从这50多种常用的技术指标中筛选出最适合自己的交易性格、最适合自己所选的股票品种或商品合约走势特性的指标。下面我将介绍在这几年的探索过程中经过反复实验、反复验证和反复模拟回测且比较直观、容易理解、便于使用的几个指标，希望能够为读者们在构建自己的交易系统中提供帮助。

对于门类繁杂的技术指标，大家应该注意的是，尽管技术指标都经过了数学家、经济学家的严密论证和推算，但是金融交易“概率游戏”的本质特征是不会变的。换句话说，没有一条技术指标可以做到百分之百的准确。因此无论哪种技术指标，都应该密切与自己的交易风格结合，与自己的风险偏好结合，与自己持仓的股票或者品种特性结合，才能充分发挥其最佳的使用效果。我们将众多技术指标划分为震荡类指标和趋势类指标两类。应该指出的是，在每一个指标发明之初，发明者并非指向性地发明关于哪一类走势的指标，对于多数指标而言，也没有明确的趋势或者震荡类指标的划分标准，多数只是由于指标的核算方法不同，使他们更适合用于震荡类走势或趋势类走势的研判。

二、震荡类指标

（一）MACD指标

1.简介及用途

MACD（Moving Average Convergence and Divergence）是1979年由美国人查拉尔·阿佩尔（Geral Appel）提出，其全称是平滑异同移动平均线，在1986年由Thomas.Aspect加入柱状线。它是利用短期指数移动平均线和长期指数移动平均线之间的分离和聚合的情况来对卖出与买入时机进行预判的一种技术指标。MACD以其超强的稳定性和可操作性在众多技术指标中脱颖而出，成为名副其实的“指标之王”。在实际盘面分析过程中，我们可以充分利用MACD中红绿柱此消彼长的关系以及黄白线所形成的金叉和死叉，对震荡走势的顶部和底部进行评估和验证。

2.指标构成及参数设置

MACD在指标的应用上，先行计算出快速移动平均线值与慢速移动平均线值，然后将这两个数值作为快速线与慢速线差离值的计算依据。一般MACD的参数设置为：周期快线指数移动平均参数设置为12，周期慢线指数移动平均参数设置为26，周期DIF指数移动平均参数设置为9。由此，我们可以计算出DIF的数值，即12日移动平均值减去26日移动平均值。在实际的上涨走势中，12日的EMA往往超过26日EMA并且稳定在其上方，从而使其正差离值+DIF会越来越大。同样道理，在下跌走势中，这个差离值将会变为负数，随着两者之间的差值越来越大，此时的绝对值也会越来越大。当正负差离值缩小到一定程度之后，行情将呈现反转信号。

3.计算公式

MACD指标的编程代码：

DIFF：EMA（CLOSE，SHORT）-EMA（CLOSE，LONG）；

DEA：EMA（DIFF，M）；

MACD：2×（DIFF-DEA），COLORSTICK；

先计算快速移动平均线（EMA1）及慢速移动平均线（EMA2），以这两个数值作为测量两者间离差值（DIF）的依据，再求得DIF的N个周期平滑移动平均线DEA（又被称为MACD、DEM）线。

EMA1的参数为12，EMA2的参数为26，DIF的参数为9，则MACD的计算过程为：

（1）指数移动平均值（EMA）

12日EMA算式为：

EMA（12）=前日EMA（12）×11/13+今收×2/13

26日EMA算式为：

EMA（26）=前日EMA（26）×25/27+今收×2/27

（2）离差值（DIF）

DIF=今EMA（12）-今EMA（26）

（3）DIF的9日EMA

根据差离值计算9日的EMA，即差离的平均值，即所求的MACD值。为了不与指标名称混淆，此值又被命名为DEA或DEM。

今DEA（MACD）=前日

用（DIF-DEA）×2所得结果即为MACD的柱状图。

一般情况下，MACD指标是由两条曲线和一组柱状图组合而成的。其中，快速线（标记为白色）为DIF，而慢速线（标记为黄色）为DEA，柱状图则为MACD。

4.指标指示的多方指征

（1）从DIF与DEA的相对位置关系来看，当DIF与DEA的值均大于0，在图形上表示为两者都处于零轴以上，并且两者倾向于向上移动时，则市场多处于多头行情之中。此时可以多头持仓或者做买入的开仓操作。

（2）当DIF和DEA的值均小于0，在图形上看则表示为它们都处在零轴以下，但两者的方向均向上移动时，则表示行情将在未来的时间上涨。此时可以多头持仓或者进行买入开仓。

（3）当DIF由下向上突破DEA时，表现为MACD金叉，此时为买入信号。

（4）单从MACD的红绿柱上来分析，若MACD的绿柱越来越短，则说明空方的力量不断衰减；MACD的红柱长度不断增加，则说明多方力量不断增长。当MACD的柱状图颜色由绿色变为红色时，说明此时市场开始由空头转为多头，此时是较好的买入时机和多头持仓时机。

（5）使用K线图与MACD柱状图的底背离对多方走势的研判。在价格走势的底部区间，当K线图总体倾向是向右下方下跌，而MACD柱状图中的绿柱则逐渐缩短，在盘面上表现出一点比一点高的向右上方倾斜的趋势。此时形成价格一点比一点低，但MACD指标的低点一点比一点高的背离现象，此时称为K线与MACD指标的底背离。当这一背离现象出现时，此时的走势大概率将在低位进行反转或者反弹，此时为短期内较好的买入时机。

5.指标指示的空方指征

（1）当DIF与DEA的值均小于0，在图形上表示为他们都处在零线以下，并且向下移动时，一般表示这一段走势处在空头行情之中。此时可以卖出或者空仓观望。

（2）当DIF与DEA的值均大于0，在图形上表示为它们处在零轴以上，但总体向下移动时，此时行情多处在下跌阶段。则此时更适宜空仓观望或者卖出开仓。

（3）当DIF由上向下突破DEA时，表现为MACD的死叉。此时为卖出信号。

（4）从MACD的红绿柱上来看，红柱的长度逐渐缩短，说明多方力量不断衰减；绿柱不断拉长，说明空方力量不断增强。当MACD的柱状图颜色由红柱变为绿柱时，说明市场开始由多头向空头转变。此时适宜做空头持仓或者空头进场。

（5）使用K线图与MACD柱状图的顶背离对空方走势的研判。当价格走势中K线图的整体走势方向向右上方倾斜，即一峰比一峰高，而MACD图形中的红色柱状图则一峰比一峰低。此时在盘面上表现为价格不断出现高点，而MACD指标高点逐渐降低的背离现象，称之为价格在高位的顶背离。这一背离的出现多预示着走势在高位即将出现反转。因此此时是顶部出逃或者建立空仓的有利时机。

6.指标使用的注意事项

MACD已经成为盘面分析过程中使用最为普遍、辨识度最高的技术指标。在比特交易法中，更多是使用MACD对震荡走势的顶部和底部的判定。

如图8-1所示，该产品的这一震荡下跌阶段是由连续多个向右下方倾斜的震荡走势组成的。当MACD的红柱由不断向右上方增长转变为向右下方倾斜，即红柱的长度由增长逐渐转变为缩短时，做空头进场。此时，以前期的K线高点作为止损高度。随着多方力量的逐渐衰减和空方力量的逐渐增强，MACD的红绿柱颜色出现转变，开始由红色变为绿色。这一过程是空头仓位的正确持仓得以确认的过程。当空头仓位建立之后，MACD的红色量柱转变为绿色，且同时伴随着DIF顺畅向下穿越DEA形成标准的死叉，则可以进一步对空头走势进行确认。随着空头走势的不断推进，当MACD中的绿柱由不断增长转变为不断缩短时，则对应着空方力量的不断衰减和多方力量的不断增强。此时应该平掉前期的空头仓位，并且以MACD绿柱不断缩减的转折点对应的K线高度作为前期低点设置止损并建立多头仓位。在底部建立的多头仓位其绿色量柱逐渐转变为红色量柱的同时，可以使用DIF上穿DEA时形成标准的金叉对多头趋势进行确认。另外应该注意的是，在MACD与K线走势背离的判定中，背离工具更适用于中期或者长期等相对更长时间跨度的持仓中。因为若在短期走势的判定中使用背离，往往出现频繁的震荡和虚假的背离信号，导致这一判定方法的准确率大打折扣。

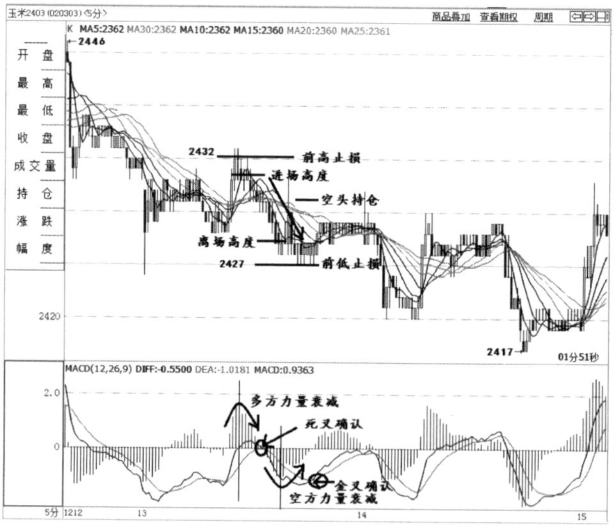

图8-1　MACD对于震荡走势顶底的研判

（二）OSC指标

1.简介及用途

OSC指标的发明者是美国技术分析大师乔治·莱恩（George Lone，1921—2004），OSC指标的全称为Oscillator，可以理解为市场运动的震荡器，该指标在技术分析中又被称为变动速率线。它是一种基于移动平均线基础上推理出来的一种超买超卖类的技术指标。其主要原理是：在长期的市场波动中，价格偏离移动平均线的水平大致在一定范围内。当价格在一定时间内偏离平均价格水平较远时，则价格大概率向移动平均线的方向回归。因此，在技术分析中，OSC指标常被用于震荡或者趋势转折点的判定。

2.指标构成及参数设置

OSC指标之所以又被称为变动速率线，是因为其本质上是对于总体走势中价格动量的变动速度和变动方向的考察。OSC通过把短期、中期和长期移动平均线间的差值作为计算基础来反映股价与其平均变动水平之间的对应关系。因此，OSC技术指标的优势在于它不仅能够通过技术指标的构成要素来告诉我们趋势是处在上升还是下跌过程中，更重要的是，它还可以告诉我们走势相对于价格变化的平均速度是加快了还是减缓了，而且能够较为直观地反映出预期走势的回归方向。变动速率线的这一特点也使它在众多技术指标中脱颖而出。

OSC指标的常用参数设置为：周期变动速率参数设置为20，周期指数移动平均数设置为6。

3.计算公式

编程代码：

OSC：（CLOSE–MA（CLOSE，N））×100；

MAOSC：EMA（OSC，M）；

计算方法：

OSC=（收盘价－收盘价N日简单移动平均数）×100；

其中，简单移动平均数Ft=（At–1+At–2+At–3+…+At–n）/n。

Ft——对下期的预测值；

n——移动平均的样本个数；

At–1——前期值；

At-2，At-3和At-n分别为前两期、前三期、前n期的值。

然后计算MAOSC值，MAOSC=OSC的M日指数平滑移动平均。

其中，EMA（n）=（2/（n+1））×当日收盘价+（1-2/（n+1））×上一日EMA。

4.指标指示的多方指征

（1）OSC指标与其他多数震荡类指标类似，是以0值作为中轴线，在零轴线以上的部分指示多头市场。

（2）OSC指标由下方向上突破零轴线时，指示市场走强，此时多视为买入信号。

（3）当OSC指标由下向上穿越移动平均变动速率线（MAOSC）时，即形成技术分析中的金叉，此时多为买入信号。

（4）OSC指标的底背离多出现在一段相对稳定的下跌走势之后，股价不断创出新低，但与之相配合的指标未能持续走低。在盘面上看，主要表现为价格一个低点比一个低点低，但OSC指标的一个低点比一个低点高，从而形成OSC指标的底背离。此时多指示空方力量的不断衰竭和多方力量的不断蓄积，从而形成阶段底部，后期多面临着大幅回升。

5.指标指示的空方指征

（1）OSC指标以0值作为中轴线，在零轴线以下的部分指示空头市场。

（2）当OSC指标由上往下跌破零轴线时，此时显示市场走弱，多视为卖出信号。

（3）当OSC指标由上向下穿越其移动平均变动速率线（MAOSC）时，即形成技术分析中常用的死叉，此时多视为卖出信号。

（4）股价在一段比较稳定的上行走势之后，行情在阶段顶部不断创出新高，但是与之相伴随的OSC指标未能继续创新高。此时在盘面上表现为价格一个高点比一个高点高，但OSC指标的一个高点比一个高点低。形成OSC指标的顶背离，此时多指示买方的上涨动力逐渐衰减和卖方的下跌动力不断蓄积，后期多形成阶段性顶部并面临较大的转向下跌压力。

6.指标使用的注意事项

如图8-2所示，该品种在前期进行了一段频繁震荡之后，伴随着OSC零轴以上多方的短暂拉起，以阴吞阳的K线组合做头，然后大幅反向跳空发动空方走势。此时对应的OSC在零轴以下，指示空方占主导地位。在盘面的右侧，可以看出当OSC上穿移动平均变动速率线MAOSC时形成金叉，后市多为上升走势。反之，当OSC下穿移动平均变动速率线时，形成死叉，此时后期走势多看空。另外，当空方的能量不断趋近于衰竭，多方则不断蓄积力量准备拉伸，从而构成价格的前期低点一点比一点低，OSC指标的低点却一点比一点高的底背离形态，该形态预示着阶段底部的形成，后期预计有较大幅度的拉升。如图8-2所示，在10月19日开市后不久，多方以一个长阳线开启拉升，走势一直持续到大致前期高点2 551点的高位。

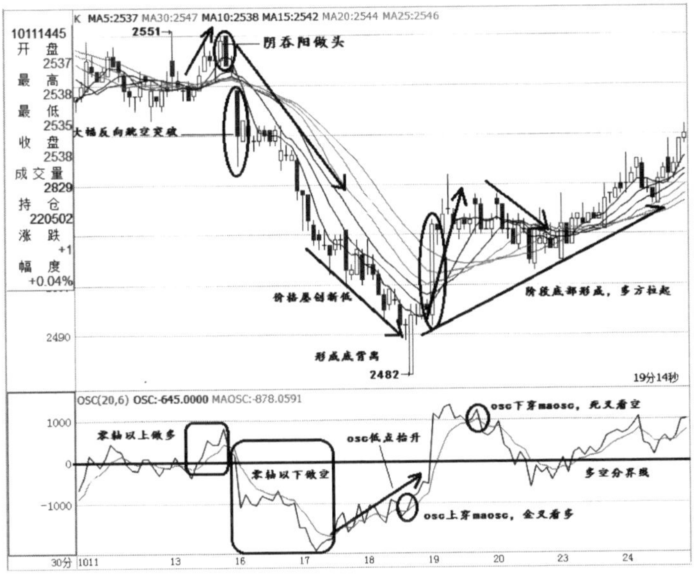

图8-2　OSC对于多空走势的研判

应该注意的是，在多空走向的判定上，OSC指标偏离零轴的偏离程度可以作为价格偏离其平均线的回归倾向，但往往不作为主要的判定方式。

因为对于变动速率线偏离其平均值多少之后才会回归没有明确的量化标准，而且不同品种的超买超卖界限以及它们的偏离程度也各不相同。因此使用OSC指标对偏离程度和回归倾向的判定没有直观可操作的判定依据，不作为主要判定方式。

（三）ATR指标

1.简介及用途

ATR是一种技术分析指标，全称为Average True Range，意为“真实平均波动幅度”。它是由美国著名技术分析大师威尔斯·威尔德（*J.H.Welles Wilder Jr*）于1978年在《技术交易系统中的新概念》一书中提出，ATR指标主要用于衡量证券交易市场的活跃性和价格波动幅度的变化，它不仅可以帮助投资者评估证券市场的风险水平，还可以作为参考基数来确定开仓规模，帮助核算适当的止损和止盈水平等，从而使ATR指标成为技术分析人士设计自己交易系统的得力工具。

2.指标构成及参数设置

ATR指标的构成相对简单，要计算真实平均波动幅度ATR，首先应该计算真实波动幅度TR，真实波动幅度TR则与当前交易日的最高价、当前交易日的最低价以及前一交易日的收盘价三个数据有关。可以看出，ATR指标所采用的参与计算的数据相比其他技术指标而言都比较简单直观且易于收集，这也使ATR指标成为众多技术指标中计算最简单、应用最便捷的重要指标。其（1.00–300.00）中的常用参数设置为14。

3.计算公式

ATR指标的编程代码：

TR：MAX（MAX（（HIGH–LOW），ABS（REF（CLOSE，1）–HIGH）），ABS（REF（CLOSE，1）–LOW））；

ATR：MA（TR，N）；

由ATR指标的编程代码可以看出，参与ATR计算的数据主要有当前交易日的最高价，当前交易日的最低价和前一交易日的收盘价三个数据。TR值主要是取当前交易日最高价与当前交易日最低价间的波幅，以前一交易日的收盘价与当前交易日的最高价之间的波幅以及前一日的收盘价与当前交易日的最低价之间的波幅三组数据中的最大值作为真实波动幅度。然后求取在一段时间之内真实波动幅度的平均值来得出平均真实波动幅度ATR。

其计算公式为，

（1）真实波动幅度（TR）=Max（H–L，H–C，C–L）

其中，H为今日最高价，L为今日最低价，C为昨日收盘价。

（2）ATR=（ATR前一日 ×（n–1）+TR）/n

其中，n为ATR的计算周期，常用参数设置为14天。

4.ATR指标的应用

在实际的技术分析操作中，ATR指标的第一个重要用途就是用来预测市场的最大波幅，并且用以对市场波动的剧烈程度做出评估。这也充分利用了ATR指标最初设计的初衷。

使用ATR指标对于市场波动性和预期波动幅度进行判定，其主要原理是ATR指标计算的是一定时期范围内市场波动的平均水平，而根据市场走势依照惯性发展这一道氏理论的基本原理，我们可以基于对前期一段时间内真实平均波动幅度的计算来对后期走势的波动程度和波动范围做出一个合理的预期。例如，对于绝大多数饱受震荡市场摧残和蹂躏的初中段交易者而言，他们急切地想证明自己判断的正确性，并且恐怕错过每个可能拉起的趋势，常常将任何一次突破走势都臆想为能够大幅拉起的绝佳进场机会。但是经过ATR的计算，假设前期一定时间周期之内走势的平均真实波动幅度只有100，如果当前持仓已经有了90的波动幅度，那么你就不应该奢望它当天能够出现120的同向走势，正确的操作则是在波动幅度达到90时止盈离场，空仓观望，甚至在长期的震荡走势中“翻多做空”或“翻空做多”做反向交易。

如图8–3所示，该产品经过前期大幅阴跌之后，多方在12月26日开盘之后以长阳线迅速拉起，并在8 919点的高位做头。随着多方力量的逐渐衰竭和空方反攻力量的逐渐增强，在8 919点附近，空方开始以一个阴吞阳的K线组合发起反攻，并迅速进行空头回补。当空头继续进攻到前期拉起幅度的50%左右并且顺利地往下突破30日均线时，我们在8 635点做空头的进场操作。随着空头力量的不断释放，空方持续下压直到8 419点的低位。应该注意的是，此时的ATR指标所对应的读数是225，且当前的下跌幅度已经达到了216（8 635–8 419=216），则根据ATR指标度数的测算，我们应该充分相信当前的走势已经达到了前期平均波动幅度的边沿。也就是说，此时大多对应着空方力量的衰竭和多方力量的聚集，且在8 419这个低位上，卖压不断减小，买压不断增大，后期走势则大概率在该点处出现转向并继续进入原来在ATR幅度上的震荡。在该点上的持仓者即使前期有了比较可观的盈利也不建议在走势已经接近ATR指标读数的情况下继续恋战。相信一定会有众多空头持仓者由于前期空方较大幅度的下探依然预期空方会有200点甚至300点的下跌空间。这样的市场预期完全是基于个人猜测的一厢情愿，而非根据实际的市场数据推测得出的客观结论，是没有任何理论支撑的臆想。在这一类走势中，多数情况下，我们应该参照前期ATR度数的指示进行反向操作或者至少平掉空头仓位并以空仓观望为主。事实上，该走势也并非完全没有趋势发起的可能，但有效的突破必须结合其他技术指标或其他盘面分析来进行论证和确认。例如，通过走势对趋势线的突破、对交易密集区的突破或是到达黄金分割比高度等重要点位和分析方法的辅助判定，才能最终认定期盼已久的真实突破最终形成。

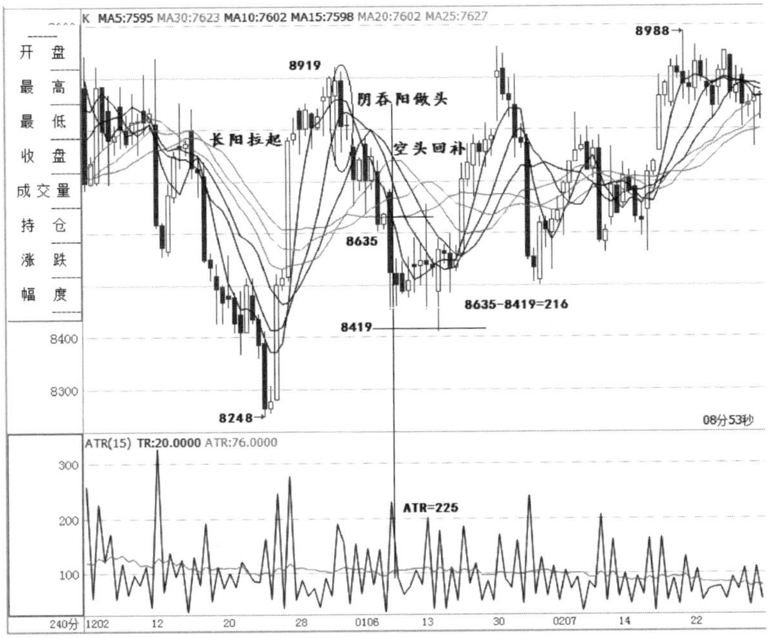

图 8-3　ATR对于预期涨跌幅度的判定

5.海龟交易法

ATR指标最直接、最高效的应用主要体现在1983年由著名的商品投机专家理查德·丹尼斯所提出并推广的海龟交易法中，这套交易法以ATR为核心应用指标，并明确地规定了由ATR指标换算出来的仓位规模、加仓点位以及止损点位等明确客观的量化标准。这套系统有数据易于采集、样本便于计算、结果客观明确等特点，使海龟交易法成为从事技术面分析的交易者所普遍认同和采纳的交易方法。

（1）仓位的配比及计算公式。海龟交易法中第一个对于ATR指标的突破性应用体现在对仓位规模的计算上。在金融交易中，交易品种的多样性以及持仓规模的大小直接影响到资金的有效管理，另外对于持仓仓位的控制以及交易品种的多样化选择，也在一定程度上分散了市场风险，增加了持仓者的盈利机会。因此，仓位规模在很大程度上影响了大多数初中段交易者的命运与归宿。科学合理的仓位规模大大提高了交易者在变化万千的市场走势中的生存几率。对于绝大多数交易者而言，持仓数量的多少没有一个明确和客观的量化标准，一方面大多数交易者为了避免频繁和复杂的数学计算而采取固定数量的仓位规模，也就是说，对于持仓的每一个品种都持有相同或者固定数量的仓位数，这无疑放大了持仓者在交易中的风险。这主要是由于不同品种的走势特征不同、市场情绪不同、盈利能力也不同，从而使处在频繁震荡或者持仓方向与总体走势方向不符的亏损仓位时刻处在极大的风险之中，它们对交易账户的破坏力极放大，随时都有可能对账户产生致命性的打击。

有一类持仓者相比固定仓位数量的持仓者要冷静和客观许多，他们根据不同产品的保证金比例来设计持仓仓位，这一仓位配比的方法充分考虑了持仓品种所占用的资金使用量和总资产的比例关系，但依然具有计算烦琐、引用数据复杂多变的弊端。一方面，持仓品种的市场价格在持续变动，从而使按照一定比例计算的保证金也在不断变动，每次建立仓位和入市时必须重新计算该品种的资金使用率。另一方面，这一仓位的配比策略依然不能规避持仓品种的走势特点、性格特征等客观存在的风险。例如，占较高保证金比例的品种，如果处在频繁的横盘震荡之中，其连续出现的亏损几乎无法通过盈利能力较低的品种进行覆盖。而海归交易法中所提出的使用ATR指标计算得出的持仓数量，以交易者可以允许和容忍的亏损数额作为上限来计算持仓数量，使交易者的仓位配比不仅能够很好地规避不同市场、不同品种的走势变化，也使持仓者在多个品种的持仓中能够时刻控制潜在亏损的总金额。同时，交易者能够时刻将持仓风险控制在一定范围内，极大地保证了账户资金的安全。

海龟交易法中关于使用ATR指标进行合理开仓数量的计算方法，可以简单表述为以下计算公式：

①账户金额 × 1%=该账户的最大亏损金额

②每点价值 × ATR=每笔交易允许的最大亏损金额

③开仓数=A/B

如前所述，海龟交易法设计持仓头寸规模的出发点是交易者可以容忍的最大亏损金额，也就是以损定量。一般情况下，我们主张持仓者能够容忍的最大亏损金额应该不高于总资金账户金额的2%或者更低，对中级和高级段位的交易者则建议亏损总金额应该控制在账户总额的1%左右。以一个资金规模为30万元的账户为例，则持仓者允许该账户最大亏损金额应该≤300 000×1%=3 000（元）。

然后通过ATR来计算该持仓品种每笔交易所允许的最大亏损金额。假设一个品种每点波动的价值是±10元，通过该品种每点波动的价值乘以建仓时所对应的ATR数值，我们就得到了持有该品种时每笔交易所允许的最大亏损金额。比如，在建仓时该持仓品种所对应的ATR值是15，则该品种在持仓中每笔交易所允许的最大亏损金额就是10×15=150（元）。

最后我们计算持有该产品的开仓数。交易者持仓所允许的最大亏损金额除以每笔交易可能产生的最大亏损，就能够得出该品种在预期的最大亏损金额下的合理开仓数。以该品种为例，则使用海龟交易法核算的合理开仓数为3 000÷150=20。即30万元的资金账户所允许持有该品种的最大仓位数是20只合约。由于ATR指标已经充分考虑了不同合约在趋势走势和震荡走势中的振幅变化，使这一持仓数量的设计方法更加准确客观和具有极高的可操作性。

如图8–4所示，该品种前期经过漫长的箱体震荡，在11月3日开市时以一根长阳线突破横盘，以入市资金为10万元的账户为例，该品种所允许的最大亏损金额是100 000×1%=1 000（元）。该品种每单位价格跳动的市场价值变化是±20（元）。在11月3日建仓时该品种所对应的ATR值为25。由此我们可以换算出交易每单位该产品所出现的最大亏损金额等于20×25=500（元），由此我们可以得出，在这一产品合约的持仓中，我们最大的开仓数应该≤1 000÷500=2。这是我们根据ATR体现的预期最大波动幅度所测算出来的最合理的持仓量。如果持仓者经过前期漫长箱体震荡的连续亏损之后觉得等待已久的大幅拉升机会终于到来了，于是建立6手甚至10手以上的仓位，那就未免过于贪心了。这种完全超出自己所能承受最大亏损的冲动建仓，完全是基于个人的主观臆断，而没有任何理论根据和数据支撑，最终会导致持仓者的仓位面临着巨大的破产风险。

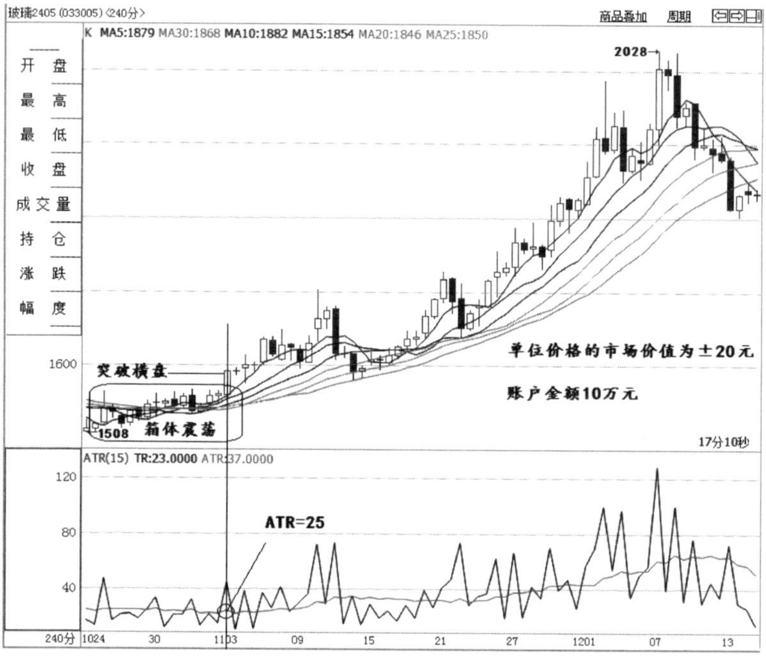

图8-4　ATR对于合理持仓数量的计算

（2）止损及加仓操作。海归交易法中使用ATR指标对于加仓点位的测算则相对简单一些。海龟交易法中规定，市场价格高于建仓价0.5ATR时进行加仓操作。如以进场价格建立一个多头仓位，当价格沿着多头方向同向推进0.5时，即当价格达到a+0.5a时，则在原来的持仓规模上增加一个单位的持仓量，随着同向趋势的进一步延伸，在此基础上持仓者可以进一步增加多头仓位，直至达到由真实平均波动幅度所核算的持仓规模上限。

如图8-5所示，在4月8日的反弹走势中，空方虽然延续了在3月31日发起的较有力度的反攻，但依然没能成功突破30日均线，遭到多头力量的强势反抗并最终再次向多头方向拉起。该点也正是格兰威尔八大买点中的第二个回调不破的买点。我们决定在4月8日开市时，当多方的阳线脱离25日和30日均线之后，在1 730点进场做多。此时建仓价位所对应的ATR值为27。随着多方走势的延续，当价格到达1 744点的高位时，此时大约等于建仓价格1 730加上建仓时所对应的1/2ATR值，即1 744 ≈ 1 730+1/2 × 27。根据海归交易法中关于加仓价位的计算，我们在这一高度上执行加仓操作。

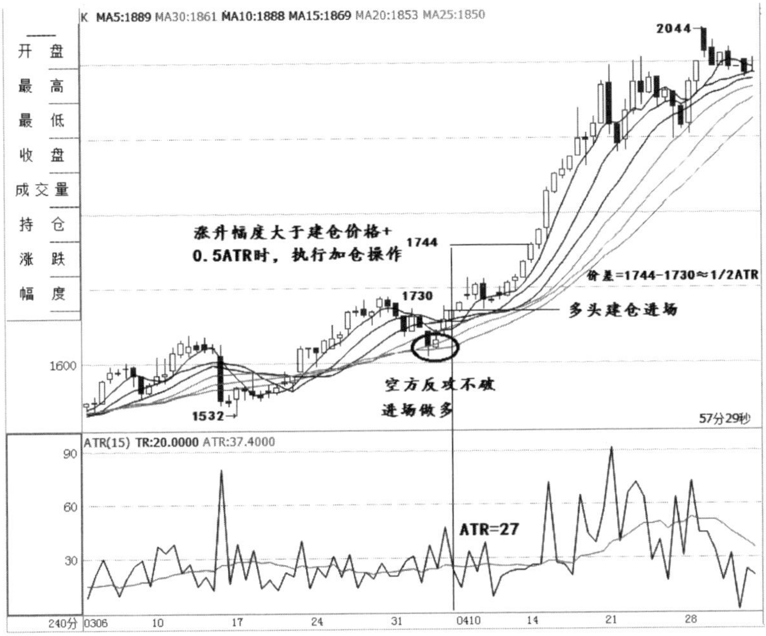

图8-5 ATR所指示的加仓操作

海龟交易法中使用ATR指标对于止损点位的设置，其计算也比较简单。海龟交易法中规定，当市场价格在建仓价格的基础上反向推进两个ATR值时，即将这一价位作为止损价位进行平仓离场操作。依然假设多头仓位的进场价格是a，若进场后价格没有如我们所愿向多方推进，而是转头下跌，则根据海龟交易法的规定，当市场价格下跌至a–2ATR高度时执行平仓止损操作。使用ATR指标的止损设置具有样本客观统一、量化易于使用的优势，而且不需要较多的数据统计，因此成为多数技术交易者进行止损设置的首选方法。

如图8-6所示，该品种在前期长期阴跌过后，多方在7月28日开盘后发起猛烈反攻，并且以一个长上影线的阳线突破30日均线，然后多空双方进入阶段性的对峙，此时持仓者多以空仓观望为主。8月8日开市时多方依然以一根具有长上影线的大阳线突破横盘震荡区间，此时我们在突破前期高点的位置建仓进场，进场价格是1 617点。该进场价格对应的ATR值是31。但后期的走势并未如我们所愿，空头继续发起了强烈的反攻，并在8月14日前后顺利向下突破25日均线和30日均线，最终占据主导地位。当空方继续向下延伸，直至1 555点时，恰好到达海龟交易法中建仓价格反向延伸低于其进场价格两倍的ATR数值（1 555≤1 617-2×31），依据海归交易法的离场规则，此时应该做止损清仓操作。

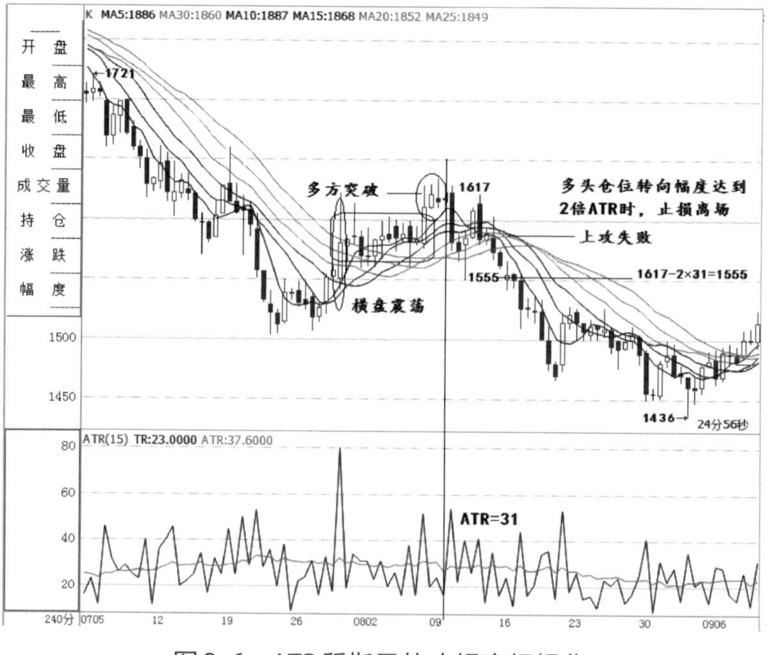

图8-6　ATR所指示的止损离场操作

6.指标特点及评价

ATR指标所采用的计算数据是K线形成过程中的当日价格以及前一日的最高价与最低价，且其计算方法主要以求取最大值和求取多日内的平均数等简单计算为主。因此该指标以引用数据直接、指标计算简单等优点获得大多数技术交易者的认可和采纳。

由于海归交易法中以ATR指标作为核心指标，并且其结构和交易规则较为简单，因此使技术交易者在使用ATR指标对仓位规模、止损高度以及加仓点位的测算更加精准和便捷，而且与ATR相关的交易系统更加易于掌握和应用。ATR指标由于具有以上诸多优点，也使其具有较强的适用性，技术交易者可以使用该指标灵活地制定规则和设计交易系统。

相比于其他技术分析工具，ATR指标反映的是一段时间内价格波动的剧烈程度和其波动的大致范围，在其计算过程中已经将开市跳空和隔夜跳空等因素考虑在内，使其能够更真实地反映走势的实际情况，可以有效地过滤市场杂音，从而进一步提高了该指标的稳定性。但应该指出的是，海龟交易法中使用价格反向走势低于建仓价格两倍ATR作为止损高度的交易规则，在宽幅震荡或者趋势的转向走势中较为适用。但在处理漫长横盘震荡过程中所出现的诸多虚假突破时，会造成频繁的止损触发，连续的亏损反而会使交易成本进一步增加。这一窄幅震荡阶段，交易者可以结合通道线以及黄金分割比和放量突破等技术分析方法来进一步确认有效的市场突破方向。

（四）DMI指标

1.简介及用途

DMI指标又被称为动向指标或者趋向指标，是由美国著名技术分析师威尔斯·威尔德（J.H.Welles Wilder Jr）创立的，其全称为Directional Movement Index，简称为DMI指标。该指标主要是通过分析价格波动对于多空双方产生不同程度的影响，从而使多空双方之间的均衡被打破，然后从失衡再回归到均衡的一个循环过程的分析。也就是重点放在分析涨跌过程中所体现出来的买卖双方均衡点的变化过程。这一指标常常用于对中长期趋势判定的技术分析。在大多数技术指标中，往往采用每日的收盘价以及涨跌幅等数据作为样本进行测算，但它们的不足之处在于忽略了价格形成过程中的波动幅度。例如，两个相同的收盘价其形成过程可能大相径庭，一方可能当日震荡的幅度很小，而另一方则可能有较大的波动，但殊途同归，最终形成了大致相当的收盘价，这两种情形在实际分析中却指示着不同的意义。在大多数的技术指标中，这一价格波动对于多空双方的影响很难被表现出来，但DMI指标则将这一价格波动程度作为一个单一的因素考虑在内，从而使这一指标对于买卖双方多空力量的均衡判定以及后期走势的预判具有更加客观的实践意义。

2.指标构成及参数设置

DMI指标由PDI（即+DI）、MDI（即–DI）、ADX和ADXR四条线组成，可以将四条线分为多空指标（+DI、–DI）以及趋向指标（ADX、ADXR）两组。DMI指标的构成比较复杂，以日线DI指标为例，+DI代表衡量股价上升的动向值，–DI代表衡量股价下降的动向值。它们是由N日内上升动向值及下降动向值分别除以N日内的真实波动幅度计算得来，每日的动向值DX代表N日内的+DI与–DI两者之间差值的绝对值，然后除以总和的百分比，最后由DX的值计算其周期内的移动平均数，得出ADX。ADXR则代表当日ADX与前面某日ADX进行比较得出的评估值。其常用参数设置为（2.00–100.00）周期的PDI/MDI设置为14，（1.00–100.00）周期的ADX设置为6。

3.计算公式

DMI指标的编程代码为：

TR：=SUM（MAX（MAX（HIGH–LOW，ABS（HIGH–REF（CLOSE，

1))), ABS(LOW-REF(CLOSE, 1))), N);

HD: =HIGH-REF(HIGH, 1);

LD: =REF(LOW, 1)-LOW;

DMP: =SUM(IF(HD>0 AND HD>LD, HD, 0), N);

DMM: =SUM(IF(LD>0 AND LD>HD, LD, 0), N);

PDI: DMP×100/TR;

MDI: DMM×100/TR;

ADX: MA(ABS(MDI-PDI)/(MDI+PDI)*100, M);

ADXR: (ADX+REF(ADX, M))/2;

由编程代码可以看出，DMI指标的计算过程比较复杂。

（1）上升动向（+DM）的计算。+DM代表上升动向值，即正趋向变动值，其数值是当日的最高价减前日的最高价。

（2）下降动向（-DM）的计算。-DM代表下降动向值，即负趋向变动值，其数值是前日最低价减去当日最低价。

如果当日+DM和-DM同时为零，则代表当日动向值为零或者无动向。

（3）真实波幅（TR）的计算。真实波幅TR是指当日价格与前一日价格相比较的最大变动值。取当日最高价减去当日最低价、当日最高价减去前日收盘价、当日最低价减去前日收盘价三项差额数值中的最大者（取绝对值）。

（4）方向线DI的计算。DI是用于衡量股价上涨或下跌的指标，也被称为方向线，分为“上升指标”和“下降指标”两种。

一般情况下，+DI代表上升方向线，-DI则代表下降方向线。

+DI=（+DM÷TR）×100

-DI=（-DM÷TR）×100

然后运用平滑移动平均原理进行累积计算。以12日计算周期为例：

+DI（12）=（+DM12 ÷ TR12）×100

-DI（12）=（-DM12 ÷ TR12）×100

（5）动向平均数ADX的计算。动向指数DX是将+DI和-DI之间差的绝对值除以DI总和的百分比计算得到。

DX=（DI DIF ÷ DI SUM）×100

其中，DI DIF是上升指标和下降指标差的绝对值，然后对DX进行平滑计算，就得到平均动向指标，即ADX。也就是说，ADX就是DX在一定周期N内的移动平均值。

（6）评估数值ADXR的计算。以N为计算周期数，则ADXR=（当日ADX+前N日ADX）÷2

一般交易软件中默认的周期选择为N1=14，N2=6。

4.指标指示的多方指征

（1）如果PDI在MDI上方，则走势多以上升为主。

（2）当PDI向上上穿MDI指标线时形成金叉，此时多指示有新的多方买家陆续进场，买方力量增强，此时多为买入信号。

（3）若PDI从20以下逐步上升到50以上时，则多指示价格大概率会形成一波中级的上涨行情。

（4）当ADX从下面向上穿越ADXR时，即发生ADX与ADXR的金叉，则预示着后期走势将出现一波行情，具体的行情方向应该借助其他技术指征进行综合研判。在数量关系上，如果ADX与ADXR运行到50以上时，行情的幅度相对较大，多数为中级以上的行情。如果ADX与ADXR继续向高位运行直至80以上时，则此时市场将大概率拉起幅度较大的行情。

5.指标指示的空方指征

（1）如果PDI在MDI下方，则走势多以下跌为主。

（2）当PDI向下穿越MDI指标线时，形成死叉，预示着卖压增大，空方力量增强，此时多为卖出信号。

（3）若PDI向下突破20并不断趋近于0时，多数情况下股价会形成一波中级的下跌行情。

（4）当ADX从上面向下穿越ADXR，即发生ADX与ADXR的死叉时，则预示后期走势将出现一波行情。数量关系上，如果ADX与ADXR运行到50以上时，后市多数为中级以上的大幅行情。如果ADX与ADXR继续向高位运行，直至80以上的度量区间时，后期走势将发展为幅度较大的一段中长期行情。应该注意的是，由于ADX与ADXR中的金叉和死叉不具有具体的指向性，行情的多空发展方向依然应该借助其他技术分析工具进行综合研判。

6.指标使用的注意事项

如图8–7所示，该产品在前期经过一段较长时间的横盘震荡之后，12月11日开盘时空方以一根长阴线大幅跌破前期低点后占据主导地位，并发展为一段较大幅度的走跌行情。此时对应的PDI向下死叉MDI，指示后市看空。在12月12日午盘后，多方的反抗使空方走势陷入阶段性的僵局，形成一段小规模的横盘震荡。此时DMI的四条指标线在20高度的水平上相互纠缠，预示着多空双方没有明确的突破方向。此时交易者应该持仓观望或空仓等待交易密集区的有效突破。在后期的走势中ADX由上往下穿越50高度的水平线，预示着后期将有较大幅度的一波行情。随着行情的继续发展，在12月17日开盘时，ADX向上上穿ADXR，进一步确认后期将有一段较为可观的行情。但由于ADX与ADXR的金叉或者死叉仅预示着后期将有一定的行情，但并不明确指示行情发起的方向。因此，此时我们可以借助PDI与MDI的相对位置关系来预判后期走势的发展方向。随着ADX与ADXR继续向上拉升，直至突破50和60高位，K线走势最终发起了一段较大幅度的中级行情。

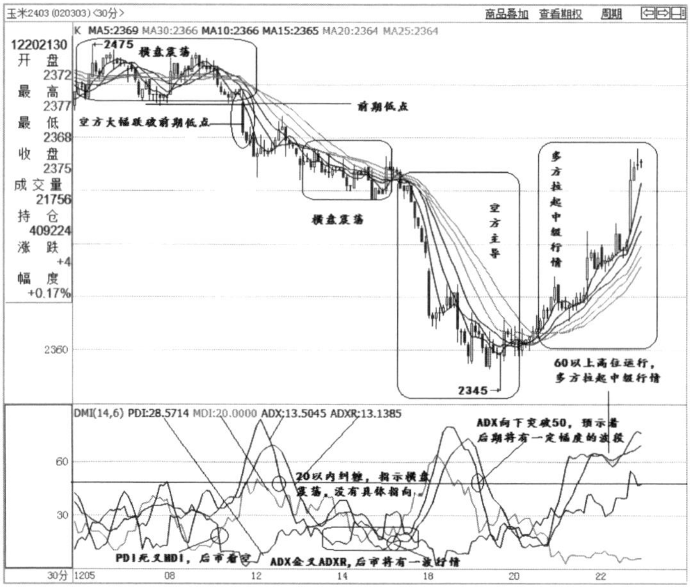

图8-7　DMI对于多空力量均衡的判定

在使用DMI指标对走势进行实际研判时应该注意，如果PDI和MDI以20为基准上下波动，此时多表现为力量相对均衡的多空双方经过持久的拉锯战所导致的箱体运动，即多数对应着漫长的横盘震荡，此时交易者应该以空仓观望为主。同样道理，当ADX与ADXR在20左右相互纠缠波动时，多指示此时价格处在漫长的横盘整理过程中，后期走势多数没有具体的上涨或下跌行情。此外，当ADX自50以上反转向下突破50这一水平高度时，仅指示价格即将反转，并不具备明确的多方或者空方的指向性。

三、趋势类指标

（一）MA指标

1.简介及用途

均线（Moving Average），其全称为移动平均线，是20世纪中期由美国著名投资大师格兰威尔以道氏理论中的平均成本为理论基础提出的技术分析概念。其数学计算主要采用统计学中的移动平均原理，通过将一段时期内股价的平均值进行连线来显示股票价格的走势情况和波动状况，并作为推测股价未来走势的一种分析手段。在技术分析中，我们一般将其简称为MA。移动平均线以其计算简便、曲线走势直观、易于与多个指标相互搭配组建交易系统等特点，成为技术分析法中最为普遍采纳和广泛使用的技术指标。

2.指标构成及参数设置

与其他技术指标相比，移动平均线指标的构成较为简单。它是通过统计一定计算周期内收盘价的总和，然后计算该周期内收盘价的算术平均数得到的。均线系统在参数设置方面较为灵活，一般金融交易平台所提供的周期设置空间在0~1 000范围内，可依照自己的操盘习惯和所持品种的周期运行特征来灵活设定。例如，我们常常以5日均线作为攻击线，以10日均线作为操盘线，以20日均线作为辅助线等。另外，也可以根据均线系统所体现的周期长短，将其大致划分为短期、中期和长期。这一时间周期的长短没有明确的划分标准，按照多数持仓者的持仓惯例，一般情况下我们习惯将20日内的均线划分为短期均线，将大于20日小于60日时间范围内的均线划分为中长期均线，将时间周期大于60日的均线定义为长期均线。另外需要说明的是，根据不同交易者操盘风格、市场预期和投资理念的不同，同一均线系统所指示的时间周期也有所差别。例如，在日线级别上MA5指示的是五日均线，在月线级别上MA5则代表五个月的均线系统，而在年线级别上MA5则指示的是五年内收盘价的算术平均数。

3.计算公式

移动平均线的编程代码为：

MA_P1_：MA（CLOSE，P1），AUTOHIDE;

MA_P2_：MA（CLOSE，P2），AUTOHIDE；

MA_P3_：MA（CLOSE，P3），AUTOHIDE；

MA_P4_：MA（CLOSE，P4），AUTOHIDE；

MA_P5_：MA（CLOSE，P5），AUTOHIDE；

MA_P6_：MA（CLOSE，P6），AUTOHIDE；

MA_P7_：MA（CLOSE，P7），AUTOHIDE；

MA_P8_：MA（CLOSE，P8），AUTOHIDE；

移动平均线（MA）指标的计算公式为：

N日的MA=（C1+C2+C3+C4+C5+…+Cn）/n

其中，C为收盘价，n为移动平均的计算周期数。可见，N日的MA即为N日收盘价的算术平均数。

以5日MA的计算为例：

MA5=（4天前收盘价+3天前收盘价+2天收盘价+1天收盘价+当天收盘价）/5

其他周线、月线或年线级别上移动平均线的计算方法与日线级别的计算方法相同，仅表现为不同级别的时间跨度所体现的时间周期不同。

在实际的盘面分析过程中，我们往往以5日均线、20日均线和60日均线作为短期，中期和长期持仓跨度的划分界线，这也使三个级别的均线系统在众多均线中表现得最为敏感，相应的波动幅度和波动率也较高。我们以5日、20日和60日均线系统为例，对持仓过程中所呈现的多方指征和空方指征进行梳理。

4.指标指示的多方指征

（1）短期持仓中当价格站稳5日均线之上时短期看涨。

（2）中期持仓中当价格站稳20日均线之上时中期看涨。

（3）长线持仓中当价格站稳60日均线之上时长期内看涨。

（4）当5日均线向上穿越20日均线形成金叉时买入，此时宣告短期涨势向中期涨势的转变。同样道理，当20日均线向上穿越60日均线形成金叉时，则说明中期涨势逐渐演变为长期涨势，此时适宜做多。

（5）对于多方走势的进场时机，我们可以结合格兰威尔八大法则中的四大买点进行简洁直观的判定。即当价格向上突破参考均线的黄金交叉形成时，当上升过程中空方进行反击但仍未顺利突破参考均线时，当空方小幅跌破参考均线之后不久再次返回均线以上时，或者在长期下跌过程中价格偏离参考均线幅度较大时所形成的四大买点。

（6）使用交易密集区的压力作用及其突破对多方进场点的判定，主要是基于均线系统的作用原理来设计的。均线是用来反映一定时期内收盘价平均值的技术工具，本质上反映了一定时期市场成交的平均成本，也就是说在均线附近聚集了大量最终成交价格趋向于均线上点位的买方和卖方。因此每一时间周期内的均线都将对其附近的价格产生一定的支撑或者压力作用，从而使某一产品的价格会维持在对应均线或均线系统的下方。当多方在下跌过程中不断聚集涨升动力并顺利突破某一均线系统时，代表多方力量即将占据主导地位，此时可以视为较好的多方进场时机。

如图8–8所示，该产品在10月18日到11月1日一直处于漫长的箱体整理过程中。在10月28日，多方在前期震荡过程中不断清洗掉犹豫不决的浮筹和不断蓄积涨升力量，逐渐站稳5日均线以上，后期走势看多。当5日均线向上突破20日均线时，形成中期的金叉行情。随着多方走势的继续进行，在11月5日前后，20日均线向上突破60日均线形成金叉，由此，长期的上涨行情拉起。在多方的涨升过程中，空方虽然在11月9日左右进行了有力的反攻，但依然未能顺利突破20日均线所形成的支撑，此时形成格兰威尔八大法则中回调不破的第二类买入点。

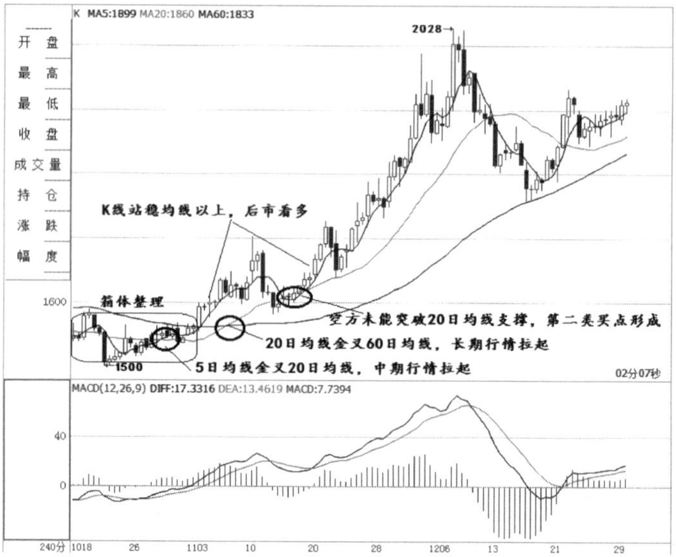

图8-8 均线系统对于多头走势的判定

5.指标指示的空方指征

（1）短期持仓中当价格向下突破5日均线时短期看跌。

（2）中期持仓中当价格向下突破20日均线时中期看跌。

（3）长线持仓中当价格向下突破60日均线时长期看跌。

（4）当5日均线向下穿越20日均线形成死叉时卖出，此时宣告短期跌势向中期跌势的转变。同样道理，当20日均线向下穿越60日均线形成死叉时，说明中期跌势跨越中长期走势的分水岭（60日均线）转变为长期跌势，此时适宜做空。

（5）对于空方走势的进场时机，我们依然可以结合格兰威尔八大法则中的四大卖点进行研判，即当价格跌破参考均线形成死叉时，多方进行反攻但未能顺利突破参考均线时，多方虽然小幅突破均线但由于长期稳定的下跌趋势使得卖压较为强劲，价格经过短暂的停留再次跌破均线以下时，以及在长期上升过程中价格偏离参考均线幅度较大时所形成的四大卖点。

（6）同样道理，均线所体现的是一定测算周期之内收盘价平均值的连线，它代表了市场在这一高度上成交的平均成本，并对其附近的市场价格产生一定的支撑作用。在长期的上涨过程中，随着多方力量的衰竭和空方力量的不断聚集，当空方跌破某一均线或均线系统时，说明空方力量打破了这一平衡并占据主动。此时可视为较好的空方进场时机。

如图8-9所示，该品种经过前期漫长的涨升过程，多方力量逐渐衰竭，空方卖压逐渐聚集。多方于1 899点的高位做头之后，多空双方进行了短暂的对峙，然后空方以三只乌鸦的K线组合实现对多方防守的突破，5日均线顺利死叉20日均线，中期的空方走势发起。随着空方力量的不断释放，20日均线最终在6月22日前后顺利死叉60日均线，从而发动了一波较大规模的长期空方走势。其间在7月1日前后，多方虽然进行了阶段性的反攻，但依然未能顺利向上突破20日均线，从而形成格兰威尔八大买卖点中上攻不破的第二类卖点。而且在整个走势运行过程中，价格多位于5日均线以下，因此后期走势主要以看空为主。

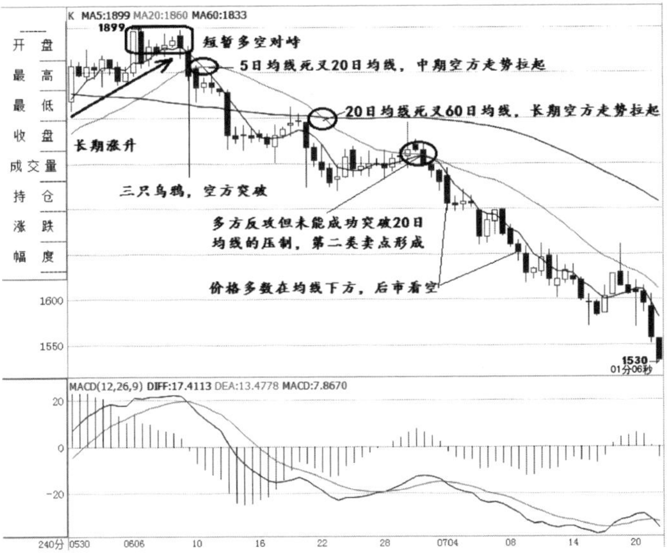

图8-9　均线系统对于空头走势的判定

6.指标使用的注意事项

以上介绍的均线金叉与死叉以及均线对于市场价格的支撑和压力作用是众多技术指标所共有的分析方法。在实际的盘面分析过程中，我们还可以使用由多根均线构成的均线系统的均线束形态来对后期走势做出预判。例如，我们可以以5日、10日、15日、20日、25日和30日这六根均线组成一组构成梯度支撑的均线系统。

如图8-10所示，当价格站稳在5日均线之上并且六根均线的每一梯度均线均站在其上一级梯度均线之上时，均线束总体上呈一个平滑顺畅、斜率不断增大且向右上方倾斜的扩张形态，此时我们可以根据这一均线束形态预期后期走势以看多为主。

图8-10　后期看多的均线束形态

反之，如图8-11所示，当市场价格稳定在5日均线以下，并且六组梯度形成的均线系统中每一根低级别的均线均处于高一级别均线的下方时，均线束呈一个斜率不断增大且组成结构平滑顺畅、向右下方倾斜的发散形态，后期走势以看空为主。

图8-12所呈现的是一种比较特殊的均线束形态，与以上看多和看空的均线束形态类似，可以视为平滑顺畅地看多或看空均线束的变形形态。均线系统的总体排列顺序相同，但其总体的布局形态是各个级别周期的均线之间保持着大致斜率相同、间距相等的位置关系，这种均线系统的

形态多对应着多空双方进入到力量相对均衡但多方或空方一方较占优势，多方反复进攻，空方逐渐退守或者空方反复进攻，多方逐步撤退的持续慢牛（多方走势中）或者长期阴跌走势（空方走势中）。

图8-11　后期看空的均线束形态

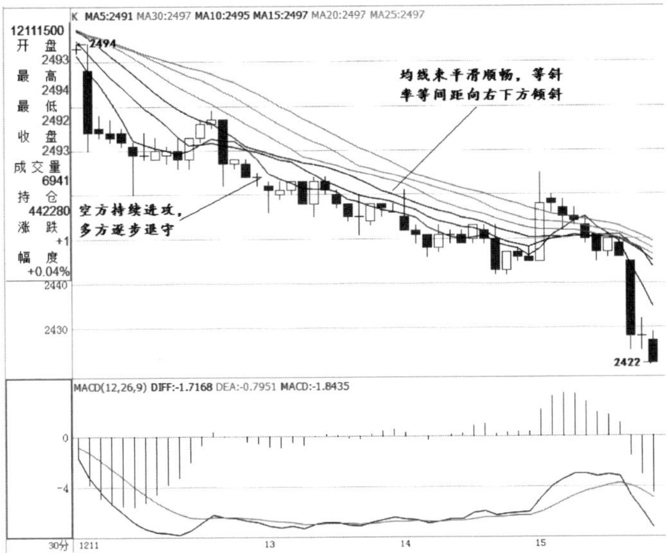

图8-12　长期阴跌的均线束

长期横向盘整的均线束形态与以上几种均线束的排列形态具有明显区别，这一形态的均线束特征较为明显，主要表现为多个周期的均线相互纠缠、杂乱无章地缠绕在一起。这一形态结构的形成原因主要是在某一价格高度附近多空双方力量均等，多空长期对峙不相上下。由于均线系统反映的是一定时期内收盘价的平均数，此时多空双方力量基本对等，使该阶段交易的平均成本大致在一个特定宽度的区间内上下震荡，从而形成了我们所说的横向盘整或箱体整理。应该注意的是，这一看似杂乱无章的均线束排列多数情况下对应着上升趋势中的多方中继调整或下跌趋势中的空方中继调整，甚至是长期走势中的顶部或者底部整理。也就是说，在经过多空双方漫长的横盘整理之后，这一形态一旦成功突破，多数会形成幅度较为可观的中长期走势。如图8-13所示，在经过前期均线系统杂乱无章的相互纠缠之后，空方以一根长阴线打破平衡，发动进攻。后期多方的反攻不破进一步确立了空方的主导地位，进而发起了一段相当可观的下跌走势。

图8-13　箱体整理及突破

由均线系统的计算过程可以看出，移动平均数的计算在一定程度上过滤了走势过程中偶然因素的影响，从而使得我们可以对后期走势做出一定的推测和判断。由于均线系统反映了未来一段时间内买卖双方的成交意愿和投资取向，因此能够反映出具有一定支撑和压力作用的特定形态，这一形态在技术分析中仍然具有一定的指示意义，能够指示市场走势出现突破或者继续沿原来趋势方向发展下去。

但应该注意的是，由于计算方法采用一段时间内行情的均值，使该指标在反映实时走势方面具有一定的滞后性。具体到盘面分析过程中，体现为越高级别周期的均线系统其滞后性越明显，这一弊端使持仓中实际的获利空间被严重压缩。我们所介绍的该均线系统的计算方法仅是格兰威尔做最初设计时使用一定时期内价格的移动平均数测算所得出的移动平均线，事实上移动平均线的算法还有很多，后期的经济学家和数学家根据指标所体现走势的侧重点不同，又发明了诸如加权移动平均WMA、递归移动平均TMA、自适应移动平均AMA、指数平滑移动平均EXPMEMA等众多基于移动平均所进行的不同算法。我们无须对众多移动平均类的指标进行深入的研究，在实际的技术分析过程中，我们掌握MA指标的常用分析方法即可。

（二）BIAS指标

1.简介及用途

BIAS指标，即乖离率指标，由美国著名经济分析师、统计学家弗农·史密斯（Vernon K.Smith）发表，它主要通过计算市场上股价以及资产价格与其对应的某条移动平均线之间的偏离差距在该移动平均线数值中所占的百分比来反映股价与其对应的移动平均线之间的偏离程度。该指标的主要设计思路是基于一定时期内移动平均数的分析，由于移动平均线上的点代表每一时间单位上收盘价的算术平均值，因此移动平均数可以视为在某一时间内买卖双方所能达成的双方都能够接受的均衡价格。当市场价格偏离该均衡价格幅度较大时，则总体的市场走向将趋向于这一移动平均数值进行回归。从乖离率指标的设计原理上来看，我们可以使用该指标评估在剧烈震动的市场中价格大幅偏离移动平均线之后回归或者反弹的可能性。BIAS指标的这一特性也使它大多应用在震荡走势中，但乖离率指标的另一个重要作用是能够体现在正常波动范围内的价格继续维持原有走势方向的可信度的大小，从而使乖离率指标在中长期趋势维持其原始方向的研判方面具有重要的实践作用。在比特交易法中，我们重点使用其在趋势延续性方面的研判方法，因此将其归类到趋势类指标之中。

2.指标构成及参数设置

由乖离率指标的分析说明可以看出，乖离率指标的构成要素相对较为简单，它所反映的是一定时期内股票的收盘价与该时间段内移动平均值的偏离程度。因此乖离率指标主要包含某日产品市场价格的收盘价、连续一定时期内该产品的移动平均值以及计算时间跨度等三个构成要素。在具体的计算过程中，乖离率往往采用短期、中期和长期三条基础均线作为参照，从而计算出一条快速乖离率曲线（BIAS1），一条中速乖离率曲线（BIAS2）和一条慢速乖离率曲线（BIAS3），并分别使用这三个时间跨度的乖离率曲线（时间周期越短曲线变动速度越快）以及他们之间的相对位置关系、金叉死叉、指标与市场价格的背离以及指标形态等方法对短期、中期和长期市场走势做出预判。在具体的盘面分析中，（1.00-300.00）周期乖离率常用参数设置为：6，12，24。

3.计算公式

乖离率指标的编程代码为：

```
BIASMA1：=MA（CLOSE，L1）;
BIASMA2：=MA（CLOSE，L2）;
BIASMA3：=MA（CLOSE，L3）;
```

BIAS1:(CLOSE-BIASMA1)/BIASMA1*100;

BIAS2:(CLOSE-BIASMA2)/BIASMA2*100;

BIAS3:(CLOSE-BIASMA3)/BIASMA3*100;

乖离率指标的计算公式为:

$$BIAS(n)=(Ct—MA(n))/MA(n)\times 100\%$$

$$MA(n)=(C1+C2+C3+C4+C5+\cdots+Cn)/n$$

其中,Ct表示当日指数或收盘价,MA(n)为n日内该产品的移动平均值,n为计算周期跨度。

4.指标指示的多方指征

(1)当股价高于移动平均线时,乖离率为正,后期走势主要看多。

(2)根据乖离率指标的设计初衷来使用其读数的指示意义。由于乖离率指标指示股票价格对于某一周期均线的偏离程度,因此我们可以设定一个特定的数值作为边界,当指标读数低于这一数值时,说明此时的价格偏离程度较大,可以考虑逢低买入。反之,当价格高于特定的乖离率数值时,可以考虑逢高卖出。以日线持仓为例,我们较为常用的乖离率通道设置边界为:BIAS(5)<-3.5%,BIAS(10)<-5%,BIAS(20)<-10%可以逢低买入。

(3)当快速乖离率曲线由下方依次上穿中速乖离率曲线和慢速乖离率曲线时,后市看多。特殊的,在快速乖离率曲线上穿中速乖离率曲线的同时,中速乖离率曲线也同时上穿慢速乖离率曲线,从盘面上看体现为快速、中速和慢速乖离率曲线交于一点且曲线束向右上方倾斜,则后期走势大概率看多。

(4)当股价经过一段较长时间的下跌之后,价格依然在向右下方突破,但乖离率指标并未伴随着价格的下跌而持续向下,而是转为向右上方倾斜,则此时形成乖离率指标与价格的底背离,后市主要以看多为主。

(5)如同多根K线的组合可以构成一个特定的K线形态,乖离率指标的总体走向也可以构成相应的曲线形态,例如U形底、V形底、W形底及三重底形态,都可以作为乖离率指标的底部形态来研判后期的涨升走势。

如图8-14所示，前期走势经过一个幅度较大的横盘震荡之后，形成了由乖离率曲线束所构成的W形底的底部形态，则后期走势长期看多。在11月初，伴随着一阳穿多线的K线突破走势，快速线、中速线和慢速线交于一点，再次印证了后期走势以看多为主。应该注意的是，如图中12月中旬所出现的快速线对中速线的上穿仅能代表中期内看多，如果研判长期的看多趋势，在中速线上穿慢速线的基础上，还应该尽可能结合三线交于一点以及乖离率曲线束的背离形态加以确认。

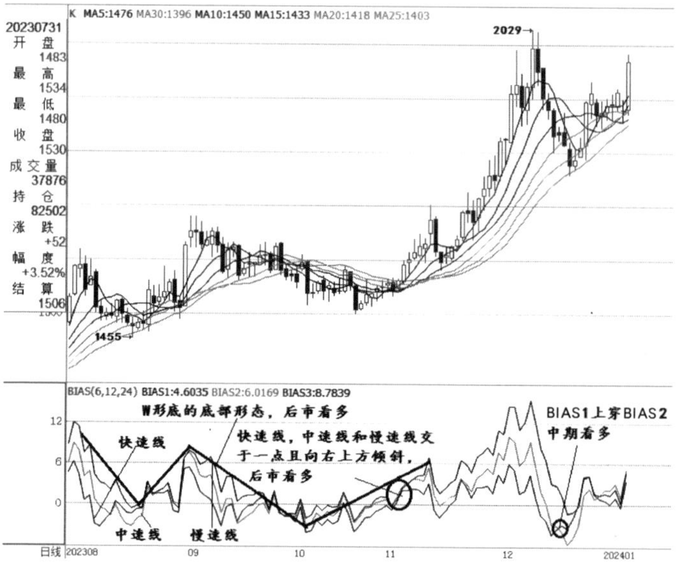

图8-14 乖离率曲线构成的W底形态

5.指标指示的空方指征

（1）当股价低于移动平均线时，乖离率为负，此时后期走势看空。

（2）同样道理，依据乖离率指标的指示意义所设置的概率通道较为常用的边界宽度为：BIAS（5）>3.5%，BIAS（10）>5%，BIAS（20）>10%时，可以考虑寻找卖出机会。

（3）当快速乖离率曲线依次向下突破中速乖离率曲线和慢速乖离率曲线时，后期走势多数看空。特殊的，当快速乖离率曲线向下突破中速乖离率曲线时，中速乖离率曲线同时向下突破慢速乖离率曲线。从盘面上看，体现为三条乖离率曲线集中交于一点，且乖离率的曲线束向右下方倾斜，则后期走势大概率看空。

（4）当一段较大的涨幅过后，如果股价依然持续上涨，但乖离率指标并未伴随股价一同上涨，而是转而向下。则此时形成乖离率指标与价格的顶背离，预期后市将转向下跌。

从乖离率指标的曲线形态上来讲，常见的头肩顶、双重顶以及多重顶形态都是较为常见的顶部形态，可以为后期看空走势的研判提供一定的依据。

如图8-15所示，该品种经过前期一段幅度较大的横盘震荡之后，形成了一段由乖离率曲线束构成的头肩顶的顶部形态结构，后期总体走势看空。在4月下旬出现了由快速、中速和慢速线交于一点并且向右下方倾斜的空方指示特征，从而更加确认了我们后期看空的判断。另外，在3月下旬的震荡走势中，6日乖离率曲线已经连续多次突破3.5%的高度边界，处于短期内的超买状态，也进一步论证了我们对于后期走势走跌的预判。

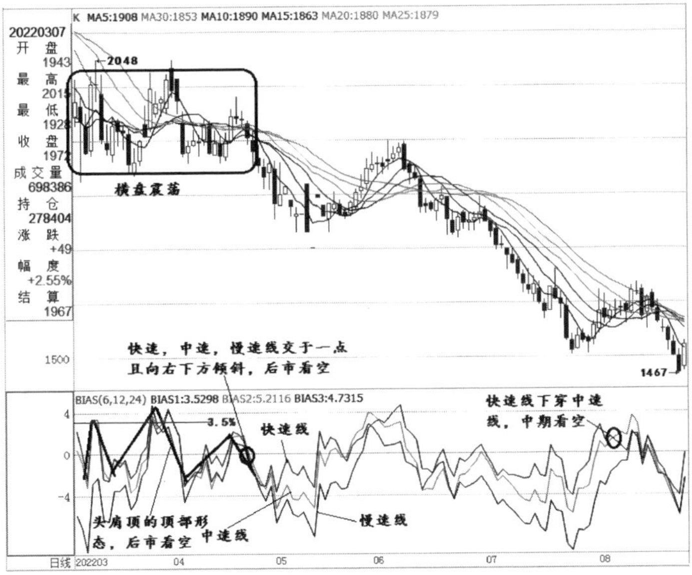

图8-15 乖离率曲线构成的顶部形态

6.指标使用的注意事项

比特交易法中，为了使乖离率指标能够更加直观准确地反应趋势走势的总体运行方向和阶段特征，我们将指标的常用参数设置进行了修改，把乖离率指标（1–300）周期的常用指标参数修改为（1，1，24），这样乖离率指标就被简单地抽象为一条单一的乖离率曲线。我们可以简单直观地使用这条乖离率曲线对趋势走势的持续时间进行较为准确的预判。

如图8–16所示，我们选用30日均线作为与乖离率指标进行共同研判的参照指标，在日线走势图中，我们可以明显地看出K线对于30日均线的穿越走势与乖离率指标对于零轴的穿越走势保持着高度的一致性。也就是说，当市场价格向下穿越30日均线时，则乖离率指标同步向下穿越零轴，此时后期走势看空。反之，当市场价格向上穿越30日均线时，乖离率指标同步向上穿越零轴，此时后期走势以看多为主。因此，当乖离率指标依然在零轴以上时，我们有理由相信此时的股价依然保持在均线上方呈多头走势。反之，当乖离率指标持续保持在零轴以下时，我们则有理由相信股价将持续运行在均线系统的下方，保持着较为稳定的空头走势。乖离率指标的这一重要特征为我们在趋势走势中对仓位的长期持有提供了重要的参考依据。

应该注意的是，在实际盘面分析过程中，乖离率指标并非完美无缺。例如，它在指示超买和超卖状态时，不同持仓品种和个股所对应的超买超卖状态下的拐点高度有很大差异。对于业绩较好的个股而言，空仓观望的资金持有者由于担心错过进场机会，所以在价格偏离程度较小时就急忙进场。而心态稳定的持仓者则很少愿意低价抛售而是选择持票待涨，从而使乖离率通常在跌幅较小时就出现反弹。反之，对于业绩较差的个股，乖离率则往往会跌至较大幅度之后才会出现反弹。因此乖离率指标对于不同品种的转向拐点没有明确的指示和规定，我们只能通过长期看盘所积累的经验，对不同品种大致的乖离率通道做一个特定数值上的规定。当走势进入交易密集区时，由于筹码分散，此时乖离率指标对于震荡走势的指示作用较为明显，但是对于受到突发事件影响或者开市之后的大幅跳空而言，乖离率指标的准确率就相对较低。最后，乖离率指标在实际使用过程中也会受到流通标的产品或个股的市值份额及其他多种复杂因素的影响。因此，乖离率指标如同其他指标一样，应该尽可能结合更多的其他分析工具一同使用，从而提高其判断的准确率以增加我们盈利的机会。

图8-16　乖离率指标与均线系统的同步性

（三）OBV指标

1.简介及用途

OBV指标，即我们常说的能量潮，它属于典型的人气指标。其英文全称是On Balance Volume，可以理解为一个平衡的交易量指标。该指标是由美国著名投资分析大师格兰威尔（Joseph E.Granville）所创立，主要通过成交量的变动来推测股票价格的运动方向。

一方面，格兰威尔认为，市场价格的变动受市场上资金流向的影响，进而导致了多空双方力量的不均等，其直接表现就是买方成交量和卖方成交量的不同，股票市场价格波动的根本原因就是成交量的变动。也就是说，成交量的变动引起了市场价格变动，而价格变动仅是成交量变动的一个结果，量为因，价为果。股票价格走势的源起在于成交量的变动，而价格的变动只是成交量变动的表象而已。可见，这一量价关系的推论也同样遵循市场“量为价先”的底层逻辑。

另一方面，在多空力量的不断对比中，多空双方对股价的方向预期越不一致，则其最终的成交量越大。反之，多空双方对市场的预期越一致，所体现出的成交量就越小。格兰威尔充分利用市场的这一本质特征和市场运行的惯性原则，通过成交量的变动对后期走势方向进行基本的预判，并认为对投资者和主力较有吸引力的热门股票在一段时间内的成交量和价格波动都比较大。反之，对于少有人问津的冷门股而言，在一定时期内其成交量和股价的波动则相对较小。具体在线性表示上，OBV指标以不断连续出现的N字形为能量潮曲线的基本构成单位，多个N字形的波动单位相互连线则构成了OBV指标的曲线图。其中，一浪高过一浪的N字形波段称之为上升潮，而不断下跌回落的N字形波段则称为下跌潮。由于能量潮指标是对市场价格运动的最本质因素——量能的数量化、具体化和直观化的体现，因此使OBV指标一度被认为是最客观、最诚实的技术指标。同时，OBV指标也易于与众多其他技术指标相互配合组成高效的交易系统。

2.指标构成及参数设置

OBV指标是众多市场指标中构成要素最为简单的技术指标，以至于该指标根本无须进行任何参数设置，但是其揭示的量为因、价为果，量为价先的市场逻辑则是十分深刻的。OBV指标的主要构成要素是当天的成交量和前一天的成交量两个数据，如果当天的成交量大于前一天的成交量，则说明此时多方的力量较强，具体表现为OBV的数值为正值。反之，如果当天的成交量小于前一天的成交量，则说明空方的力量相对较强，此时OBV的结果为负值。如果当天的成交量与前一天的成交量相等，则OBV的数值不变，此时多空双方力量均等。

3.计算公式

OBV指标的编程代码为：

SUM（IF（CLOSE>REF（CLOSE,1）,VOL,IF（CLOSE<REF（CLOSE,1），-VOL，0）），0）

从OBV指标的程序代码中可以看出，OBV指标的计算方法十分简单。其引用的变量只有两个，一个是当天的成交量V1，另一个是前一日的成交量V2。其计算公式可以简单的表示为OBV=V1-V2。由公式可以看出，当V1大于V2时，OBV为正值；当V1小于V2时，OBV为负值；当V1与V2数值相等时，多空双方力量均等，此时OBV值不变。

在实际应用过程中，OBV指标由于其计算方法较为简单，所以经常会受到一些偶然因素的影响。为了提高该指标的准确性，我们引用多空比率净额的概念对这一指标进行修正和优化，从而得出比单纯使用OBV指标具有更高可信度的量能指标。

多空比率净额的计算公式为：

$$VA=V\times[(C-L)-(H-C)]/(H-C)$$

其中：VA是成交量多空比率净额值，H是最高价，C是收盘价，L是最低价，V是成交量。

由此，

多空比率净额=［（收盘价-最低价）-（最高价-收盘价）］÷（最高价-最低价）

收盘价减最低价，表示多头买力的强度。最高价减收盘价，表示空头卖力的强度。

进而得出，

OBV=前一日OBV+当日成交量（V）×多空比率净额

通过这一计算方法，将多空力量的比率进行加权修正，从而避免了OBV指标在使用过程中易受到偶然因素影响的缺陷。

例如：某只股票，前一日OBV=4 000，今日成交量2 000，收盘价12元，最高价13元，最低价9元。计算今日OBV：

简单版：OBV=2 000–4 000=–2 000

修正版：多空比率净额=[（12–9）–（13–12）]÷（13–9）=0.5

可得出：OBV=4 000+（0.5）×2 000=5 000

4.指标指示的多方指征

（1）当OBV指标的基本构成形态N字形波动呈一波比一波高的上涨状态时，后期走势预期看多。

（2）当OBV指标读数在30日均线以上时，说明市场中的上升量能较为充足，后期走势看多。

（3）当股价运行到低位后，对应的OBV曲线由下方向上金叉30日均线时，说明此时买方意愿强烈，后期以看多为主。

（4）当股价上升时，OBV曲线若伴随着股价的上涨而持续上升，则说明此时人们的进场热情高涨，持币者不断将新的资金投入市场，后期走势看多。

（5）当前期市场价格不断下跌，但与此同时OBV指标在低位横盘震荡较长时间（一般至少持续3至4个月），则说明前期主力在低位充分地吸筹建仓，则后期在出现有效突破之后，容易拉起为较大的多头走势。

（6）在长期的上涨走势中，OBV指标与30日均线的位置关系形成类似于K线走势图中市场价格与均线系统的位置关系，即当OBV曲线向下回踩30日均线但未能顺利突破，在OBV曲线重新返回30日均线以上时，形成较为有利的多头进场时机或者中途加仓机会。

如图8–17所示，该产品经过前期一段幅度较大的横盘震荡过程，多方在频繁震荡中逐渐清洗掉了多数浮筹并聚集了大量的拉升力量。然后多方在11月2日开盘时以一根低开高走的长阳线突破30日均线。与此同时，OBV曲线向上穿越30日均线形成金叉。另外，前期市场整理的方向主要以空方为主，但OBV曲线的走向并未与之伴随向下，而是走平或向右上方倾斜。此时形成阶段的底背离形态，则后期走势以看多为主。在多方的拉起走势中，OBV曲线的多个N字形结构逐级抬升且与稳步拉升的股价相配合，买方表现出强烈的持仓意愿，大量的闲散资金不断涌入市场。因此后期多方发动了较为稳定的涨升走势。

图8-17　OBV对于多头走势的研判

5.指标指示的空方指征

（1）当OBV指标的基本构成形态N字形波动的一个低点比前期低点低时，构成看跌的空头形态。

（2）当OBV指标读数在30日均线下方时，则表示多头量能不足，后期拉升的概率较小。

（3）价格运行到高位转头向下，此时OBV曲线若向下穿越30日均线形成高位向下的死叉，说明此时空方力量雄厚，后期走势以看空为主。

（4）当价格上升到高位，但OBV曲线并未跟随着股价一同创出新高时，形成股价与OBV曲线的顶背离，此时说明买盘无力，后期走势多数看空。

（5）当价格持续下跌，与之相伴随的OBV同样表现出相同方向上的稳定下跌时，说明此时市场情绪悲观，看空意愿强烈，此时多预示着市场将进入连续阴跌或持续稳定的空头走势。

如图8-18所示，该产品在前期一段较大幅度的拉升之后，OBV并未与其同步继续上升，反而转头向右下方倾斜，从而形成OBV曲线与均线的顶背离形态，预示着后期即将发起空头走势。另外，在12月28日夜盘前后，OBV曲线向下死叉30日均线，与之伴随的空方以一根长阴线向下突破MA30，空方发起进攻。在此过程中，OBV指标的多个N字形结构逐个降低，预示着市场上的看跌意愿强烈。最后，伴随着K线走势持续向右下方大幅延伸，与之伴随的OBV曲线则持续稳定地向右下方倾斜，此时市场处在长期阴跌之中，并在后期延伸出较大幅度的下降过程。

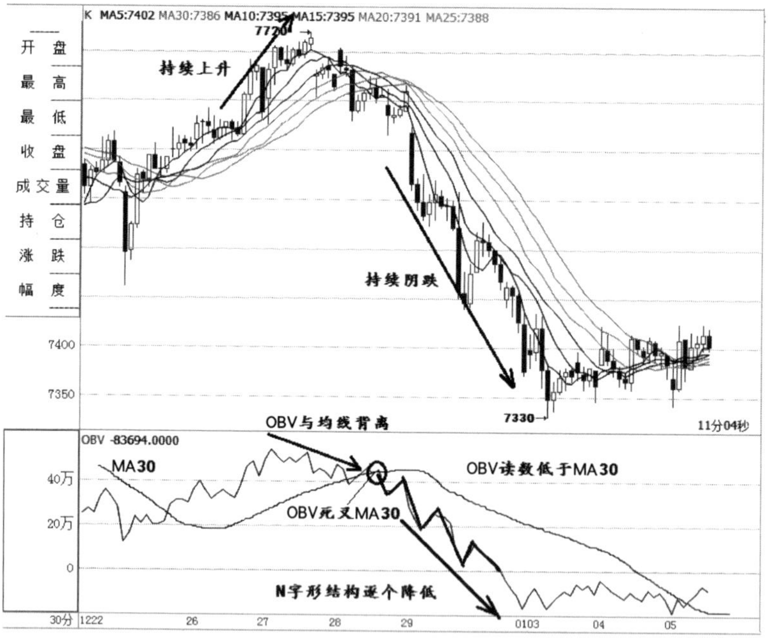

图8-18　OBV对于空头走势的研判

6.指标使用的注意事项

OBV指标设计的初衷是通过观察在不同市场阶段由成交量的变动所体现出来的市场人气的强弱，从而判断多空双方力量的对比来为投资者提供一定的决策依据。由于该指标的数据样本较为简单，单独使用OBV指标的统计数据并无多大实践意义。另外，OBV指标所反映的多空双方力量的增减和强弱对比必须体现在一个较长的时间周期内才更有参考价值。因此能量潮指标在具体的使用过程中，应该充分与K线走势图和均线系统相结合来对照使用才能反映市场走势的中长期趋势。最后，OBV指标所采用的运算数据是当日成交量与前一日成交量进行比较，因此这一指标未能充分考虑市场价格长期波动的影响，当市场走势进入频繁震荡的箱体整理阶段时，由于价格波动较大，此时OBV指标的指向性会受到较大影响，因此应该充分结合通道线、黄金分割比以及阻力位的突破等技术要素进行走势方向的预判。

（四）SAR指标

1.简介及用途

SAR指标，我们通常称之为抛物线指标，其英文全称为Stop And Reveres。顾名思义，该指标主要侧重于止损以及转向点的测算，因此我们又称之为止损转向操作指标。其发明者依然是美国著名技术分析家威尔斯·威尔德（J.Welles Wilder）。SAR指标与相对强弱指标RSI、平均真实波动幅度指标ATR以及平均趋向指标ADX等众多技术分析中耳熟能详的热门指标都是威尔斯·威尔德的伟大贡献。他的这些经典技术指标主要体现在《技术交易系统新概念》《亚当理论》和《三角洲理论》几部著作中，威尔斯·威尔德也当之无愧地成为了技术分析的王者。

SAR指标实质是将盘面上的多方走势和空方走势进行数字化，指标设立的基本原理是股票的价格走势存在着上升和下降两种最基本的趋势变化，市场走势必然与股票价格及其对应的指标读数之间存在着一定的数形关系。在具体的计算过程中，通过一个周期不断变化的指标数值计算出与走势相对应的反转点，并进一步得出一只股票持仓中的合理止损位置。

2.指标构成及参数设置

抛物线指标的构成较为复杂，其参考数值包括前期SAR读数、加速系数、前期上升或下跌走势的最高价或最低价、初始值以及常用参数等多个变量。如果计算周期的收盘价高于前一周期的最高价，则此时定义为上升趋势，此时的初始值取前一个周期的最低价。反之，如果计算周期的收盘价比前一周期的最低价要低，则此时定义为下降趋势，初始值则采用前一周期的最高价。SAR的指标值则是由上一个周期的指标值加上受加速系数影响的运算数值共同计算得出的。

SAR在盘面上的标记与绝大多数技术指标的曲线图有所不同，它是由上升过程中的红色圆圈（标注于对应市场价格之下）的连线以及下跌过程中的绿色圆圈（标注于对应市场价格之上）的连线构成的。我们可以简单地将其称为红色圈线和绿色圈线。SAR指标的常用参数设置为（1.00–100.00）周期为10，（1.00–100.00）步长为2，（5.00–100.00）极限为20。

3.计算公式

（1）SAR指标的编程代码为：

```
SARL：=SAR（N，S，MAXP）；
TURN：=SARTURN（N，S，MAXP），NODRAW；
FLAG：=VALUEWHEN（TURN<>0，TURN）；
```

SARUP：IF（FLAG>0，SARL，DRAWNULL），CIRCLEDOT，COLORRED；

SARDOWN：IF（FLAG<0，SARL，DRAWNULL），CIRCLEDOT，COLORGREEN；

（2）SAR指标的计算方法。

以Tn周期的SAR值计算为例：

SAR（Tn）=SAR（Tn−1）+AF（Tn）×［EP（Tn−1）−SAR（Tn−1）］

其中，SAR（Tn）是Tn周期的SAR值，SAR（Tn−1）则为（Tn−1）周期的SAR值，AF为加速系数（或称为加速因子），EP则为极点价（即最高价或最低价）。

在计算SAR值时，首先要明确以下几个参数：

（1）初始值SAR（T0）的取值。若T1周期为上涨趋势，则SAR（T0）取T0周期的最低价。反之，若T1周期为下跌趋势，则SAR（T0）取T0周期的最高价。

（2）极点价EP的取值。若Tn周期为上涨趋势，则EP（Tn−1）取Tn−1周期的最高价，反之，若Tn周期为下跌趋势，则EP（Tn−1）取Tn−1周期的最低价。

（3）加速系数AF的取值。

①加速系数初始值为0.02，即AF（T0）=0.02；

②若Tn−1和Tn周期都为上涨趋势，当Tn周期的最高价高于Tn−1周期的最高价时，AF（Tn）=AF（Tn−1）+0.02；当Tn周期最高价=Tn−1周期最高价时，AF（Tn）=AF（Tn−1），其中，加速系数AF取值最高不超过0.2。

③若Tn−1和Tn周期都为下跌趋势，当Tn周期的最低价低于Tn−1周期的最低价时，AF（Tn）=AF（Tn−1）+0.02；当Tn周期最低价等于Tn−1周期最低价时，AF（Tn）=AF（Tn−1）。

应该注意的是，任何一次行情的转变，加速系数AF都必须由0.02重新计算。

例如，Tn-1周期为上涨趋势，而Tn周期为下跌趋势，则AF（Tn）需要以0.02为基础重新计算，即AF（Tn）=AF（T0）=0.02。

（4）通过公式SAR（Tn）=SAR（Tn-1）+AF（Tn）×［EP（Tn-1）-SAR（Tn-1）］，计算出Tn周期的SAR数值。

4.指标指示的多方指征

（1）价格在SAR的红色圈线之上时，后期走势看多。

（2）当SAR的绿色圈线结束，由下跌趋势转变为上涨，多指示空方的转向信号，此时适宜做多头的进场操作。

（3）当价格突破SAR绿色圈线底部所形成的压力位时，说明多方开始逐渐占据主导地位，此时适宜建立多头仓位进场。

（4）当价格形成连续稳定的上涨走势，并且与之伴随的SAR指标红色圈线也连续顺畅地向右上方倾斜，则说明多头市场较为稳定，应该在多头趋势出现阶段性回撤（多数到达敞口宽度的45%~55%）时，做中途进场或者多头加仓操作。

如图8-19所示，该品种经过前期一段横盘震荡之后，于10月下旬以一根小阳线实现对30日均线的突破，同时也突破了由SAR绿色圈线底端所形成的压力位。后期价格多数站稳在SAR红色圈线之上，在经过12月一个阶段性的回调之后，多方以一根长阳线再次突破SAR绿色圈线的压力位，同时该点位对应着空头结束、多头拉起的绿色圈线向红色圈线的转换点位，此时可以作为多头仓位的进场点或者多头趋势中途回撤结束的加仓点位。随后，多头力量占据主导地位，最终发动了连续多根阳线组成的稳定上升的多头趋势。与此同时，SAR也构成了顺畅上升的红色圈线。

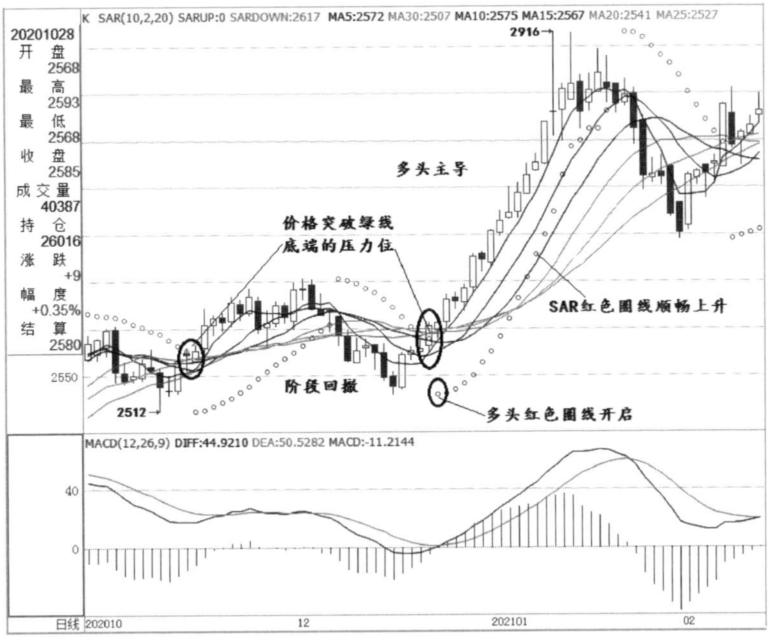

图8-19　SAR对于多头走势的研判

5.指标指示的空方指征

（1）价格在SAR的绿色圈线之下时，后期走势看空。

（2）当SAR在上升过程中的红色圈线结束，转为下跌趋势的绿色圈线时，多为多方的反转信号，此时适宜建立空头仓位。

（3）当价格跌破SAR上升过程中的红色圈线所形成的支撑位时，说明空方逐渐占据主导地位，此时应当做空头仓位的进场操作。

（4）当价格形成较为稳定的下跌趋势，并且与之伴随的SAR指标绿色圈线也平滑稳定地向右下方倾斜，此时可以考虑在空头趋势的阶段性回撤（多数到达敞口宽度的45%~55%）出现时，做空头的中途进场或者加仓操作。

如图8-20所示，该产品前期经过一个幅度较大的横盘整理后，于2月上旬以一个长阴线实现了对30日均线的突破。随后多方进行了猛烈的反攻，但多头并未能顺利突破30日均线所构成的压力位，市场价格再次由30日均线附近折回转向下跌，此时也对应着格兰威尔八大法则回抽不破的第二大卖出点位。紧接着，在三月上旬出现SAR由红色圈线向绿色圈线的转换点位，该情形多指示多空力量的转换。随后空头以一个大幅跳空实现了对多方支撑位的突破，稳定顺畅的下跌走势发起。这一下跌趋势出现在三月下旬和四月中上旬，虽然经过了一个漫长的横盘中继阶段，但随着四月中旬空方对SAR红色圈线的成功突破再次延续之前顺畅的空头走势。这一红绿圈线的转换点或者对横盘震荡中前期低点的突破点，都可以作为新建仓位的进场点或者下跌趋势中途空头的加仓点。如图所示，后期走势中价格持续稳定地运行在SAR绿色圈线之下。

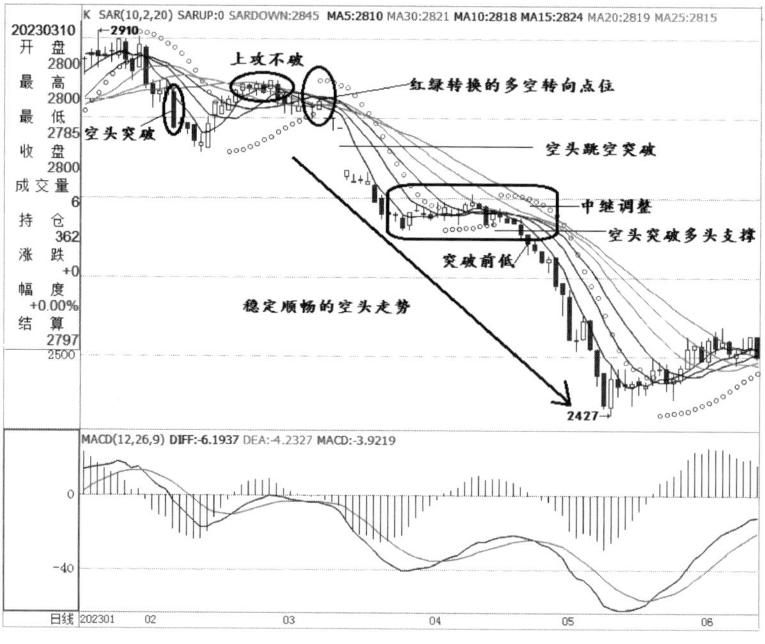

图8-20 SAR对于空头走势的研判

6.指标使用的注意事项

由抛物线指标的运算原理可以看出，抛物线指标更多的是侧重于波动过程中止损点和转向点的测算，这里我们之所以将其归入趋势类指标，是因为该指标对于中期和长期等较长时间跨度上趋势持续性的预判具有较为突出的表现。

应该注意的是，抛物线指标SAR在实际应用过程中与MACD指标红绿柱状线的指示作用具有高度的一致性。因此它在判断长期趋势在多空转换时的进场时机方面也具有较为明显的优越性（如图8-21所示）。

图8-21　SAR圈线图对长期趋势的体现以及在窄幅震荡中的虚假信号

由以上分析可以看出，SAR指标在判断具有明显趋势的市场方面具有较好的效果，但对于窄幅震荡市场或者相对平稳的状态，SAR指标则较容易形成具有误导性的指示信号。另外，由于SAR指标的计算数据是基于前一日SAR指标的计算读数得出的，因此该指标在处理突发事件所造成的大幅跳空方面具有明显的滞后性。最后，SAR指标就其曲线构成来讲更加适用于相对长期的操作，对于短期操作则适用程度较低。

四、关于多周期参考及周期选择

（一）多周期的概述

在金融交易的技术类分析工具里，如同本间宗久发明的K线系统一样，不同时间周期的K线系统同样能够为我们提供实时、便利、直观的市场走势，并成为技术分析中的主干分析工具。这正是市场活动包含一切，以价格为核心的集中体现。不同周期的K线表达使我们对市场总体形势的把握更加全面，既可以从宏观角度考虑方向，又可以从微观角度考虑具体点位。K线系统的多周期特征为绝大多数无法明确趋势方向和无法定位小周期上进出点位的初中段交易者提供了极大的便利，这也是比特交易体系的核心工具。

（二）各周期K线的组成部分

以年K线、月K线和日K线为例，分析长、中、短期K线所体现的市场数据。

开盘价：每年的第一个交易日的开市价格（年线）；每月的第一个交易日的开市价格（月线）；每个交易日的开市价格（日线）。

收盘价：每年的最后一个交易日的休市价格（年线）；每月的最后一个交易日的休市价格（月线）；每个交易日的休市价格（日线）。

最低价：在每一个交易年度中，所有交易时间内出现价格的最小值（年线）；在每一个交易月度中，所有交易时间内出现价格的最小值（月线）；在每一个交易日中，所有交易时间内出现价格的最小值（日线）。

最高价：在每一个交易年度中，所有交易时间内出现价格的最大值（年线）；在每一个交易月度中，所有交易时间内出现价格的最大值（月线）；在每一个交易日中，所有交易时间内出现价格的最大值（日线）。

上影线：阳线中，上影线是K线最高价与收盘价的差；阴线中，上影线是K线最高价与开盘价的差，其代表阻力的大小。

下影线：阳线中，下影线是K线开盘价与最低价的差；阴线中，下影线是K线收盘价与最低价的差，其代表支撑力量的大小。

K线实体：K线收阳代表买方力量较强，阳线实体部分越长，则说明买方势力越强。K线收阴，代表卖方力量较强，阴线实体部分越长，则说明卖方势力越强。

派生关系：年K线可以拆分为次级别的4个季线或者12根月K线以及更小级别的时间单位。月K线可以拆分为次级别的若干日线或者更小级别的时间单位。日K线可以拆分为次级别的若干小时线或者更小级别的时间单位。

（三）K线周期的长、中、短划分

常用交易软件中一般有分时图，包括3分钟线、5分钟线、15分钟线、30分钟线、60分钟线、2小时线、4小时线、日线、周线、月线、季线和年线的划分。当然，也可以根据自己持仓和品种的特点，自行设计周期时长。因此对于交易中长、中、短周期的界定没有严格的标准。根据大多数散户交易者可以承受的持仓时长，大致将30分钟线、60分钟线、4小时线、日线和周线操作划分为短线，将周线、月线和季线划分为中线，将年线及其以上的周期设置划分为长线。分时图及更细微的时间单位，则多用于极短线的高频交易，对于应该极力避免频繁交易的绝大多数散户交易者而言，极短线周期是不推荐使用的。

（四）短周期与长周期的特点

三个维度的周期划分，每个周期有每个周期的特点。就短周期的特点而言，一般使用周期时间级别越低，越能精准地表现出市场的频繁波动。但由于小周期对市场的反应过于灵敏，一方面不易体现主体走势的大致方向，另一方面，在对市场走势的反映中，极易产生反复震荡和虚假突破，从而导致短线交易者的频繁进出和连续亏损。这也是初中段散户交易者应该极力避免的。相比之下，超短线的高频交易者拥有更尖端的硬件设备、更及时准确的信息资讯以及更低廉的进出场费率。因此可以在很小获利时就及时止盈，在微小亏损时就不必考虑交易成本（甚至可以忽略不计）的止损平仓，这些便利条件是普通散户交易者可望而不可即的。

相比较而言，长周期操作是中线及长线交易者的有力策略。由于长周期可以提供给交易者更大范围和更高层次上的视角，使长周期具有能够反映总体市况的作用，尤其对于中长线交易者的长期持仓具有重要的导向作用。当然，长周期也有自身的缺陷，由于长周期一般所需要的时间跨度都在自然月以上，因此，长周期对于更小级别上的市场波动或者转向反应不及时，对于持仓量较小、资金量也较小的散户交易者而言，期间出现的波动将让他们无法忍受，而且中长周期对于市场的反映具有一定的滞后性，这在K线系统与均线系统的结合使用中表现得较为明显。在小周期上看到的转向直观明了，但是当大周期发生转向时，小周期往往已经经过了一个漫长的震荡或者转变过程，这一过程将会是小资金交易者无法忍受的痛苦过程，除非有极大的耐性和严格的纪律，否则要想度过这一段漫长的亏损阶段是非常煎熬的。

可见，无论是短周期还是长周期，都有自身的优点和不足。当然，这一优点和不足不是来自K线系统本身，K线系统本身并不具有自主的选择性，它并不知道需要反映市场哪种走势。短周期和长周期K线系统所表现出来的特点，仅反映在操作者的心中。我们要充分结合自己交易品种的特点、个人的风险偏好以及自己的市场预期来选择短周期或是长周期的K线表达。我的建议是在前期的知识准备和模拟阶段，可以首先使用短周期进行模拟操作和对模拟数据进行回测，这样可以在较短的时间内及时发现问题，纠正持仓中可能出现的错误。当交易系统相对完善和成熟、交易业绩相对稳定之后，可以逐渐提升交易周期。若经过测试，一套系统在小级别周期和高级别周期上都适用，则说明该系统应该处于相对完善的阶段了，此时再进行少量的实操切入市场就相对安全许多。

初中段交易者最容易出现的错误就是当自己的交易系统仅有一点端倪或者雏形的时候，就觉得自己天下无敌，可以藐视一切，然后迫不及待地实操进场，在不断变化的市场走势中碰得头破血流之后才发现自己的交易系统漏洞百出，一无是处，最终又灰溜溜地离开了实盘操作。每一个成功的交易者都必须经过多次市场波动的考验，甚至是被迫离开市场的痛苦经历之后才能逐渐地走向成熟。除非你天资聪颖并且有高人指点，否则这些磨难是通往成功交易的必经之路，谁也无法绕开。而K线系统不同周期的表达方式恰恰为我们初期的系统设计、数据模拟和回测提供了十分便利的条件。因此，在K线周期的选择上应该慎之又慎，符合自己需要和自己交易特点的周期就是最好的交易周期。

（五）三层周期间的衍生关系及每级周期的对应作用

根据K线的计算方法以及表达方式可以得出，不同周期之间的K线具有逐级衍生和可拆分的特点。例如，5分图的单根K线可以拆分为五根1分图的K线，30分图的K线可以拆分成六根5分图的K线等。在这拆分的多个级别的周期中，使用周期级别越高，其对更高级别上趋势的总体指向越明确，因此使用更高级别周期上的K线组合及其形态对于长期趋势的把握具有重要的实践意义。由于低级别周期易受到市场环境、交易者非理性操作和突发事件等多种因素的影响。使低级别周期在判断总体趋势方向方面具有明显的弊端，而且极易造成频繁操作和连续亏损。同时，由于高级别周期的单根K线由众多低级别周期K线组成，从两者的拆分关系上来看，低级别周期的趋势就是高级别周期中的震荡。这一构图特征使我们可以重点在高级别周期中把握宽幅震荡或趋势走势，对应在低级别周期中把握顺畅拉起的大幅趋势，并在低级别周期中捕捉良好的中途进场机会或加仓点（见图8–22）。

图8–22　日线级别对于短期走势的指示作用

图8–22为日线级别11月2日至次年1月9日的K线走势图。当11月中旬多方突破前期高点之后，由红三兵拉起了较为稳定的多方走势，最终趋势一直持续到2 029点的高位做头，然后进入到时间跨度为一个月的宽幅震荡，最终在12月中旬到次年的1月初进入日线级别的横盘整理阶段。当我们能够根据技术分析手段判断高级别周期所处的走势阶段之后，就能够在低级别周期中寻找与其相对应的重要点位。

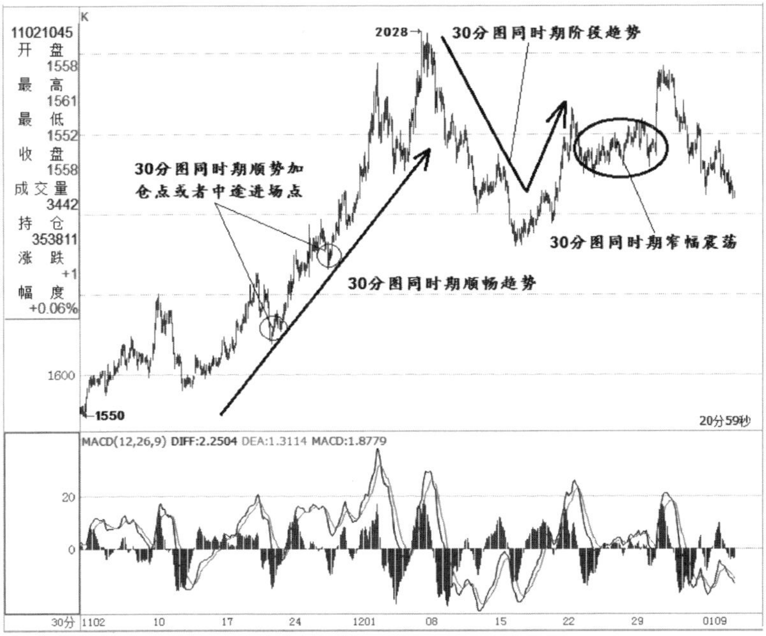

图8-23　30分图对同时期日线走势的拆分

在预期11月中旬日线级别突破前期高点，即将拉起幅度较大的趋势走势时，我们可以在30分图中寻找顺应趋势主体方向并且具有一定价格优势的进场高度。如图8-23所示，在走势向多方发展的过程中，会出现阶段性的回调来清洗浮筹，当走势回撤到K线敞口宽度的45%~55%时，我们可以在30分图中顺势做中途进场或者加仓操作。当预期日线级别的走势进入宽幅震荡时，我们在30分图中的持仓虽然已经有了部分盈利，但这一阶段由于已经度过了前期日线级别较为顺畅的趋势拉升阶段，后期在30分钟图中的持仓应该以阶段性的短进短出为主，不应该长持恋战。同样道理，当日线图中经过了前期的顺畅趋势和中期的宽幅震荡，最终多空双方的力量相对均衡，表现为日线图进入横盘整理阶段时，对应着30分图进入了极易出现频繁操作和连续亏损的窄幅震荡阶段。该阶段的最优策略是耐心保持空仓观望，直至走势明确选择突破方向之后再做进场操作。对于绝大多数初中段交易者而言，这一阶段是破坏性最大，也是最难度过的阶段。只有那些能够严守纪律和极具耐心地挺过这一至暗阶段的交易者，才有可能成为最后的赢家。

（六）组合周期的作用

我们可以利用不同周期间K线衍生和拆分的这一特点，在低周期中使用K线系统细化自己的观察视角，在高级别周期中放大和提升我们的观察高度。例如，我们在高级别周期中观察到的宽幅震荡体现在低级别周期中就是趋势，在低级别周期中所观察到的趋势则在高级别中表现为震荡或者更大级别的趋势。可见，我们可以利用高级别周期来明确总体走势的主要方向，这为我们后期的长期持仓提供了导向。中级别周期可以用来明确当前持仓的主流方向以及用来寻找横盘中继或者前期高点、前期低点所提供的压力位和支撑位。小级别周期则用来为我们提供更小视角上更具体的进出场点位或者加仓点位。由此可见，K线系统是我们进行金融交易最便利、最直观也是最灵活的交易工具，在交易分析和交易系统的制定中起着十分重要的作用。加之K线排列形态以及单根和多根K线的拆分关系使得K线系统的判断更有针对性、更具体化。例如常见的头肩顶、三重顶、圆形顶、两阴夹一阳、红三兵、十字星、阳吞阴等K线形态和结构。

（七）周期组合的推荐及用法

在不同周期的组合方面，首先应该明确和深刻理解不同级别周期之间K线的衍生关系。建议不同时间周期之间的跨度应该在5~8倍。如果周期之间的倍数关系太小，则无法使用高级别周期来反映更高层次上的总体走势方向，并且不能反映长期的走势形态和K线组合结构。反之，如果使用的K线之间时间跨度太大，则持仓期间极易遭遇损失较大的宽幅震荡，同时时间跨度过大也不利于使用小周期来寻找更具体、更准确的进出场机会和加仓时机。就我个人而言，所使用的周期是5分钟、30分钟和2小时（短线进出）或者2小时、日线和周线组合（中线持仓）。大家可以借鉴这一K线周期组合，或者在不断模拟和实践过程中寻找最适合自己交易风格和所持仓位走势个性的周期组合。总体而言，一套优秀的交易系统应该有一套优秀的周期组合与之相配合，能够尽可能地把握总体走势的主体方向，又不错过较有利的进出场点位或者加仓时机。

第九章 他山之石——比特交易法

一、交易法的命名——我是如何挺过了裸辞的这八年

比特犬产自于19世纪的美国，由斯塔福犬（Staffordshire Bull Terrier）和斗牛犬（American Bulldog）杂交而来，其原名为American Pit Bull Terrier，意为“美国斗兽场牛头梗”，是作为斗犬而培育出来的一种极具攻击性并具有强大杀伤力的凶猛犬种，最初被使用在农场看护和保卫边界上。

比特犬皮肤紧绷，腰部和腿部强壮有力，同时它的脚上有粗糙坚硬的肉垫，在打斗过程中，能够提供很好的缓冲和支撑。令人生畏的锋利牙齿具有每平方厘米90千克的咬合力，此外，比特犬还具有惊人的耐力，可以在跑步机上连续奔跑200多千米。

当然，由于比特犬生性过于凶猛，多数国家将其列为明令禁养的犬种，甚至欧美多国规定比特犬在恶意伤人时可以直接开枪击毙。

可见，一条优秀的比特犬具有令人生畏的肌肉、长久的耐力、坚韧不拔的意志、极高的咬合力、惊人的灵敏度和一个聪明的大脑这些战斗所需的几乎所有先决条件。我简单地将比特犬的特点总结为以下三点，映射到金融交易的从业者，我们不必将比特犬上升为一种信仰或者个人

图腾，但作为一个合格的交易者，我们必须具备如比特犬一样融入血液的战斗基因。

（一）无所畏惧

比特犬个性顽强勇敢，由于其得天独厚的“硬件条件”和融入骨子里的争强斗狠的斗争特质，使其无论在面对恶劣的生存环境，还是在面对几倍于自身体型的猛兽侵袭时，都能凭借其顽强的生存本能和坚韧不拔的斗争精神，勇敢迎接挑战。

尚未深谙交易之道的初中段交易者，在面对险象环生的市场时，总觉得自己犹如一个等待捕杀的小绵羊，亦或是一只面对凶猛巨兽的可怜巴巴的小白兔，觉得让市场肆意屠戮肯定是绝大多数交易者的最终归宿（虽然事实也确实如此）。但我们应该坚信，无论万事万物，一定有其自身的运行规律，你参与金融交易的使命，就是要借助前人的智慧、丰富的市场经验以及由他们所揭示的极富价值的市场规律，对这些珍贵的研究成果进行整合和优化，从而形成符合自身交易思路和性格特点的交易系统。

当你决定奋不顾身地投入这个无比艰难的行业当中时，要在前期做好各个方面的分析和准备。这些分析不是指分析方法、技术指标等方面，而是对自己的透彻分析。包括自己的性格、爱好、特点以及风险偏好等诸多方面进行的全方位权衡。在这个分析过程中，你务必要实事求是地分析自己可能会遇到的一切风险，要坦诚面对自己曾经犯过的一切错误。因为从参与金融交易的经验来看，仅凭着自己的一腔热血冲动盲目地进场操作，不仅在交易生涯中走不快，更走不远。只有你深入地投入金融交易中，经历了这些交易过程中的大风大浪，才能够彻底地了解这个行业到底有多难。

经过前面对自己深入透彻的分析之后，如果觉得你拥有坚韧不拔的毅力，拥有能够在艰难困苦的摧残之下依然坚定向前的意愿以及在繁芜丛杂的市场走势和市场数据中理清头绪的聪明头脑，那么就可以坚定地踏入金融交易市场中去。一旦你毅然决然地决定投身金融交易行业，那么就不要给自己再留任何退路，哪怕你给自己留有任何一点点小小的后退余地，也说明你在踏入金融交易行业之前对自己所做的分析不够透彻、不够客观、不够精准。当你真正能够潜心研究自己，真实客观地看待金融交易工作的复杂性和挑战性之后，你投身于金融交易行业中的决定将是理智的和具有正向期望的。反之，经过客观的分析之后，你发现自己没有充分合理的依据，没有足够的心理准备，甚至自身根本就没有能够应对市场各种波动和考验的成功特质，那么我劝你就不要进入金融交易行业，一分钱都不要参与。因为如果你进入市场仅凭着冲动，而不是对自己、对市场进行客观分析，经过无比惨痛的鏖战之后，留下的只能是空空如也的账户、疲惫不堪的身体和伤痕累累的自尊。

（二）战斗中不怕疼

在打斗过程中，比特犬由于睾丸激素的快速分泌，抑制了疼痛神经的敏感性，使它们在战斗中表现出极强的耐力和对疼痛超乎寻常的屏蔽力。当比特犬处于兴奋阶段时，肾上腺素的分泌也同时会增加，这种激素也可以暂时降低疼痛感。此外，比特犬皮肤的痛觉神经极不发达，皮下神经末梢较少，这也在一定程度上减少了它们在打斗时的疼痛感。这些生物基因方面的种种“天作之合”，使比特犬在极其惨烈的战斗中即使被咬得体无完肤，也依然不能丝毫减弱其高昂的战斗热情。

作为金融交易从业者，做交易不要怕亏损。在金融交易过程中所出现的形形色色的亏损，往往蹂躏着交易者的身心，摧残着交易者的意志。金融交易者应该客观现实地看待这个问题。我们应该在内心十分明确地认识到一个很现实的问题：无论哪个行业，成功者必定是少数，这是一成不变的自然法则。连续不断的亏损是这一行业不断淘汰从业者的最根本方法。

既然经过客观的分析，已决心投身于这个事业当中，就应该对自己可能遇到的风险和亏损有一个客观准确的了解，并做好万全的心理准备。

绝大多数初段交易者无论手头的资金是否充足，都往往不计成本地在自己看来是“最佳”交易时机出现时重仓杀入，亦或是在自己期待已久的走势刚刚露出一点端倪时就追涨杀跌，从而为后期的大幅亏损埋下了伏笔。绝大多数的交易者在连续不断的亏损过后已经被市场折磨得毫无战斗力，意志消沉，心情低落。而当他们期待已久的市场走势真正顺畅拉起时，一方面他们的可用资金已经几近亏空，手头可以使用的金钱已经不足以支撑他们再次投入市场中进行拼杀。另一方面，当他们期盼的市场走势真正再次出现时，他们已经毫无斗志，自己的自信心已经被市场折磨得所剩无几。他们害怕失败，害怕失去手头为数不多的剩余资金，不敢再次进场。这个阶段，是对自己的资金账户，尤其是自己的从业信心形成最大考验和最残酷折磨的阶段。要想挺过这一阶段，就不要害怕亏损、害怕被市场驱逐。因为亏损如同盈利一样，是一个市场波动所产生的必然结果，是金融交易的一个重要组成部分。客观公正地看待亏损，并且安全合理地做好止损操作，尽可能地在自己所需要的市场走势相对成熟之后在稳妥的点位上进场，而不至于让自己暴露在显而易见的风险之中。

（三）咬住目标不松口

比特犬有高度的攻击欲望，而且有着十分持久的耐力，一旦发起进攻，它会保持高度的注意力，直到分出胜负为止。要么双方有一方倒下，不然它绝不会停下来。由于战斗中的比特犬十分兴奋，咬合部位的肌肉和神经异常紧绷，使它口中的猎物一旦被咬住绝无脱身可能。它会用一种超乎寻常的毅力与敌人鏖战，为了赢得胜利，战斗到最后一秒，誓死不休。用一句话可以形象地形容比特犬的一生：为战斗而生，为战斗而死。

比特犬与大型野生动物搏斗往往最终能够以胜利告终，取决于其对胜利的坚定信念和矢志不渝的斗争意志。在交易中，我认为市场参与者应该死死咬住以下几个关键点，这是在市场中得以生存的根本。

首先，就事业方向这一层面，经过前期对市场环境、对个人特点进行的客观分析，当你决定投身到金融交易中去之后，这个以交易为生的事业方向就应该被我们牢牢锁定，全身心地投入这个充满挑战的事业当中去。既然已决定投身这个行业，且分析是客观准确的，那么后期就没有理由轻易改变自己的决定和奋斗方向。

在实际操作过程中，接触到市场接连不断的打击之后，金融交易者往往缺乏自信心并意志消沉，此时枯燥乏味地谈论在金融交易中坚定自己的立场、以交易为生的话题显得苍白无力。我给亲爱的读者推荐一个易于操作的方法，就是在决定投身于金融交易行业的过程中，给自己设置一个退出这一行业的硬性指标。例如，可以从两个方面去考察自己是否有必要调整自己的事业方向。一个是限定自己的从业时间。也就是说，虽然会将全身心地投入这一所热爱的事业当中去，但是会给自己划定一个能够为此付出的最长的时间。这一时间至少应该在5年，当然也不应太长。以不会对自己整体的人生规划产生重要影响为准。在我所规划的这一金融交易的从业时间之内，我会全力以赴地深入研究市场、制定交易策略、构建自己的交易系统。但是一旦我所从事的金融研究在超出这一时间范围之外时我仍未形成健康稳定的盈利策略，那么我将坚决果断地退出这一行业。无论后期这个行业多么成熟，或者我对于这个行业有了什么样更高层次的认知。

同样道理，也可以以资金的持有量来衡量自己在这一行业中是否能够坚定地走下去。具体的操作方法是：我们可以在自己资金持有量的可支配范围内划定一个资金数量。这个资金量以不影响自己在一定时间内的生存为底线，根据个人的生存环境不同，可以将其设定为包含金融交易资金、生活必需品支出、基本社交消费支出、基本保障消费支出等几个部分。简单理解就是这一资金是我们从事金融交易和用于维护自己的正常生活秩序所必要的底线资金。在留有上述与生活相关的资金的前提下，我们所能拿出来的金融交易资金必须是我们能够容忍的全部资金的亏损底线。换句话说，即使我们所准备的交易资金在市场上经过一段拼杀之后全部亏损掉，也不会影响到我们的日常生活和最基本的生存环境。当然，现实一点讲，如果你在30岁以后已经上有老下有小，或者有家有业，那么你还要将一些生活的保障资金、孩子的抚养教育资金、父母养老资金以及自己生意的维护资金考虑在内。相对而言，自己从事金融交易的储备资金相对就会得到压缩。但无论怎样，这一部分资金是你从事金融交易的底线。经过你在市场中的锻炼之后，如果这一部分资金全部亏损完毕，你将决定永远地退出这个金融交易市场，无论后期自己是否还会有更多的资金，都坚决不会再进入这一领域。通过以上两种方法，可以相对客观地对自己的事业方向进行把握。在自己所规划的时间和资金能够允许的前提下，我们可以坦然地从事金融交易，并坚定地执行自己金融交易的事业方向。

从分析视角层面来讲，我们应该死死咬住总体趋势的走势方向。宏观上我们至少应该准确把握整体的供求方向、整体的政策面倾向以及具体到盘面走势的长期趋势方向。只有在更高层面上对整体走势方向相对清晰明确，我们才能依据自己的交易系统做出合理的判断和相对客观准确的进场决策。只有在进场方向更贴近于总体的经济运行趋势的大背景下，我们所做出的市场操作才有意义。

具体到盘面操作层面，就我个人研究方向而言，应该死死咬住技术分析的方向，并且始终坚信自己以技术分析为核心的分析方向具有坚实的理论基础和实践依据，始终坚信市场基本面、政策面和消息面等所有的作用因素对市场所产生的影响最终都会体现在盘面走势中。树立了这一明确的分析方向之后，我们就不会被众多繁芜丛杂的市场杂音搅弄得心神不宁。更实际一点讲，在分析过程中即使出现了基本面和消息面与市场走势不符的情况，我们也会坚定地沿着盘面的市场信息进行操作，而不会偏离技术分析这个主体的轨道。

作为一名合格的金融交易者，只有死死咬住以上三大层面的关键点，我们才能在金融交易的过程中不至于因为层出不穷的市场波动和身心所遭受的接连不断的打击而被迫离场，亦或是受到较小级别走势的诱惑而频繁进出。这些看似可有可无的细节，在我们交易的不同层面和不同阶段都决定着我们在这一事业中的具体走向，决定着可以在金融交易这一充满挑战和惊喜的行业中能否走得更快，走得更远。

综上所述，我们在前期深厚扎实的金融知识积累的基础上，综合自己所学，结合自己的交易性格、风险偏好和所交易金融产品的走势特征设计出符合稳定、高效、正收益预期的交易系统。下面我将自己经过反复验证和数据模拟回测的交易系统分享给大家，从事金融交易的读者朋友们可以直接使用，也可以根据这一主干思路进行进一步丰富和充实，以期设计出更加符合读者交易习惯和产品个性的操作系统。

二、比特交易体系的核心理念

比特交易体系的核心理念是将市场运行的最根本特征与人性的最根本特点联系在一起。从形式上讲，市场走势的最根本特征是在不同级别周期上的频繁震荡。从金融交易的属性上来讲，金融交易本质上属于概率游戏。由于市场走势及所处阶段的不可预见性，对于同一套系统而言，震荡和趋势走势不可兼得。适合趋势的系统未必适合震荡走势，适合震荡的系统未必在趋势走势中适用。因此，对于初级和中级交易者而言，应该充分利用市场震荡和概率属性的这一基本特征，首先重点突破在不同周期上的震荡走势，通过捕捉阶段震荡的高点和低点来增加判断正确的概率。在初级阶段，为规避绝大多数初级交易者追涨杀跌的恶习，我们主做震荡，并在该阶段积累资本。初中段交易者经过一段时间的资本积累之后，可以充分利用长周期捕捉具有一定幅度和跨度的长期趋势走势，这是中后期交易者盈利的重点。但在此过程中，应该摒弃前面所使用的捕捉震荡顶底的一切技术手段，从而尽可能避免趋势持仓中因市场频繁震荡所导致的频繁进出。在这一阶段，长期持有和增加盈利是所有技术分析和持仓策略的重点。

技术分析还有一个十分便利的优点，即不同周期之间各种技术指标的同质性。也就是说，同一套系统，如果在小级别周期中适用，则在大级别周期中也同样适用。这样我们就可以充分利用市场走势的这一特征，在高级别走势的持仓中使用同样的系统，并在低级别走势中捕捉与总体走势同向的加仓点位。当交易者在前期趋势持仓中能够实现稳定盈利之后，后期使用加仓工具增加盈利仓位在全部持仓中所占的比重，从而放大盈利。这个过程必须经过前期漫长曲折的资本积累、数据回测、优化修改过程。如果读者朋友们经过自己的努力能够达到这一阶段，必将获得属于金融交易者的里程碑式的成功。

三、比特交易法的具体操作方法

第一阶段　无论做多做空都必亏无疑的窄幅震荡阶段——盈亏限宽通道内空仓观望

（一）盈亏限宽内空仓观望的原理

在实际的盘面分析过程中，最让人抓狂的莫过于买入就跌、卖出就涨的窘境。而且这样的困境往往会持续一个痛彻心扉的漫长过程。在此过程中，交易者往往将前期绝大多数的既有获利逐渐亏蚀掉，同时，频繁进出所造成的高额手续费、印花税等交易费用大幅增加了账面亏损。在震荡幅度高低不同的横盘整理过程中，有一个特定幅度的震荡通道，在这个通道中，由于其震荡幅度所能产生的利润低于进出市场所花费的交易成本。因此，在这个窄幅震荡的区间内，无论做多还是做空，最终结果必然是连续亏损的。但这一部分的亏损是我们可以通过一定交易成本的测算和耐心在场外空仓观望来合理规避的。具体方法是，我们可以通过测算不同品种的市场价格每变动一个单位的市场价值与交易成本之间的比例或者倍数关系来划定这一极易导致频繁进出和连续亏损的窄幅震荡的宽度，并通过严格的交易纪律约束自己，置身事外，规避风险。

（二）合理限宽宽度的设置与计算

假设我们通过模拟数据测算出某一金融产品每变动一个单位的市场价格产品价值变动为5元，若该产品在相同价格下进出一次的全部税费等成本是15元，则我们可以计算出在价格变动为±3的窄幅通道内，我们无论建立多头仓位还是空头仓位，结果必然是亏损的，因为此时价格变动可能产生的收益还不足以覆盖该产品进出一次的交易成本。因此我们可以将这一价格变动区间规定为我们必须进行空仓观望的场外区间，只有当价格突破这一区间之后，我们才能进场捕捉在后期市场走势中可能出现的震荡进场点或者趋势进场点。一般而言，我们可以使用交易平台所提供的画线工具将这一限定宽度的通道划为两条水平的平行线。在实际操作中，为了规避走势频繁震荡可能产生的虚假突破以及进出场所遇到的滑移价差，我们可以将这一通道线的宽度多设定几个单位的数值，例如将上下宽度各增加2个单位，或者这个通道的具体宽度可以根据交易者可以忍受的最大单笔亏损金额来设定。

如图9-1所示，在对白银产品空仓区间限定宽度的计算中，市场价格每变动一个单位所引起的市场价值的变化为15元，同一价位水平上进出一次的交易成本是60元，我们可以得出空仓通道的最小宽度应该等于60 ÷ 15=4，假设我们可以容忍的潜在虚假突破或价格滑移浮动宽度为3，则我们选择空仓观望的通道宽度为4+3+3=10，因此我们使用系统所提供的画线工具在预期建仓的市场价上方和下方5个价格单位的宽度上分别画一条水平直线，两条水平线共同构成了一个上下宽度各为5的通道线。假设我们计划进场的价格是6 070，则空仓通道的上限应该等于6 070+5=6 075，通道的下限应该等于6 070−5=6 065。同样道理，假设我们计划进场的市场价格为6 015，则空仓通道的上限为6 015+5=6 020，通道的下限为6 015−5=6 010。在这个通道内，我们只空仓观望而不做任何进场操作。只有当价格再次突破这一通道后，我们才再次寻找符合系统的震荡进场点或趋势进场点，以此来规避漫长窄幅震荡所造成的连续亏损。

图9-1 白银产品限宽通道的计算与标划

第二阶段　核心拆分操作之震荡——以震荡为基础的盈利模式

（三）以震荡为核心操作的理论基础

对于绝大多数初中段交易者而言，他们所无比痛恨的频繁震荡经常会给他们带来连续不断的亏损以及频繁地让交易者陷入买入就跌、卖出就涨的窘境。可以说绝大多数初中段交易者都因无法忍受频繁震荡中收益的浮动盈亏而最终退出金融交易。一方面，金融交易固然有其困难性，这是客观存在的。而这些难点里面最难攻克的恐怕就是频繁震荡所导致的连续亏损。另一方面，就市场走势本身而言，窄幅震荡确实在全部走势中占有相当大的比重。美国著名投资分析师斯坦利·克罗（Stanley Kroll）曾经对21个市场的涨跌走势进行过统计，得出在不同品种、不同属性的多个产品市场中，上涨趋势占比14%，下跌趋势占比48%，横盘震荡占比38%。因此，在从事金融交易的初级阶段，应该重点解决好窄幅震荡的问题，一方面根除自己追涨杀跌的陋习，另一方面捕捉占比较大的整理走势。这个阶段做好震荡，不求交易者在初入市场时赚得盆满钵满，至少能够让我们在波谲云诡的市场中活得更久。

1.震荡盈利模式的进场点

我们可以充分利用众多技术指标中使用最为普遍的MACD指标来捕捉震荡走势的进场点。

如图9-2所示，我们在MACD与K线和均线系统的视图中可以看出，当MACD的红色量柱逐渐转变为绿色量柱，并且同时DIFF向下死叉DEA时，我们做震荡走势的空方进场操作。同样道理，当MACD的绿色量柱向上缩减时，说明空方力量逐渐衰竭。当绿色量柱转变为红色量柱，同时DIFF向上金叉DEA时，则做震荡走势中的多头进场操作。

图9-2　MACD对于震荡进场点的捕捉

同时，我们也可以使用多个技术指标之间的共振来寻找符合我们系统要求的进场点位。为了便于观察和能够更加直接地体现各个技术指标之间的共振，我们将图9-2中的技术指标分别更换为OSC指标和DMI指标，如图9-3所示。

图9-3　OSC对于同时期多空进场点的研判

同一走势若使用变动速率线OSC指标进行分析，则与MACD中的红色量柱由增长转为衰减的顶部位置相对应的是OSC曲线中变动速率线OSC向下死叉平均变动速率线MAOSC，因此也更加确立了在这一指标共振点上的转向走势。同样道理，在MACD的绿色量柱由逐渐延伸向逐渐缩短的转变底部，对应着变动速率线OSC向上金叉平均变动速率线MAOSC的共振点位，从而确立了后期看多的震荡底部位置。

如图9-4所示，当我们使用DMI指标对同一震荡走势进行分析时，会发现与MACD中我们所划定的红色量柱逐渐转变为绿色量柱的空头进场点位相对应的是DMI指标中PDI曲线向下死叉MDI，同样指示后期走势以看空为主。同样道理，我们拟定的多头进场点位在MACD中对应着绿色量柱转变为红色量柱。在DMI指标视图中，我们可以看到这一进场点位与PDI曲线向上穿越MDI形成的金叉相对应，同样指示着后期阶段上升。同时，在DMI指标视图中，可以明显看出在PDI曲线向下死叉MDI曲线明确空头走向之后，ADX曲线与ADXR的读数均超过了50，因此指示后期

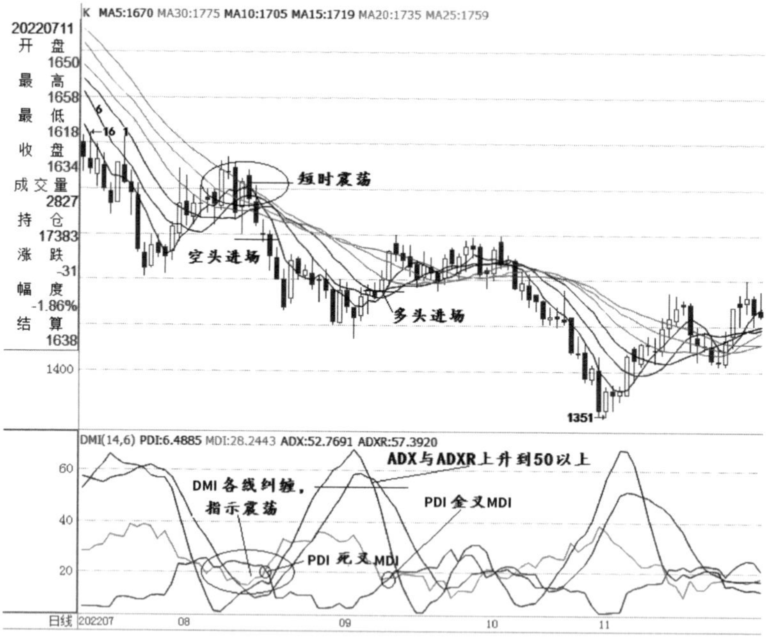

图9-4 DMI对于多空进场点位的研判

走势将有一定幅度的延伸（该读数仅指示突破力度，并不指示具体的多空方向）。

应该注意的是，在实际操作过程中，我们所使用的指标和方法应该力求简单和易于操作，在这里只是通过其他指标的相互配合和指标间的共振来对我们的市场预期或新建仓位的方向加以确认。在比特交易系统中主要使用MACD的红绿量柱和金叉死叉来拟定震荡走势中的进场位置。

2.震荡盈利模式的出场点

市场走势是由市场价格围绕价值这个核心上下震荡构成的，由上面的分析可以看出，一段完整的震荡走势是由两个指标分析要素相同但指向相反的两点构成的。也就是说，震荡走势的进场点与出场点是同质的，分析出场点所使用的技术指标与进场点的判定方法完全相同，只是两者指示的方向相反。

如图9-5所示，在一个完整的震荡走势中，必然会出现一个最高点、

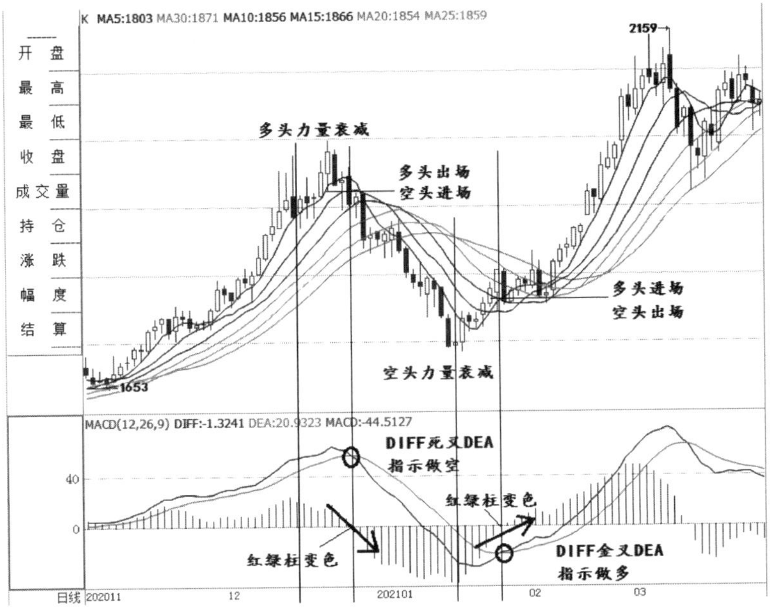

图9-5　震荡走势进出场点的同质性

一个最低点、经过最高点之后由红柱转变为绿柱与DIFF向下死叉DEA所确认的空头进场点以及绿柱逐渐转变为红柱与DIFF向上金叉DEA所确认的多头进场点这四个重要点位。无论是多头的顶部还是空头的顶部以及多头进场点和空头进场点，它们所使用的分析指标和对应的指标特征是完全相同的，但两组指标所指示的方向相反。

3.震荡盈利模式的止盈点

震荡走势中的止盈点，将其设定在转向走势回撤或者反弹到均线束开口宽度45%~55%的高度上，此时执行多头或者空头持仓的止盈离场操作。

如图9–6所示，在该走势中，随着绿色量柱的缩短，空头力量不断衰减，后期经过红绿量柱变色以及DIFF向上穿越DEA形成金叉对进场点位的确认，我们在1 776点做多头进场操作。随着后期多方走势的逐渐拉升，均线束的开口逐渐扩大，直至到达2 147点的高位后出现较大幅度的回撤。当多头的回撤幅度到达敞口宽度一半左右时，我们对多头持仓进

图9–6　震荡盈利模式的止盈点

行止盈操作。一方面，此时极易形成多空双方力量对等的胶着走势，从而陷入漫长的横盘整理阶段。另一方面，空头反攻超过这一开口宽度之后易出现成功的空头突破，从而发起空头的转向走势。在这一高度上，如果不尽快止盈离场，极易造成大幅转向走势，迅速吞噬掉前期多头的大部分浮盈。

在实际的盘面分析过程中，如果交易者觉得走势的转向点不易把握，或者转向的力度不易衡量，也可以采用系统软件中所提供的浮动止盈这一便利的系统工具，浮动止盈的步长则根据个人的风险偏好进行设置。但应该注意的是，这一止盈方法极易受到市场短期震荡的影响而导致过早离场。还有一点需要特别强调的是，由于这一阶段我们主做的是阶段高点对低点或者阶段低点对高点的震荡走势，因此当我们在特定高度上完成了震荡走势的止盈操作之后，即使后期走势再次拉起为顺畅的趋势，我们也应该严格遵守震荡走势中的进出场规则，必须在最有利的系统点位上离场，只进行两个极点之间震荡走势的操作，不做任何趋势走势中的中途进场操作。交易者必须以严格的纪律规范和超常的耐心来度过这一极具诱惑和煎熬的阶段。

4.震荡盈利模式的止损点

我们可以通过震荡的抽象图形来捕捉震荡走势的止损点。以日线的多头持仓为例，如果一日的收盘价在前一日收盘价基础上逐渐升高，则此时形成的走势就是多头方向上继续延伸的趋势。而当一日的收盘价逐渐低于前一日收盘价时，形成了阶段的转向走势，在盘面上则体现为走势形成了前期的高点。当后期走势完成了阶段性回撤后再次反弹，继续拉起为原来方向上的多头走势且突破前期高点时，则定义为突破窄幅震荡前期高点的趋势走势。反之，则我们认为震荡走势将继续。由此可见，震荡走势的止损点应该设置在转向走势的前期高点或者前期低点高度上。

如图9–7所示，该产品前期经过了一个震荡的涨升过程，随着8月中旬多头力量的逐渐衰减、后期红绿量柱变色以及DIFF死叉DEA等指标特征的确认，我们在8 713点做空头仓位的进场操作，同时在多头力量逐渐衰减的前期高点上做止损设置，规定在这个产品的持仓中，当后期价格高于8 820这个前期高点时，我们止损离场并结束这一震荡段落的操作。如图9–7所示，该产品的后期走势并未如我们所愿发展为幅度较大的空头走势，而是经过震荡下跌之后，在9月下旬完成了高级别周期上的回撤，多头走势继续按原来方向拉起。当多方持续上攻并突破8 820的前期高点时，触发了我们所设置的前期高点高度上的止损，宣告结束这一段落的震荡操作。可见，震荡走势的捕捉过程就是一个不断通过突破前期高点或前期低点触发止损的反复试错过程，如同上面提到的止盈触发后的空仓观望操作一样，在该阶段的止损触发之后，无论后期是否还有趋势，我们都只做震荡。

图9–7　震荡走势的止损设置

第三阶段　前期震荡盈利基础上的趋势交易

（四）趋势交易的理论基础

当交易者经历漫长震荡走势的不断锤炼之后，我们可以使用前期频繁震荡走势中所积累的账户资金从事高一级别周期上的中长线交易，从而充分利用高级别周期（建议至少采用3日线或周线以上级别的K线视图）K线能够更清晰准确地反映市场总体走势的主流方向这一技术分析中的巨大便利，来增加正向持仓盈利的概率。在这一持仓过程中应该重点规避震荡所带来的频繁止损触发，避免频繁进出，从而充分享受长期持仓的乐趣。

1.趋势交易的进场点

在趋势走势的进场点方面，我们重点使用的是均线系统以及K线对于均线系统的突破。这也是格兰威尔八大法则中占比最高的买入点和卖出点判定方法。均线系统的参数设置因人而异，交易者可以根据自己的风险偏好、操作习惯和持仓品种的走势特征来设置更加贴近真实走势的均线参数。如果持仓者资金实力雄厚，可以忍受相对较大的回撤或者亏损金额，则可以设置跨度相对较大的均线参数。反之，如果交易者资金有限，交易品种的资金占用率较低，可以设置间隔跨度较小的均线参数。对于均线系统所使用的均线条数，并没有明确的限制和约束，但如果均线条数过多，则显得纷乱复杂；如果均线条数选得过少，则均线的走势不足以反映市场的真实变动情况。因此，建议读者使用的均线条数在4条~6条即可。例如，我使用5、10、15、20、25、30这6条每条均线间隔为5的均线系统，以25日均线为参考均线。我们规定当K线价格突破25日均线、价格受到25日均线支撑或压力作用之后再次反弹的点位以及反向突破25日均线之后再次恢复原来运行方向时的这三个点位作为趋势走势的进场点。这三个点位也分别对应着格兰威尔八大法则中的第一类、第二类和第三类买卖点。

如图9-8所示，该产品在经过前期漫长的横盘震荡之后，多方向上突破25日均线顺畅拉起，该点作为趋势类操作的第一个进场点。在多方走势的上升过程中，空方虽然进行了阶段性的反抗，但未能跌破25日均线或者是短暂跌破25日均线之后受到30日均线的支撑再次恢复到原来的多头走势中。此处的两个重要点位分别作为趋势类走势的第二个和第三个进场点。特别强调一点，这类进场点位不具有必然性，也就是说，并非具有此类走势特征的点位一定是趋势走势的进场点。因为在震荡走势中同样可以出现黄金交叉、小幅跌破以及30日均线的支撑。因此趋势走势的研判和持仓必须结合一定的止损设置才有实际意义。

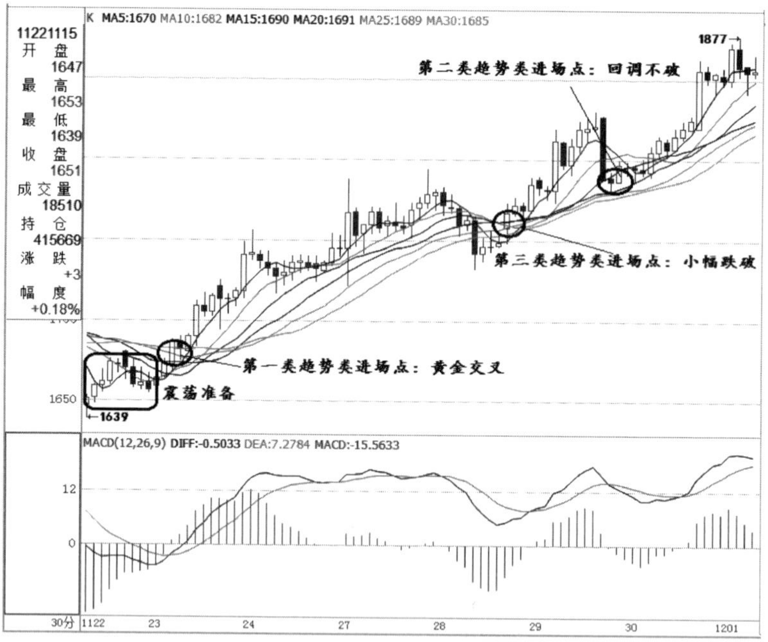

图9-8　趋势走势的三大类进场点

2.趋势交易的出场点

在整个比特交易体系中，趋势类持仓操作出场点的研判是最为复杂和最重要的。趋势类走势出场点研判的理论基础是以趋势走势的根本特征为依据。根据道氏理论的描述，无论多方趋势还是空方趋势，它都会沿一定惯性向一方倾斜着延伸下去。根据趋势低点一点比一点低为下跌趋势，高点一点比一点高为上升趋势的定义，只要走势有突破前期高点或前期低点的根本性特征出现，我们就默认不同程度的趋势走势仍在继续，然后使用艾略特波浪理论的几类主流结构类型与均线系统形态相结合，对趋势走势的延续性进行预判，并通过震荡转向点的判断锁定趋势类持仓的最佳出场点，同时使用其他趋势类指标和黄金分割比进行印证。

如图9–9所示，多方连续出现两根长阳线实现对均线束的突破，随后进入多空对峙的箱体整理阶段，说明多方经过前期大幅拉升之后能量释放所剩无几。随后出现以三只乌鸦为代表的空头回补，后期发起了幅度较大的下跌走势。在这一走势的发展过程中，我们可以清晰地看出其整体结构符合五段式的驱动浪、调整浪和a、b、c三段式的修正浪。具体研判过程是，当下跌趋势运行到第一波8浪结构的3浪时，由第4浪产生的反弹超过了下跌敞口宽度的50%，我们预判该走势属于失败的8浪结构，第4浪将出现下跌走势的多头转向。但随着走势的继续推进，4浪再次转为空头并向下突破3浪底部的前期低点，此时4浪结束5浪成立。我们在3浪底部的前期低点高度上再次空头进场，直至5浪结束。形成修正浪a浪时，在对应的MACD绿柱向红柱转变，并且DIFF向上穿越DEA曲线形成金叉时，作为预判5浪顶点的最优高度止盈离场。这样我们所预期的第一波下跌趋势的持仓过程就告一段落。

图9-9　趋势走势出场点的研判

一般情况下，经过a、b、c三浪的修正，此时趋势多数将完成一个完整的8浪结构。在该视图中，多方经过短暂的突破，受到25日均线和30日均线的压力作用再次折回到空头方向上，当空头走势继续向右下方运行直至突破前期5浪的低点高度时，我们预判后期第二波下跌走势的第1浪开始形成。如图9-9所示，随着走势的继续发展，后期产生了较为完整的下跌5浪结构。在1月12日休市前可以明显地看出第5浪已经形成，并且5浪结束后的调整浪a已经初具规模，因此我们有理由相信预期的第二波空头趋势即将在这个点上结束。使用艾略特波浪理论对趋势走势的离场点进行预判，其难点在于波浪结构的划分，在划分过程中首先应该明确，并不是所有的3浪、4浪或者5浪走势都一定能够完整地形成标准的8浪结构，在横向盘整走势中多数会形成失败的4浪、失败的5浪等震荡结构，这在盘面分析中是比较常见的。换句话说，趋势走势的研判必须时刻与合理高度上的止损相配合，才能从根本上避免因趋势误判所导致的错误方向上的持仓。在实际的持仓过程中，由于波形结构的不确定性，我们可以默认将突破走势的第一波回撤作为震荡走势的入场点，当震荡走势恢复到突破方向上并且顺利突破前期低点或者前期高点时，将突破方向上产生的这一浪默认为第3浪，无论后期走势是否能够顺利发展为标准的8浪结构，这样使持仓过程中的数浪操作相对简单化、直观化。

另外，以30分周期为例，在实际的持仓过程中，连续两波较为完整的艾略特波浪走势多数出现在慢牛或者连续阴跌的走势中，这一走势多对应着高级别周期中顺畅的拉升或者下跌，在实际操作中只能通过我们的技术分析去发现，而不能仅通过自己的猜测去臆想。应该注意的是，绝大多数的持仓者在持仓过程中都会存在一定的幻想，因前期空头仓位持续盈利，极易被较为有利的市场走势和较大的盈收金额冲昏头脑。如图9-9所示，空头持仓者总会在顺畅的下跌过程中武断地认为这一下跌走势将会长期持续下去。但在这里明确说明一点，在我多年来实际的持仓过程中，极少能够出现（或者根本没遇到）同一级别上连续出现三波或者三波以上的罕见行情。所以完成连续两个完整的8段结构波段持仓之后，交易者应该果断地在第二组上升或者下跌波段5浪结束后的高点或者低点尽快止盈离场，此时如果依然恋战，则后期的持仓胜算将会很低，更有甚者会被更高级别的大幅回撤迅速吞噬掉前期大部分的浮盈。

除此之外，我们同样可以使用黄金分割比、乖离率、形态背离等技术手段提高对最有利出场点位预判的准确率。

如图9-10所示，对于同一下跌趋势，我们使用黄金分割比对其进行分析。以前期1 984点的高位作为黄金分割比的划线起点，以3浪底部作为黄金分割比的划线结束点。如图9-10可以看出，4浪的拉起力度较大，初步判定4浪为失败的8段式波形，后期很有可能转变为转向的震荡走势。随着空方的再次猛烈进攻，空方以一根长阴线再次突破3浪底部的前期低点，此时我们有理由相信这将是一个较为完整的5浪结构，并且4浪与5浪的衔接点构成了上攻不破的第二类空头进场点，说明此时空头的卖出意识比较强烈。此时空头持仓者应该耐心等待突破前期低点高度后的5浪结束点的出现，并以此作为最优高度上的离场点。当空方下跌到1月8日时，多方进行了阶段性的反攻，此时对应的转折点正是138.20%的黄金分割比。在这一重要黄金分割比上的转折点也印证了我们对艾略特波浪理论中第5浪结束点的预判，此时我们做5浪顶部的止盈离场操作，无论后期是否还会有空头趋势延续。

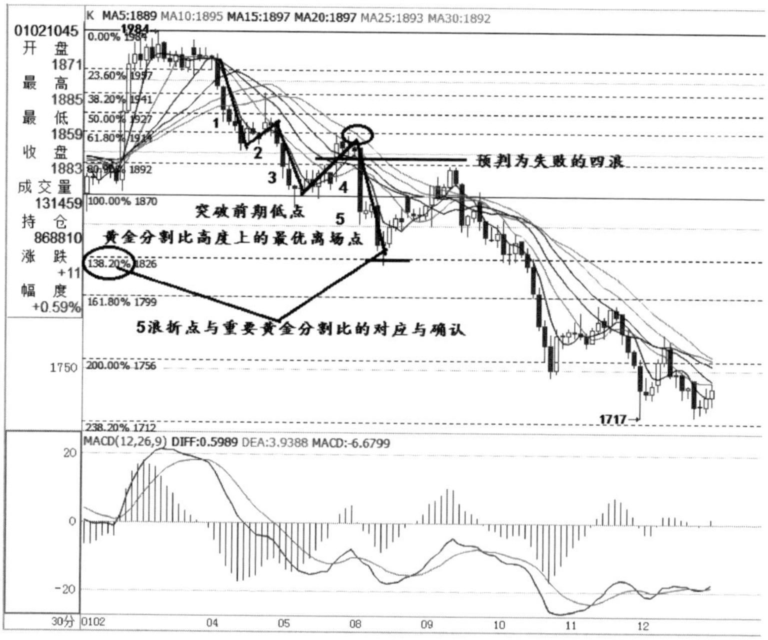

图9-10　黄金分割点对于5浪结束点的验证

图9-11是使用能量潮指标OBV对我们所预判的第二波5浪低点作为出场点的确认。当多空双方经过1 984点高位附近短暂的对峙之后，空方以三只乌鸦完成对25日均线和30日均线的突破并发起了长期的阴跌走势。在此过程中，能量潮指标的OBV曲线一直持续稳定地运行在30日均线以下，我们可以在1月9日前后OBV曲线短暂运行到30日均线以上时暂

时离场并空仓等待，研判后期可能发起的第二波下跌趋势。随着跌势的进一步发展，在预期第二波下跌波段的5浪低点上，我们做预期最优高度上的离场操作。此时对应的OBV曲线拐头向上并不断趋近于30日均线，也印证了我们对于第二波下跌趋势即将结束的判断。

图9-11　OBV对于趋势离场点的研判

应该说明的是，以上对于同一走势多个指标视图的分析，是为了方便大家能够更加直观地了解如何运用不同的技术指标对预期的出场点做出预判，并以此说明交易者在实际持仓过程中可以使用交易平台所提供的不同视图组合进行综合论证。总体来说，视图组合的构成不要过于复杂，交易者最多使用四图组合即可满足我们绝大多数研判和论证的需要，否则极易造成技术分析中交易者由于使用的视图过多而失去分析重点，最终陷入迷茫和无从入手的窘境。

3.趋势交易的止盈点

在趋势走势中同样可以采取与震荡走势相同的止盈策略，即在持仓方向上随着走势的同向发展，均线系统的开口逐渐扩大。我们将止盈线划在均线系统敞口宽度45%~55%的高度上。这样的止盈策略一方面可以保有一定的前期浮盈，另一方面可以过滤掉一定幅度的虚假回撤或反弹，避免因中途的小幅震荡而被清洗出局，造成自己在期盼已久的正确方向上过早离场，从而错过了后期可能拉起的大幅走势。同时，我们同样可以采用交易软件所提供的浮动止盈的资金管理工具对止盈高度做出设置，浮动止盈的设置步长应该根据自己所交易金融产品的所处阶段、震荡幅度以及自己能够忍受的亏损金额而定。这一步长参数如果设置过大，则极易导致大幅回撤吞噬掉前期较大部分的既得收益。如果步长参数设置较小，则极易在较小的窄幅震荡中触发止盈造成过早离场，从而失去了其过滤虚假回撤和虚假反弹的存在意义。

如图9-12所示，该产品经过前期的窄幅震荡之后，于1月4日出现空方的突破走势。在空仓进场之后，做均线系统敞口宽度50%上的止盈设置，随着第一波较大幅度回撤走势的到来，我们通过阶段性的止盈操作收得部分盈利。如果1月8日前后出现的回撤走势能够顺利突破50%敞口宽度，甚至突破25日和30日均线，则我们认定此时未能拉起为预期的趋势走势，而是转变为阶段性的震荡走势。但从后期的走势可以看出，空方由50%的敞口宽度再次向原趋势方向进攻并且突破了前期高点，我们在空方突破前期高点时再次进场，继续做空。在持仓过程中同样设置50%左右敞口宽度上的止盈线，直至在1月9日前后止盈触发离场。同样道理，在后期的空头走势中，多头虽然小幅突破了25日和30日均线，但受到均线束的压制作用，多头无力拉起为反向的震荡走势或者长期趋势，再次撤回到25日和30日均线以下，构成趋势类走势的第三类空头进场点。同时，我们在系统中设置以10为步长的浮动止盈，随着走势向空方的继续推进，我们继续将止盈线顺势向下平移或者由系统对浮动止盈的高度自动进行调整。

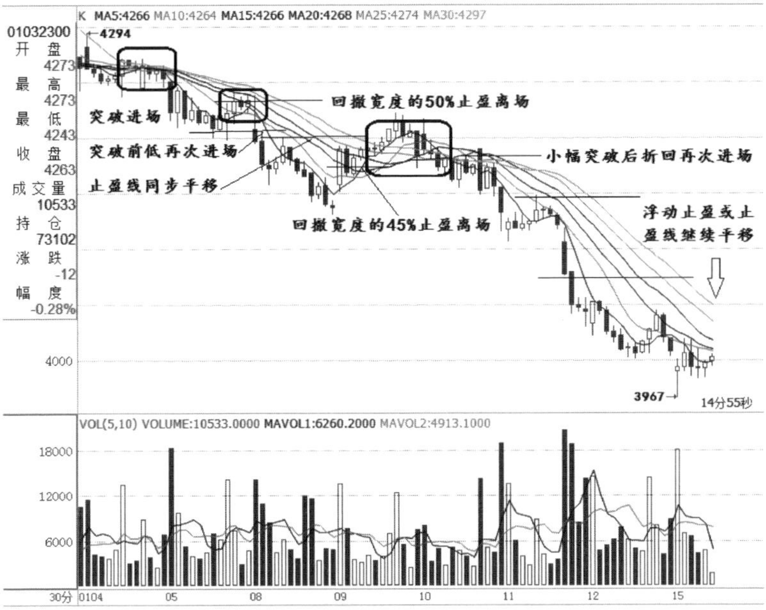

图9-12　对趋势走势止盈点的研判

应该注意的是，该阶段我们重点捕捉的是大幅度的多头或者空头趋势，并不断通过一定高度上的止盈设置对走势进行筛选。在此期间，并非任何一次进场都能准确无误。一方面，我们通过50%开口宽度上的止盈操作来过滤掉可能出现的回撤或者反弹，另一方面，即使在此期间出现了符合震荡走势进场点的进场特征，我们仍然以空仓观望为主。不要陷入到震荡也做、趋势也做的贪婪被动的境地中。以我长期持仓的经验来看，重点捕捉和做好自己能够把握的走势即可获得可观的收益，千万不要由于个人的贪心而使操作脱离了应有的约束，最终的结果多数得不偿失。很简单的道理：你管不好自己，你的资金就管不好它自己。

4.趋势交易的止损点

关于趋势走势止损点的设置，首先我们应该明确的是趋势走势的定义及其本质特征，如果一段走势的低点不断突破前期低点使得一点比一点低，则称为下降趋势。反之，如果每个高点都超过前期高点，形成一点比一点高的走势，我们称之为上升趋势。如果在一个持仓阶段内后期的低点不能突破前期低点或者后期的高点不能突破前期高点，则说明价格折回到了一个相对水平的高度上，此时则定义为震荡走势。这一阶段交易者进场的初衷是做趋势，我们在建仓高度上设置止损，当反弹高度大于进场高度（空头仓位）或回撤高度小于进场高度（多头仓位）时，即默认走势未能发展为趋势，而是选择了横向震荡，趋势失败，建仓高度上的止损触发离场，再次空仓等待突破参考均线的最优进场点位出现。这个过程是一个以不断以突破前期高点或者前期低点为标尺的趋势判断和试错的过程，这段时间的持仓需要极大的耐性，在回撤尚未到达进场价格之前，我们默认趋势继续按原方向持续下去。

在这一阶段应该明确一个观念，在趋势走势的持仓过程中，不要担心和纠结于止损设置的触发。因为止损设置的触发正是意味着这一段走势并非我们想筛选出来的趋势，持仓过程中同步设置的止损一方面可以尽可能地为我们减少因为持仓错误而导致的亏损，另一方面能够及时在走势与我们的预期不符时让我们强行离场，脱离险境。我们是根据自己的经验和思考来执行操作的交易者，不是预测神准的未卜先知者。因此，止损设置的触发恰恰为我们提供了一个坚实安全的持仓屏障。止损触发并不可怕，每一次的止损触发之后，我们得以尽可能地保存实力，在后期重新出现的进场点中再次进场。多数情况下，后期趋势持仓的盈利能够覆盖前期止损触发所造成的有限亏损。

四、关于加仓操作

（一）加仓操作的理论基础

在具体的持仓操作中，就盈亏比例而言，实际上绝大多数金融交易者亏损操作的次数远远超过盈利操作的次数，而金融交易中的胜出者都遵循着这样一个亘古不变的资金管理策略，就是时刻确保自己在正确方向上的持仓获得尽可能多的盈利，在错误方向上的持仓带来尽可能少的亏损。当初中段交易者的交易绩效稳定在一个相对较高的水平之后，我们可以充分利用金融交易中独有的加仓工具放大正确方向上的持仓盈利。但在这一操作过程中应该清晰地认识到，加仓操作不仅放大了盈利，也同比例甚至更加凶险地放大了潜在的风险。因此这一阶段的加仓操作应该量力而行，适可而止，切记不要贪心。

（二）加仓点位

加仓操作其实质是在持仓方向的震荡底部或顶部进行的与总趋势方向同向的梯度加码。我们在系统中所定位的趋势走势中的几个重要进场点位和可以研判趋势继续得以延伸的特定高度上的重要点位，都可以作为我们在趋势持仓中的加仓点位。具体而言，有市场价格突破特定均线和反弹（或回撤）结束之后，走势能够按照原方向继续延伸并顺利突破前期高点或前期低点的这两类突破类的加仓点位；市场价格在阶段性反弹（或回撤）出现之后，未能顺利突破（或小幅突破）特定均线并受到该均线的支撑或压力作用而折返回原趋势方向上的折点类加仓点；与特定的黄金分割比相对应的艾略特波浪理论中第2浪与第3浪的衔接点以及第4浪与第5浪的衔接点等，这些重要的技术点位都可以作为持仓过程中沿着预期趋势方向上有效放大收益的加仓点位。

如图9-13所示，在该产品上升阶段的走势中，首先在11月上旬多方以一个小幅的跳空突破了前期紧密收缩的均线束，构成了市场价格突破特定均线的突破类进场点。随着市场价格的继续抬升，多方的上升力度逐渐减小，空方的卖压逐渐增加，形成了空头小幅跌破均线系统的回调走势。多方经过阶段性的调整之后，再次突破重要的中长期均线，站稳在紧缩的均线束之上，形成了小幅跌破后继续上升的加仓点位。在此过程中，多头蓄积力量并在2月初以一个大幅跳空突破了前期高点，从而形成了突破前期高点高度上的加仓点位。当多头走势继续延伸到70 088点的高位之后出现了大幅转向，形成对前期跳空以及顺畅的多方抬升走势的回补。由此我们可以对前期走势进行预期波浪结构的划分，可以看出，预期走势的总体结构符合上升的5浪结构。同时，我们以前期的突破进场点作为黄金分割比的设置起点，以中途出现在60 862高度上的转向点作为黄金分割比的结束点。由此可见，前期的2浪底部与我们预期的4月上旬K线突破均线束所形成的4浪底部分别对应着61.80%和161.80%两个重要的黄金分割数值，这也进一步印证了我们前期波浪结构划分的正确性和对后期多方走势预测的合理性。因此2浪底部和4浪底部就构成了与特定黄金分割比相对应的又一重要加仓点位。

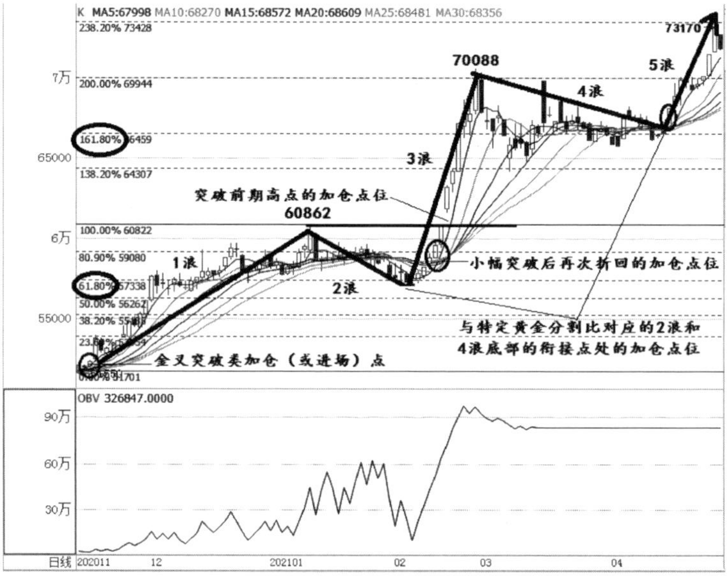

图9-13 特定黄金分割高度上的加仓点位

在实际的持仓操作中，并非每一个趋势走势都会这样顺畅拉起，也并不是在每个顺畅拉起的趋势走势中都会出现多个类型的加仓点，但我们可以结合具体的走势特征来捕捉这几类较为有利的加仓机会。无论在持仓过程中的哪个点位进行加仓操作，无论加仓的力度有多大，走势有多顺畅或者延伸幅度有多大，必须时刻提醒自己的是持仓过程中必须同步设置止损，避免被不断放大的盈利冲昏头脑而疏忽了规避风险，使本来可以稳定盈利、坐享收益的持仓演变为一场灾难。

（三）金字塔形梯度加仓的原理与图示

物极必反不仅是金融市场中的一个特定规律，甚至是整个自然界和人类社会中一个普遍存在的真理。具体到由盘面所体现出来的市场走势中，我们可以清晰地看到，盘面的市场走势其本质特征就是震荡。例如，未能超过前期高点或者前期低点的走势，体现在本周期中便是本周期级别上的震荡，而本周期级别上的趋势则对应着更高级别周期上的震荡，如图9–14、图9–15所示，以此类推。

图9–14　30分图中的阶段趋势走势

图9-15　30分图中的趋势与日线图同时期宽幅震荡间的对应关系

总之，物极必反的震荡构成了一个金融市场得以形成的先决条件，也为我们在市场中执行多空操作提供了机会。金字塔式的加仓操作充分利用了市场的这一本质特征来尽可能地放大收益、规避风险。以多头持仓为例，如果我们进场后的多头持仓能够顺应趋势方向向多方拉起，随着市场价格的不断抬升，继续看多的持仓者逐渐减少，空方意愿则逐渐增强，从而使市场中的买力减小、卖压增大，继续进场做多的风险不断增加。当多头走势距离进场点较远时，必然会在市场价格偏离价值较远的高度上出现多空力量的反转，最终形成阶段震荡的顶部或者底部。在这一过程中，我们在距离进场高度较近的位置上进行仓位较多的加仓操作，可以为持仓过程中新进场的仓位争取到更有利的进场高度。与此同时，在多方抬升过程中逐渐减少多头的加仓数量，能够尽可能地降低转向概率越来越大的高位进场所带来的爆仓风险。

从量化分析上来看，我们可以通过图9-16清晰地看出顺应总体趋势方向加仓操作的巨大威力。以多头仓位的趋势持仓及中途加仓操作为例，在趋势拉起的底部我们以单个仓位建仓进场，假设市场价格每变动一个单位时对应的价值变动为10元，当价格向多方推进5个单位时阶段性的回调结束，我们在1 305点增加5个仓位，此时的总盈利为：1×5×10=50（元）。随着多头走势的继续延伸，在1 320点处第二波回调结束，我们在这个价位上增加4个仓位，此时的盈利总额为1×20×10+5×15×10=950（元）。同样道理，当价格继续向上发展并在1 335点处阶段性回调结束时，我们再增加3个仓位，此时的持仓总数为13，在该点处的盈利总额为1×35×10+5×30×10+4×15×10=2 450（元）。假设该趋势走势向多方延伸到1 350点的高位后出现转向特征，那么我们在1 350点处止盈离场时全部持仓的总收益为：1×50×10+5×45×10+4×30×10+3×15×10=4 400（元）。由图9-16的核算过程可以看出，顺应趋势走势在中途进行的金字塔形加仓操作对于持仓盈收具有明显放大作用。

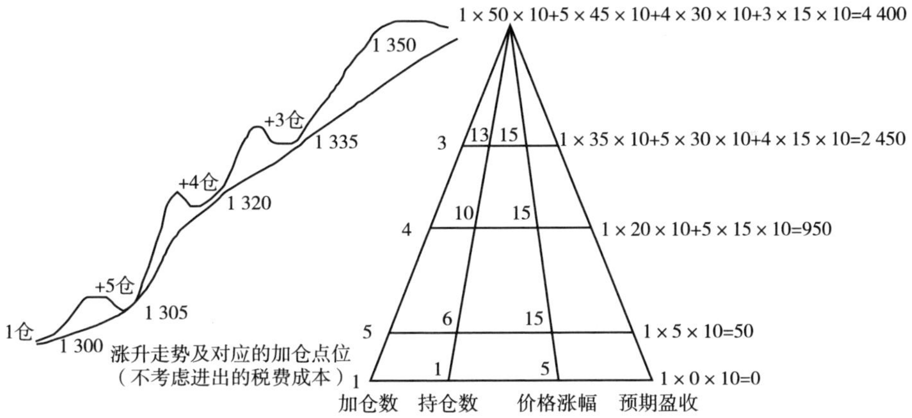

图9-16　金字塔式加仓操作对预期收益的放大作用

（四）加仓操作的止盈点位

由于加仓操作是顺应总体趋势方向上的回撤低点或者反弹高点上仓

位的增加，一方面使总体持仓的盈利能力得到放大，另一方面，如果遇到突发的回撤或者转向时，也会使持仓风险被无限放大。因此，在持仓过程中遇到回撤幅度突破45%~55%时，持仓的转向风险较大。此时应该做减仓操作，但建议继续保有原来趋势方向上的少量仓位持仓观望，直至市场走势告诉你趋势已经结束或者已经转向进入窄幅震荡为止。然后依然运用趋势走势的根本特征进行研判，只要价格尚未回撤到进场价格水平，在设置保本止盈的前提下继续长持，直至离场点位出现。具体的保本高度应该以全部持仓的进场成本为下限，然后除以持有该产品每一单位的价格变动所对应的市场价值。假设经过我们的模拟测算，一个持仓产品进出一次市场的全部税费是10元（该进出成本因市场价格变动、所交易金融产品类型和经纪商费用收取规定的不同而不同，该值只作为假设税费金额），而该产品的市场价格每变动一个单位所对应的市场价值是15元。假设交易者的进场价格为5 937点，当前的持仓数目为6个仓位，则此时我们能够允许加仓仓位的最大回撤幅度应该是在建仓价格基础上上下浮动4个单位（$6\times10\div15=4$），多头仓位的保本价格等于进场价格+4，即5 941，空头仓位的保本价格等于建仓价格-4，即5 933。只要建仓后的市场价格尚未回撤（或反弹）到这一价格水平上，我们就依然延续前期趋势延伸方向上的持仓。

（五）加仓操作的止损点位

如果加仓之后我们之前所预判的多头趋势走势未能顺畅拉起，而是转向触及了预先设置的保本价位，然后继续反向运行直至向空方突破了多头仓位的进场价格，则根据趋势定义的抽象概念，可以得出进场点位与出场点位大致处在一个高度相当的水平线上，此时我们之前所预判的趋势走势不成立，该点位可以作为趋势持仓的止损点。在实际的持仓过程中，出现这类情形的走势多数是趋势结束后进入到漫长的窄幅震荡或者我们在尚未出现明显的箱体整理突破时就过早进场所造成的，由于我们前期在可以接受的最大回撤高度上设置了止盈或保本设置，这类止损设置的触发还是比较少见的。一般情况下，在仓位进行了科学合理止损设置的前提下，我们在顺应趋势方向上的加仓操作，止盈离场时多数都能获得较为可观的收益。

五、关于定期出金

（一）定期出金的概念

定期出金可以简单理解为定期将自己金融交易账户中的盈余资金按一定比例支取出来，作为手中固定持有的保障资金进行保管，以备不时之需。

（二）定期出金的必要性

无论从哪个角度着眼，无论交易者为市场走势的预判做了多少努力和准备，市场以震荡为核心的结构特征不会变，市场亏多赢少的概率游戏的属性不会变，金融交易七负两平一胜的游戏规则也不会变。因此，为了降低金融交易中的持仓风险，始终将自己放在一个更加安全的处境中，在实现稳定盈利之后，我们很有必要将部分资金划转出去，这一部分能够定期支取出去的资金才是我们手中最安全、最有底气的可支配部分。从某种意义上说，定期出金的资金才是我们最终交易的成果。纵观整个金融交易的浩瀚历史，许多金融交易界的大师都是在实现稳定盈利之后，重仓杀入或者急于挽回前期的损失而最终一败涂地。他们曾经的辉煌值得称赞，但他们的可悲之处在于忽略了市场震荡的这一本质形态和市场容量如此巨大以至于可以吞没一切浮盈这个十分严峻的现实。因此在这一阶段中高段交易者应定期将必要的资金出金，在交易中做好随时应对可能出现的大幅反向跳空或者由于政策性因素、市场环境因素、不可抗自然力因素等造成的突发转向，这类走势极易导致前期浮盈被市场的剧烈震荡所吞噬，使自己暴露在市场危险之中。

（三）定期出金的主要策略

定期出金的总体策略首先应该有一个交易资金的底线，即定期出金所组成的灵活可用的备用资金池至少应该大于自己进出市场进行金融交易时的投入金额。换句话说，定期出金的资金量至少能够确保你在遇到强制平仓或者爆仓的致命打击时依然能够凭借储备资金东山再起。千万不要觉得遭遇强平或者爆仓离场这样的小概率事件不会发生在自己身上，只要你身在其中，只要你参与金融交易，你所梦寐以求的一夜暴富或者心痛欲绝的一夜倾家荡产完全有可能发生。因此手中应该掌握足够自己接受最大打击的备用资金，做好万全准备。由于金融交易行业市场容量巨大、操作灵活、进出自由等特点，使金融交易中的风险急剧放大，加之如期货、期权、融资融券等具有杠杆效应的金融产品的存在，更是加剧了市场风险集中爆发的可能性。在整个金融环境剧烈震荡的过程中极易出现大幅的反向跳空和突发转向，此时我们要做的就是保全自己，全身而退。对于资金量较小的散户交易者，比如1万元至5万元的资金投入量，可以每年进行定期出金；对于交易账户50万左右的金融交易者，可以每季度进行一次定期出金；对于资金投入量在百万级别的交易者，可以每月进行定期出金。一般的出金比例可以控制在账户资金量的20%~25%，或者是总盈利金额的30%。进行高频交易的极短线交易者由于资金变动频繁，且往往交易资金数额巨大，可以根据自己的资金持有量变动到一定百分比时进行固定金额的出金。但对绝大多数散户交易者而言，没有高频交易者巨大的资金量、高端的硬件设备和及时准确的市场资讯。相比之下，个人散户交易者与高频交易者同场竞技没有任何优势可言。既然各周期间的走势及操作都是同质的，散户交易者如果真的能够通过极短线高频交易盈利，那为什么不直接去做中长线呢?

定期出金的资金管理策略并非淡化了复利在金融交易中的放大作用，而是让自己在险象环生的金融交易市场中时刻做好两手准备，不至于陷入绝境。这里还是强调前面所提到的问题，无论你选择以何种方式参与金融交易，一定要找到符合自己性格的交易风格和符合自己风险偏好的金融产品，这就如同与一个志同道合的朋友在一起做事才能顺风顺水是相同的道理。

第十章

有道无术，术尚可求；有术无道，止于术

从事金融交易这么多年，经历过无数次的大赢大亏，似乎已经看淡了很多事情。在市场中拼杀的经历越丰富，就越发觉得在这个极具挑战性的行业中能够最终胜出，是靠了解自己更甚于了解市场。因此我将金融交易中关于人性的考量放到最终章节，在本章所提及的关于人性各个方面的修炼和成功特质，可以视为在金融交易中最终能够取得成功的软实力。如果读者朋友们经过多年金融市场中残酷的历练能够锻炼自己的心智，开阔自己的视野，会发现生活即是交易，交易即是生活。“工夫在诗外”，此话不假。

一、成功金融交易者的几个心性特点

（一）专注

金融交易者最初都是不顾一切、排除万难杀入市场的。但就其本身而言，每一位金融交易者对于这个盈利概率只有百分之几（甚至更少）的凶险行业还是心存敬畏的。加之金融交易市场的走势确实瞬息万变，在特殊的时间节点更会出现天翻地覆的巨变，使没有经过前期充足模拟

操作、尚未掌握稳定成熟的交易系统的绝大多数交易者没有信心，缺乏定力。正是由于市场走势一切皆有可能的这一特征，使交易者总觉得市场无时无刻都在与自己作对，甚至交易者觉得无论自己做出什么样的决定，哪怕自己同时建立一个多仓和一个空仓入场，市场仍然能让两个仓位同时亏损（因为实操还要考虑交易成本和价格滑移）。这主要是交易者缺乏对市场的总体认知和缺乏前期充足的模拟训练导致的。作为初段交易者，首先不要害怕。既然决定进入这个行业，就应该坦然接受这个市场的特质和风险。不要草木皆兵、疑神疑鬼，市场有它内在的规律和固有的表现形式。当你形成体系化的交易思路之后，自然会排除不必要的杂念和顾虑，专注于这个机遇与挑战时刻并存的行业。

（二）多练习

金融交易市场不需要多说，尽可能去做你应该做的所有。在这个市场中，只有不断去完成一个又一个走势的积累，一个又一个指标参数的分析与判断，一次又一次模拟数据的整理和一组又一组交易数据的复盘与评估，才能最终实现在金融交易市场上的突破。事实上，这与任何行业都必须经过千锤百炼才能有所成就是相通的，没有一个行业不经过前期充分积累和沉淀就能轻轻松松取得成功。但恰恰就是在这个需要高度专业性的市场中，绝大多数的初级交易者会在换手机、换车的过程中精挑细选、仔细研究，却在这个险象环生的行业中觉得自己仅凭着在网上搜几篇文章、看几张报表就可以藐视一切、所向披靡，这怎么可能？踏踏实实地去做，多练习，多经历，这是所有金融交易参与者走向成功的必经之路。

（三）坚持

不可否认，金融交易是所有行业中见效最快、变现的中间环节最少、效率最高的行业。但并非只有一腔热血就能在这个行业中胜出，与其他高精尖行业相同，在你决定进入这个行业的时候就应该做好忍受不断的震荡亏损，甚至被迫离场的心理准备，并把它作为一个事业去做。要做一个长期的准备，无论是入市资金、系统设计、策略构思还是充足的心理准备。实话讲，在金融市场中，尤其是期权、期货之类具有杠杆的放大效应的金融产品，确实使一夜暴富成为可能。但除非有前期充足的积累和尽可能真实环境下的长期模拟操作，否则在短时间内想通过运气实现财富自由，肯定是妄想。无论哪个行业，当遇到困难时就直接选择退缩，必将一事无成，而金融行业无论是从资金上还是从心理上更是如此。因此每一个步入金融交易行业的初段交易者都必须做好长期拼杀的准备，在任何挫折和打击面前，都要咬牙坚持下去。

（四）提升高度

由于金融交易的技术层面是由诸多的基本面因素、消息面因素、政策面因素所共同组成结果的数字化体现。这就要求我们在从事金融交易时必须放大视角，提升高度。无论是从周期选择还是系统设置，都应该尽可能地从一个更高的高度着眼。如果打算长期从事金融交易，那就必须把眼光放长远，从一个更高的高度去看待金融交易，避免在制定止损止盈策略和系统设计时摇摆不定。从事长线交易的交易者还会深刻地体会到，如果从更高级别的周期进行着眼，长期走势更能够体现符合市场情况的总体趋势，避免低级别周期经常出现的震荡和虚假突破，对于避免频繁操作、盲目进出、追涨杀跌等极易出现的错误有很大帮助。

（五）谨慎

事实上就金融交易行业本身而言，这一行业其难度足以藐视其他任何一个与实体挂钩的行业，这是由它的金融属性和行业特征决定的。由于这一行业为交易者提供了绝对的进出自由和绝对自主的系统设置权限，使绝大多数未能形成成熟思路的初段交易者更加无所适从。他们总是在跌跌撞撞、不断摸索中碰得头破血流，最终直至身无分文后，灰头土脸地离开了市场。最可悲的是，在此过程中他们并没有学到任何真正有用的市场知识。加之像期货、期权、外汇之类具有杠杆属性的金融产品在放大了潜在收益的同时也放大了潜在的风险，甚至使在不恰当的时机重仓杀入的交易者面临着被迫离场的毁灭性打击。因此，金融交易行业不允许任何人目空一切，这里不包括学历、资本金额、职位、年龄、阅历等等任何因素。市场就是这么残酷，市场就是这么现实。

（六）游戏

我们从牙牙学语，经历单纯稚嫩的童年，到一腔热血的青年，再到经历一段痛苦和挫折之后积累和沉淀出珍贵生活智慧并逐步认识现实，游戏几乎陪伴了所有人成长。我们就是从“过家家”之类的游戏中不断成长和成熟起来的。不可否认，任何一个行业都必须要有和游戏一样的规则，我们通过严格遵守游戏的规则去获得快乐，去实现自己的愿望和目标。这个过程就是我们持续锻炼、成长和完善的过程。我国的教育体系也越来越重视寓教于乐、极具感染力和易于人们接受的教育方式。同样道理，如果我们把金融交易事业当作一场游戏并乐在其中，那么将是人生中的一大幸事。当然，这里所说的游戏不是无规则无目的地碰运气，而是经过踏踏实实的努力和付出之后一种坦然和放松的状态。这种对待游戏的态度是战略上的，而非单纯心态上的。真正成功的金融交易者，永远把微笑挂在脸上，总是那么轻松愉快地应对生活中的各种困难，我们能够从他们身上感到溢于言表的自信和从容。他们全身心地沉浸在这场其乐无穷的游戏中，通过前期打下的深厚的基础换来了在交易状态下无比沉稳的心态，这也是中高端交易者必须全力以赴打造的状态和境界。

（七）专业

任何一个看似简单、平淡无奇的职业，如果真正能够成为占有一席之地的行业翘楚，必然要对这一行业的专业知识了如指掌，能够做到在这一领域中无论遇到何种情况都能心中有数，对各种可能的问题都能做到合理地预期和灵活自如地应对。无论他们是注册会计师、高级律师或是著名的外科医生都是如此。行业分工不同只是外在表现，他们在成为专家之前所付出的努力都是同质的，况且金融交易行业的专业程度绝对不亚于其他领域的绝大多数职业。因此，要在金融交易中达到精通的程度，我们必须事无巨细地学习和消化吸收各种金融交易所需的专业知识，并积极主动地进行专业化的训练，通过大量的模拟和实操锻炼自己的操作水平，并在此过程中逐渐培养起相对准确的盘感。其实被我们神化的盘感无非就是通过长期积累和历练形成的对市场走势的一种直觉的判断，但这种判断的准确性依赖于你对这一行业专业知识的掌握程度。

（八）内心宁静

金融交易是一个劳心费神的职业，金融交易市场是一个融合了多种因素，经过各方角逐之后所显现出来的一个无形的战场，在这个战场上汇聚了全国甚至全世界最精明的大脑。如果我们无法以一个平静的心态参与其中，将很快感觉到精疲力尽，力不从心。从事金融交易，不仅需要一个安静舒适的操作环境，更需要自身平和宁静的操作心态。这个心态只能通过自己不断地坚持与努力、培养对市场超级敏锐的感知力才能得到。当你对这一行业的了解和对市场的把握上升到一定程度之后，才会体会到自己无比放松的心态和无比宁静的内在。

（九）止损意识

止损是所有金融交易者，无论是处于初级、中级还是高级段位的市场参与者达成共识的金融交易行业第一要务。金融交易者在进入市场之初就应该十分清晰地认识到，任何一笔交易、任何走势中都存在着亏损的风险，而且像期货和股指之类的高风险市场，止损几乎成为了所有参与者的保命仙丹。我们必须无条件地接受止损是由金融市场的高风险性和随机性以及无法预测的市场特性所决定的。任何人在这一市场中，无论职位高低，无论收入多少，无论财富是否雄厚，除非你已经达到了高级交易者的从容状态，否则所面临的亏损风险是相同的。止损设置就成为了最简洁、最高效、最直接的保命方式。果断及时的止损操作能够让自己在忧心忡忡、心烦意乱的持仓过程中将心态迅速调整为平和安静的状态，更何况能否及时果断地执行止损操作也是考量一个金融交易者是否成熟的重要标志。

就我个人而言，止损应该秉持着尽早、尽快和尽小的原则。尽早就是当走势即将到达自己所设置的止损线时，应尽早采取止损操作。一般情况下，如果市场走势向自己预期的反方向发展并且已经延伸到自己所设置的止损线，在整个市场上往往会有该价位周围大量的挂单或者止损设置不断得到触发，从而推动反向走势不断朝着止损设置的方向加速前进，进一步使止损点触发的概率增大。所谓执行止损要尽快，就是既然亏损无法避免，那么就要坦然果断地去执行止损操作，不要拖泥带水，不要瞻前顾后。当你真正能够深刻地理解止损操作的重要性，就会毫无顾虑地执行任何情况下的止损。尽小，就是在执行止损操作时的亏损金额尽可能要小。伟大的美国银行投资家、金融分析师伯纳德·巴鲁克（Bernard Mannes Baruch，1870—1965）曾经说过，最初的亏损通常是最小的损失。当市场走势不再有利于我们的持仓，向着我们预期市场方向的反向移动时，我们应该及时承认自己的错误，避免亏损不断扩大，最后演变成为一场灾难。这个止损最小的原则，无论是在K线走势反转幅度的直观判断上，还是在金融交易持仓盈亏的绝对数值上都应该严格遵守，从而让止损操作这一资金管理工具充分发挥它对交易账户的保护作用。

（十）限制投入

毫无疑问，金融交易是千千万万个行业中为数不多可以让你一夜暴富的职业。但杠杆效应在带来资金放大作用的同时，也带来了风险的放大，加之金融行业自身波动的随机性和走势无法预测的特征，使每个人所面临的风险程度本质上是相同的。高段位的交易者可以使用技术分析手段很好地规避风险（但风险无法避免），对于绝大多数初中段金融交易者而言，规避风险最直接有效的方法就是限制资金的投入量。我相信绝大多数金融交易者最初一头扎进市场的时候都是怀着发大财和一夜暴富的梦想进入的，但造成涉世未深的初中段交易者“死亡率”居高不下的重要原因就是重仓。当他们历经坎坷，被市场蹂躏地体无完肤的时候，市场走势所出现的任何一点突破的端倪都会被视为救命稻草，于是他们重仓杀进以求在这一难能可贵的“趋势”中打一个漂亮的翻身仗。但这一冲动的操作无形中放大了潜在的危险，当波动再一次出现时，交易者不相信自己的判断会出错，或者执着于原来的持仓久久不肯离场，相信这最后一波的操作定能够使自己扭亏为盈。在这一波激进的操作过后，交易者的心态已经逐渐扭曲为赌徒的心态，一连串冲动、错误的操作导致最后交易者爆仓甚至被迫出局。限制入市资金的投入量，根据自己的操作水平循序渐进地推进，是绝大多数交易者在交易的初段和中段提高资金使用效率、延长在市场中的存活时间、提高操作质量的重要举措。

（十一）严守规则

金融交易领域有一句流传已久的名言——“交易最大的三个要点是：规则，规则，还是规则。”市场独有的运行方式就是规则。我们夜以继日地辛勤劳作，每天废寝忘食地看盘模拟、数据对比，无非就是想让自己的操作更贴近于市场走势。因此无论付出多少努力，最终都在向着规则所规定的方向前进。如果经过你的研判，有幸能够获得一套经得起市场验证的游戏规则，那就好好遵守吧。因为对你而言它代表着最高概率的游戏规则。当你在纷繁复杂的走势中迷失方向、不知所措时，你需要做的就是严格遵守交易系统所指示的操作，并且一丝不苟地执行这一操作。系统为你对市场的研判提供了最大正确概率的选择。这就是为什么交易者要把打造一套符合市场走势、符合商品波动个性、符合性格特征的交易系统作为一个任重而道远的核心工作去做的重要原因。

（十二）少看少动

放眼形形色色的各个行业，没有任何一个行业如金融交易一样有如此之高的失败率。无论我们多么努力，无论我们所使用的技术指标多么高级，无论我们的硬件设备如何先进，金融市场中七负两平一胜的概率格局不会变。换句话说，如果我们选择空仓观望，什么也不做，就已经胜过了70%亏损的交易者。这看似是个笑话，但的确是一个非常痛的领悟。其实，深层次的原因就在于绝大多数的金融交易者没有专业交易者和大的资金平台的做市商、场内经纪人那样雄厚的资本、及时的市场资讯、高效的信息分享平台和十分有利的交易成本。在一切不利因素都无情指向散户交易者的残酷现实之下，大多数持仓过程中我们要做的就是不要频繁操作，避免频繁进出，从而规避可能出现的风险。除非你对市场的判断十分准确，否则每一次你的进出都会增加你犯错的概率，从而进一步增大你亏损的风险。这就是为什么我们在不知所措时应空仓观望或者保持原仓位不动，因为多数情况下会出现一定转机。

（十三）持之以恒

金融交易行业是一个复杂和多元化的行业，要求每一个操作者在最初进入市场时就应该有打持久战的战略部署。既然你决定从事金融交易，并把金融交易作为一项事业去完成，那就全力以赴地去做好研判市场所需要的一切准备工作。当没有充足资金、没有精湛专业技术、没有足够心理准备的初中段交易者盲目杀入市场时，他们其实就是在赌。无论是前期基础知识的储备、中期各种指标的模拟，还是后期交易系统的制定和操作绩效的数据分析与复盘，这些工作都需要时间去耐心完成。这就决定了金融交易是必须投入大量时间和精力的，而不仅是绝大多数人最初认为的只需要勇气、无畏拼杀就可以“咸鱼翻身”的行业。在实际的持仓操作中，个人对于市场走势的研判能力的确受到金融交易者的个人悟性、知识储备等多种因素的影响。但总体来说，要有两到三年的知识储备和三年左右的模拟操作经历才能真正拿着真金白银在市场中冲杀。对于绝大多数市场参与者而言，如果没有七年左右的前期准备，那你在金融交易市场中顶多处在一个“打酱油”的位置。因为没有任何一个行业中的大师是不经过千锤百炼就能成功的，更何况这个高智商人群聚集的金融交易市场。

（十四）安静

这个要点一方面指操作环境，另一方面也指交易心态。从操作环境上讲，金融交易工作是一个令人身心疲惫，需要精神高度集中的行业。我们无法想象在一个纷乱嘈杂的环境中，怎么才能静下心来去思考问题或者进行数据模拟与比对。市场走势千变万化，只有始终保持安静平稳的操作心态，才能应对市场不断出现的各种险境。如前所述，一个交易者的成功心态并非读几篇心灵鸡汤或者喊几句慷慨激昂的口号就可以实现的，它必须历经各种市场走势的反复洗礼和打击，经过千锤百炼方能使自己的内心坚韧无比。

（十五）稳定

这里所说的稳定，一方面是指操作心态上的稳定，另一方面则是操作绩效上的稳定。经过前面的分析，我们可以深刻地体会到金融交易市场是一个危机四伏、瞬息万变的市场。要想在这个市场中占有一席之地，就必须锻炼出自己强大的心理承受能力和稳定的心态。能够在不断变化的市场中保持自己的主见，不被眼前不断出现的虚假突破、窄幅震荡或者频繁的量价背离所误导。更进一步分析，稳定的交易心态来源于过硬的交易技术和成熟的经过系统验证的交易体系，这一体系的打造完成将标志着你的交易生涯进入了一个崭新的阶段。这一阶段你的操作心态会与以往任何时候的交易心态不同，就像一个历经沧桑的老者看待命运的小波折时的坦然与平静。从交易绩效方面讲，相信在市场中拼杀的每一个交易者或多或少都经历过市场的大起大落和浮亏浮盈，这是由市场的波动性和市场影响因素的多样性决定的。缺乏理性的交易者，当出现大的浮盈时就开始幻想自己一夜暴富之后的愉快生活。反之，当亏损不断扩大，甚至引起灾难性的后果之后，交易者的心态将进入低谷，甚至对眼前的一切都陷入绝望。

从根本上讲，交易心态的稳定是由交易业绩的稳定所决定的。我们所追求的业绩应该在一个可以忍受的范围内浮动，坚决避免大起大落。当你根据自己的性格特征和持仓产品特性制定出一套交易策略时，在后期数据验证的过程中，测试结果的稳定性将是决定你最终能否使用这套系统的核心评价标准。如果你经过千辛万苦所设计出来的交易系统最终不能给你带来稳定的收益，那么系统交易也就无从谈起。换句话说，你在系统交易中保持稳定的心态也就成了无源之水、无本之木。要保持稳定的操作绩效，可以从以下3点入手，第一是设置止损。凡持仓一定要首先设置止损，无止损，不持仓。第二是始终保持相对较高的持仓周期。在小周期中频繁出现的窄幅震荡和虚假突破极易导致连续亏损。第三是一定要严格按照自己所制定的交易策略进出市场。你经过慎重考虑和反复测试之后的交易系统，代表了最大的正确概率，应该义无反顾地按照你的交易系统进行操作，否则你的操作将失去主线，进而让自己陷入迷茫的市场波动之中。

（十六）恒久

所谓恒久，就是一旦你决定进入金融交易这一行业，就应该做好长期的打算，甚至坚定毕生的信念。与其他任何行业相同，你必须以一颗事业心去做金融交易。无论在金融交易的哪个环节，都需要你不断吸取新的知识并内化为自己的操作策略，最终还要在市场中实际验证和评估，这需要一个十分漫长的过程。例如，在我的交易策略的设计过程中，至少实验过200种的交易策略，每一套策略大约需要至少60组模拟数据。如果使用5分图来验证，至少需要2个月的时间才能走完一套系统。当然，在此过程中，如果经过测试，某一组数据最初的测试绩效不如你的预期，那么你就可以果断删除。即使同时运行3个模拟程序进行验证，也至少需要3~5年的时间。因此，金融交易事业是一个需要漫长准备和长期煎熬的事业，希望最初怀着一夜暴富梦想进入金融市场的初中段交易者应该对这一点有一个清晰理智的认知，同时做好心态和资金方面的充足准备。

（十七）积累

金融交易行业比其他任何行业都更加注重积累，因为在金融交易行业中，交易平台给了你最大的自主权、最自由的交易方式和最肆意妄为的想象空间。通过金融交易，你可以在一定范围内扩大持仓量，可以选择任何一个自己喜欢的品种，你可以在任何一个自己认为可以的位置上建仓，并可以在任何一个自己想要退出的位置上离场。没有其他任何一个行业可以获得如此的自由。但你享受这些自由的过程，也正是你在金融交易市场中不断试错的过程。这一过程中你会不断地犯错，不断地修正，不断地验证，不断地再犯错……在这个过程中最终积累下来的就是你所期待已久的精华，这些点点滴滴的精华铺就了你通向成功交易的大道。你对市场的把握也正是基于你对市场任何走势、任何点位、任何突发情况的不断经历和应对。这些积累将是你交易生涯中最为宝贵的财富。

二、从事金融交易需要补足的其他方面

金融交易体系是一个非常复杂、缜密的有机系统，上面所提到的是金融交易者成功心性方面的软实力，除此之外，我们还需要在以下几个方面不断充实和完善自己，以期在高手如云的金融交易市场中站稳脚跟，有所造诣。

（一）专业领域

既然我们盘面操作的判定依据侧重于技术分析，那么我们就应该注重涉猎更多不同的技术指标、不同的操作策略和不同的技术理念。对于技术面交易者而言，这些专业的技术知识是你从事金融交易的核心工具

和有力武器。在本书的附录部分，我给大家推荐了几本金融分析类参考书籍，读者可以根据自己的交易特点选择。

（二）健康领域

毋庸置疑，健康是一切事业的基础，金融交易事业更是如此。在金融交易中，你需要集中全部精力和心智投入其中，需要夜以继日地看盘分析和模拟评估，必须承受任何时候都可能发生的大幅转向和跳空。这一过程会使绝大多数人心力憔悴，痛不欲生。多了解关于健康和养生方面的知识，可以让你更了解自己，更有效地进行工作。建议大家可以参考一些中医、养生、科学锻炼之类的视频和书籍进行学习，也可以直接去养生馆调理，报个瑜伽班也是不错的选择。

（三）人性提升

当你经历了前期千辛万苦的取经过程，会发现更高层次上制约你发展的不再是技术因素，而是自己人性的锻炼与修为。在这一方面进行弥补和锻炼，将会使你的思路更加开阔，格局更加放开，视角更加独特。这些只能是在你前期有了充分准备的前提下进行，建议可以多涉猎一些古圣先贤的著作，例如《大学》《中庸》《周易》《金刚经》《六祖坛经》《孙子兵法》之类的经典。你会发现，真正的智慧其实几千年前的古圣先贤早已经告诉我们了，只是我们没有珍惜。

（四）理财规划

这一部分是在前期各项工作完成的基础上去做的。毕竟金融交易是一个收益和亏损并存、走势瞬息万变的市场。对于绝大多数市场参与者而言，手中握有固定的资金依然是最稳妥的选择。学习必要的理财方式，为自己的未来做好科学合理的理财规划，是可以受用一生的长期战略。各种不同的理财方式和理财产品都有不同的针对人群和配置特点。对于资金量较小的参与者，可以将部分盈利存放为活期存款、定期存款和中短期理财产品。对于资金量处于中等水平的参与者，可以选择配置国债、企业债和政府债之类的债券类金融产品。对于资金量较大、抗风险能力较强的高段位交易者，可以配置一定数量的基金类产品甚至家族信托类产品。如果个人风格属于稳健型，且资金量相对较大，也可以选择购买黄金或者购置房产、地产之类的固定资产，以期保值升值。对于追求刺激的高级别玩家，可以少量配置一些古玩、字画、收藏品之类的投资。总之，不同的理财类产品适合于不同资金量、不同风险偏好和不同性格特点的投资者，多了解一些这方面的知识，可以为自己做出更加合理高效的资产配置提供重要参考。

三、关于金融交易可能遇到的不可抗因素及避险策略

没有任何一个行业不存在风险，也没有任何一个行业能够免于受到突发的不可抗力的影响，更何况是变幻莫测的金融交易市场。我每天忙碌于走势的分析和数据的比对，总觉得像疫情、战争、洪水、地震之类的自然灾害、不可抗力因素以及国际局势的骤变不会发生在我们身上，或者说即使发生也不会对我们造成什么影响。结果就在我最初从事金融交易的几年间，发生了中美贸易战、新冠疫情、俄乌冲突、北京及河北地区洪水等众多我们无法左右的危机。相比于其他行业，金融交易行业受到不可抗力因素的影响相对较小，因为我们最核心的交易工具就是一个清醒的大脑和一台配置相对较高的电脑。然而，我们仍要有万全的准备。应该在自己的办公室里准备足够的食物和水，准备必要的逃生工具

和求救工具。当我们面临险境的时候，首先要确保自己的安全，这才是最重要的，其他一切都可以重来。

相比之下，金融交易行业受到国际国内局势动荡的影响相对较大一些，当出现大的政治事件时，市场将会出现一段时期的剧烈波动。从技术分析角度来看，整个走势中震荡和下跌走势大约占到70%~80%，真正平稳顺畅的上升趋势基本占不到20%。当这种频繁出现的波动受到政治经济震荡影响时会雪上加霜，对于绝大多数资金量较小的散户交易者而言，很有可能是灭顶之灾。此时我们交易的主基调就是保守或者空仓观望，不要急于进场，甚至做好一个长期空仓等待的心理准备。如果你确实觉得自己就是为交易而生，不在场内就坐立不安，那么建议在这种动荡的金融环境下可以切换至长周期，通过提升持仓高度来延长持仓时间，规避期间可能再次出现的剧烈震荡。可见，金融走势极易受到各种因素的影响，这种大的自然灾害或者国际局势的变动会对金融交易中涉及的每一个行业和市场产生影响，进而表现在金融交易的盘面走势上。此时所有的金融交易参与者都不能独善其身。但只要我们坚定信念，严守游戏规则，耐心等待时机，就能在险境中保全自己，化险为夷。

附录　从事金融交易的经典参考书目

《经济学原理》（美）N.格里高利·曼昆

该书是当今最为流行的经济学入门教材，在国内也是高校选用最多的经济学教材之一。书中介绍了经济学的十大原理，并从贸易、供求、生产、企业行为、行业组织、劳动力市场等多个角度对经济学理论进行阐述，遵循了从微观经济到宏观经济的叙述线路。本书结合大量的真实案例对相关的经济学原理进行佐证，将高深的经济学原理简单化，而不是死板和教条地灌输，可以作为学习市场经济分析方法的重要参考书目。

《高胜算操盘》（美）马塞尔·林克

该书是众多经济学读物里表述内容最贴近散户交易者实际情况的著作。作者马塞尔·林克经过多年对多个系统的测试和研究，总结出初级交易者最容易遇到的问题和最容易犯的诸多错误，以自己的亲身经历和众多案例来揭示这些错误产生的根源，并提出解决问题的对应方法。这本书适合跌跌撞撞在市场中摸索但没有对自己的交易进行系统总结的散户交易者。

《日本蜡烛图技术》（美）史蒂夫·尼森

1990年，美国纽约DALWA证券公司高级副总裁史蒂夫·尼森将日本的蜡烛图技术系统的介绍给西方金融投资界，成为第一位将K线技术引入西方金融界的技术分析专家。该书引起了西方金融界的巨大反响，史蒂夫·尼森也因此被誉为“K线分析之父”。该书融合了他十几年的交易经验，并对蜡烛图技术进行了更加深入的剖析，他通过数十个实操的案例向读者介绍日本蜡烛图的技术分析方法和适用范围，并进一步将K线方法与西方的技术分析方法及分析理念相融合，从而指导投资者实现更加符合交易者预期的交易绩效。

《股市趋势技术分析》（美）罗伯特D.爱德华兹、（美）约翰·迈吉、（美）W.H.C.巴塞蒂

作者对于道氏理论和大宗商品交易进行了较为深入的研究，该书主要介绍了技术分析的基本原理和分析方法，其主体内容更侧重于趋势分析，通过趋势分析指导交易者把握未来市场走势的变化，从而提高交易者投资决策的预见性。同时书中还对形态分析、均线系统以及其他技术指标进行了简要的介绍，指导交易者对市场走势形成更加清晰的认知。

《海龟交易法》（美）柯蒂斯·费思

该书系统讲述了资金持有者如何参与金融交易，并充分利用平均真实波动幅度，详细地阐明了交易者的进出时机、止损高度、加仓点位以及资金管理策略等众多核心内容，重点强调了理查德·丹尼斯的海龟交易法在使用过程中的注意事项以及如何让交易者能够更加熟练地掌握相关的交易技巧等重要内容。

《证券分析》（美）本杰明·格雷厄姆

该书作者是价值投资的奠基人，被誉为“华尔街之父”的本杰

明·格雷厄姆。书中详细介绍了价值投资的重要原则和核心策略，并主张投资者应该对于自己的投资标的进行详尽的分析，在此过程中要保持自己对于市场走势的独立思考，以期发现其内在的市场价值。该书详尽地阐述了边际分析方法、价值投资原则、市场趋势、市场心理、投资组合等核心投资理念。直至今日，这些重要的投资理念对于价值投资仍然具有极高的指导价值。

《艾略特波浪理论——自然法则》（美）拉尔夫·尼尔森·艾略特

该书是交易者系统学习艾略特波浪理论的重要读物。书中艾略特对于波浪理论中走势阶段的划分、技术特征、数浪规则、波浪的变异以及经济运行周期等多方面的要点进行了系统详尽的阐述。本书中，艾略特并没有仅将波浪理论局限在证券分析领域，而是由此揭示了波浪理论是人类社会生产活动中普遍存在的一个自然法则。因此该书对于我们提升分析视角、放大交易格局具有重要的借鉴意义。

后　记

由衷地感谢您选择此书，我也相信这是金融交易者之间的一种缘分。有过几年持仓经验的交易者，在字里行间应该能够体会到，我是在用自己多年来的投资和实操经验在写、用自己的一颗真心在写。力求将金融交易中所涉及的前期准备、硬件要求、心态准备、常用技术指标、主要盈利模式、优秀交易者的个人品质、成功心性，以及交易中的注意事项等诸多方面内容都清晰系统地阐述出来。金融交易市场不需要大学问家，而是需要踏踏实实、真刀真枪在市场中拼杀的实干者。我对这本书有信心，因为我是实战家。我也完全相信读者朋友们能够通过本书的详尽表述找到方向并最终取得成功。

祝愿大家在妙趣横生的金融交易中玩儿得愉快！

张文起

2025年春